# Soziale Investitionen

**Herausgegeben von**
H. Anheier, Berlin, Deutschland
A. Schröer, Darmstadt, Deutschland
V. Then, Heidelberg, Deutschland

Bürgerschaftliches Engagement und Stiftungsförderung, Zeit und Geld für gemein-wohlorientierte Zwecke werden immer weniger konsumtiv als „Spende", sondern ihrer eigentlichen Funktion entsprechend als Investition verstanden.

Was sind Potenzial und Grenzen privater Beiträge für das Gemeinwohl? Welche Rolle nehmen Stiftungen, zivilgesellschaftliche Organisationen und Sozialunternehmen ein? Welchen Beitrag können Staat und Wirtschaft leisten? Diese und andere zentrale Fragen werden aus wirtschaftlicher, politischer, gesellschaftlicher, organisationaler und manage-mentrelevanter Sichtweise betrachtet.

Die Reihe richtet sich an Studierende, Kollegen aus unterschiedlichen Wissenschafts-disziplinen (Soziologie, VWL, BWL, Organisationstheorie, Politikwissenschaft, Pädago-gik, Recht) und an die Fachöffentlichkeit, einschließlich Führungskräfte im Dritten Sektor (in Stiftungen, Verbänden, Wohlfahrtsorganisationen, Sozialunternehmen, NGOs), in der Wirtschaft wie auch in der Politik.

**Herausgegeben von**
Helmut Anheier
Hertie School of Governance
Berlin, Deutschland

Volker Then
CSI – Centre for Social Investment
Heidelberg, Deutschland

Andreas Schröer
Ev. Hochschule Darmstadt
Darmstadt, Deutschland

Ulrike Posch

# Deutsche Stiftungen und ihre Kommunikation

## Grundlagen und Kriterien für das Kommunikationsmanagement

 Springer VS

Ulrike Posch
Fachhochschule des Mittelstands (FHM)
Bamberg, Deutschland

Dissertation Kirchliche Hochschule Wuppertal/Bethel, 2014

Soziale Investitionen
ISBN 978-3-658-10101-5          ISBN 978-3-658-10102-2 (eBook)
DOI 10.1007/978-3-658-10102-2

Die Deutsche Nationalbibliothek verzeichnet diese Publikation in der Deutschen Nationalbibliografie; detail-
lierte bibliografische Daten sind im Internet über http://dnb.d-nb.de abrufbar.

Springer VS

Springer Fachmedien Wiesbaden ist Teil der Fachverlagsgruppe Springer Science+Business Media
(www.springer.com)

# Dank

Eine Dissertation mag über weite Strecken allein in einem Arbeitszimmer zu Computer gebracht werden, dennoch ist sie wohl immer indirekt auch das Ergebnis einer kleinen unterstützenden Community.

Danken möchte ich daher zunächst meinen beiden Doktorvätern, Professor Dr. Matthias Benad und Professor Dr. Martin Büscher, dass sie sich auf das Thema ‚Stiftungen' eingelassen haben. Den Diskurs und die Annäherung an das endgültige Thema sowie die Anforderung, das Thema weiträumig sowohl über den historischen Kontext als auch die Erscheinungsformen anzugehen, habe ich als großen Gewinn erlebt.

Dank gilt auch meinen sehr geschätzten Kolleginnen und Kollegen im Promotionsstudiengang an der Kirchlichen Hochschule Wuppertal/Bethel, dem Centrum für soziale Investitionen und Innovationen (CSI) in Heidelberg, der Professorin Dr. Susanne Vaudt von der Fachhochschule der Diakonie (FHdD) in Bielefeld sowie zahlreichen Stiftungsexperten in Beratung und Praxis, mit denen ich viele fruchtbare und wichtige Gespräche geführt habe. Diese Impulse haben maßgeblich dazu beigetragen, immer wieder die Begrenzung des eigenen Betrachtungshorizonts zu erweitern und neue Perspektiven zu beleuchten.

Neben der fachlichen Unterstützung waren es auch viele Menschen, denen ich freundschaftlich verbunden bin, die nach anfänglichem Kopfschütteln später mit großer Überzeugung und Zuversicht überaus ermutigende Anteilnahme am Werden der Arbeit hatten. Besonders meinen Freundinnen Bianca und Rebecca Pein sowie Ursula Velling, die mich kurz vor dem Ziel intensiv unterstützt haben, möchte ich an dieser Stelle vielmals danken. Viel Verständnis und Kraft habe ich von meinem Partner bekommen, wofür ich ihm von Herzen dankbar bin.

Mein größter und innigster Dank gilt meiner Familie. Zum einen haben meine Eltern durch ihre Liebe und Erziehung ein starkes Fundament gelegt, auf dem schließlich auch diese Dissertation entstehen konnte. Zum anderen sind es meine beiden Töchter Ines und Melina, die mich maßgeblich bei der Entscheidung zu diesem Schritt ermutigt haben. Auch haben sie mich durch die Höhen und Tiefen eines so lange währenden Projekts begleitet. Meiner Familie widme ich diese Arbeit in tiefer Dankbarkeit.

# Inhaltsverzeichnis

# Abbildungsverzeichnis

# Abkürzungsverzeichnis

| | |
|---|---|
| AO | Abgabenordnung |
| BGB | Bürgerliches Gesetzbuch |
| CG | Corporate Governance |
| CI | Corporate Identity |
| CD | Corporate Design |
| CRM | Customer Relationship Management |
| CSR | Corporate Social Responsibility |
| DGK | Diakonischer Corporate Governance Kodex |
| DPRG | Deutsche Public Relations Gesellschaft |
| DZI | Deutsches Zentralinstitut für soziale Fragen |
| EFC | European Foundation Centre |
| EKD | Evangelische Kirche Deutschlands |
| epd | Evangelischer Pressedienst |
| gGmbH | gemeinnützige Gesellschaft mit beschränkter Haftung |
| gAG | gemeinnützige Aktiengesellschaft |
| IFRS | International Financial Reporting Standards |
| ICCS | Intellectual Capital Communication Standard |
| MarkenG | Markengesetz, Gesetz über den Schutz von Marken und sonstigen Kennzeichen |
| NGO | Non-Government Organization |
| NPO | Nonprofit-Organization |
| PR | Public Relations |
| PwC | PricewaterhouseCoopers AG |
| TransPuG | Transparenz- und Publizitätsgesetz |
| VENRO | Verband Entwicklungspolitik und Humanitäre Hilfe |
| WDR | Westdeutscher Rundfunk |
| WWF | World Wide Fund for Nature, gegründet 1961 als World Wildlife Fund |

# 1.　Einleitung

Das Stiftungswesen in Deutschland wächst seit dem Ende des vergangenen Jahrtausends sichtbar, gewinnt zunehmend an Beachtung und strebt nach gesellschaftlichem Gewicht. Damit erholt sich langsam ein Instrument der Zivilgesellschaft, das zuletzt durch die beiden Weltkriege und ihre politischen Folgen aus einer Blütezeit nahezu in die Bedeutungslosigkeit gerissen worden war. Zwar können auch heute noch, wie Erhebungen ergeben haben, weniger als die Hälfte der Bevölkerung auf Anhieb eine Stiftung nennen, und über 80 Prozent geben an, noch nie Kontakt zu einer Stiftung gehabt zu haben. Ein Blick allein auf die große Zahl an Neugründungen zeigt jedoch, dass dies wohl weniger quantitativen Parametern geschuldet ist als offenbar der Tatsache, dass Stiftungen wohl aktiver ‚von sich reden machen‘ sollten.

Die stiftungsfreundlichen Reformen in den Jahren 2000/02 mit dem ‚Gesetz zur Modernisierung des Stiftungsrechts‘, 2007 mit dem ‚Gesetz zur weiteren Stärkung des Bürgerschaftlichen Engagements‘ sowie jüngst im März 2013 die Zustimmung des Bundesrats zum ‚Gesetz zur Stärkung des Ehrenamts‘ haben zu einem beachtlichen Anstieg der ‚Rechtsfähigen Stiftungen bürgerlichen Rechts‘ geführt (siehe auch Kap. 2). Allein 2011 wurden nach Angaben des Bundesverbands Deutscher Stiftungen 817 rechtsfähige Stiftungen bürgerlichen Rechts neu errichtet.[1]

Nicht nur eine veränderte Gesetzgebung hat jedoch das Stiften attraktiver gemacht. Auch große Erbschaftsvolumina, die derzeit teilweise an bereits schon wohlhabende Familien, Paare oder Einzelpersonen weitergegeben werden, wecken häufig den Wunsch nach einer sinnvollen Verwendung. Besonders Unternehmerfamilien und kinderlose Paare sind Gruppen, bei denen zum eigenen Besitz nun die Erbschaften der nach dem Zweiten Weltkrieg erwirtschafteten Vermögen der Verwandten hinzufließen.

Nicht nur der Armuts- und Reichtumsbericht der Bundesregierung[2] zeigt in diesem Kontext die immer größer werdende Kluft zwischen Arm und Reich auf. Auch Studien wie die der Bundesbank[3], wonach die reichsten zehn Prozent der Haushalte über etwa 58 Prozent des deutschen Privatvermögens verfügen, geben Einblick in das größer werdende gesellschaftliche Gefälle, auf das auch Sozialverbände und Gewerkschaften mit Nachdruck hinweisen.

War die Stiftungsgründung in früheren Jahrhunderten ganz deutlich der Versuch, sich gegen fehlende Pietät der Nachkommen zu schützen und über das eigene Leben hinaus positiven Einfluss auf die eigene Position im Jenseits zu nehmen, (siehe Kap. 2.1) so lohnt es

---

1　Vgl. http://www.stiftungen.org/de/news-wissen/recht-steuern-finanzen/stiftungsrecht.html; http://www.stiftungen.org/de/presse/pressemitteilungen/pressemitteilungen-dynamische-inhalte/detailseite-pressemitteilung/mode/teaserstart/detail/1914.html. (Zugriff am 30.9.2013).

2　Bundesministerium für Arbeit und Soziales (Hg.) (2013): Lebenslagen in Deutschland. Armuts- und Reichtumsberichterstattung der Bundesregierung. Der vierte Armuts- und Reichtumsbericht der Bundesregierung.

3　Deutsche Bundesbank (Hg.) (2013): Vermögen und Finanzen privater Haushalte in Deutschland. Ergebnisse der Bundesbankstudie.

sich, diese – auf den ersten Blick heute vielleicht ungewöhnliche – Betrachtungsweise unter die Lupe zu nehmen. Was uns auf den ersten Blick fremd erscheint, rückt bei genauerer Betrachtung der Motivationen moderner Stifter deutlich näher: Über den Tod hinaus zu wirken, ist ein Merkmal stifterischen Handelns, das sich von der Antike bis heute als eine grundlegende Wesensäußerung erhalten hat.

Darüber hinaus lässt sich ein wachsendes philanthropisches Interesse und bürgerschaftliches Engagement in der Bevölkerung erkennen. Einerseits verlieren Kirchen, Gewerkschaften und Vereine immer mehr Mitglieder, werden Bürger immer kritischer und fordern Transparenz auch von Nonprofit-Organisationen, andererseits gewinnen Bürgerinitiativen und Nichtregierungs-Organisationen (NGOs) wieder an Zulauf. Deutlich sichtbar wurde dies unter anderem am Entstehen und Wirken der Protestbewegung gegen ‚Stuttgart 21‘. Hierbei spielen nicht zuletzt die modernen Kommunikationswerkzeuge wie Social Media eine beachtliche Rolle und verändern die Art und Inhalte der Informationsflüsse gravierend. Auch für die Stiftungsverantwortlichen erwachsen aus den sich so verändernden Rahmenbedingungen eine Reihe von Aufgaben und Managementthemen, die dort offenbar in der Breite und Bedeutung erst noch erkannt, aufgenommen und bearbeitet werden müssen.

Insgesamt muss eingeräumt werden, dass der Nonprofit-Sektor im Allgemeinen in den zurücklegenden Jahren deutlich an Professionalisierung gewonnen hat. Nicht zuletzt knapper werdende Ressourcen und der vermehrte Wettbewerb haben zu einem stärkeren Kostenbewusstsein und der Einführung von professionellen Managementmethoden, beispielsweise auch bei den großen Trägern der Diakonie, geführt. Hierbei musste zum Teil durch mühsame Organisationsentwicklungsprozesse erlernt werden, welche Methoden von Wirtschaftsunternehmen im Nonprofit-Management sinnvoll, wirksam anzupassen, kompatibel und nachahmenswert sind – oder eben nicht. In einigen Bereichen ist dieser Prozess der Neuausrichtung auch noch längst nicht abgeschlossen.

Allein ein ‚Anderssein‘ als die rein ökonomisch ausgerichteten Wirtschaftsbetriebe für sich zu konstatieren, um dahinter womöglich fehlendes oder fehlerhaftes Management zu verstecken, ist heute längst nicht mehr möglich. Neben inhaltlichen Qualitätsmaßstäben an die Arbeit, wird Fachlichkeit auch auf der strategischen und operativen Ebene des Managements mittlerweile von vielen Partnern als selbstverständlich vorausgesetzt.

Etwas schwerer fällt es nach eigenem Bekunden den zahlreichen kleineren Stiftungen, ihre Rolle und ihre Aufgaben im Gemeinwesen zu definieren und zu benennen. Zum einen bietet hier die Theorie des Staatsversagens eine Argumentations- und Legitimationslogik für die Existenz von Stiftungen an. Die Stiftungen schließen demnach die Lücken oder ergänzen Bereiche, die vom Staat nicht angeboten werden (können). Diese Argumentationslogik wird in Debatten gern bemüht, um die Legitimation von Stiftungen zu untermauern. Zum anderen offeriert die Theorie des Marktversagens gleichsam eine Folie, um alternative Programme und Konzepte von Stiftungen zu beschreiben und zu legitimieren. Die von den Stiftungs-Akteuren gefundenen und beschriebenen wirtschaftlich bedingten Problemlagen, so die Argumentation, gilt es, durch stifterisches Handeln zu bearbeiten und zu mildern.

Beide Theorien führen in der Diskussion jedoch zwangsläufig dazu, Stiftungen erstens als professionelle Akteure mit hohen Ansprüchen und hehren Zielen zu überhöhen, und zweitens implizit klare Qualitätskriterien an deren Kommunikationsverhalten sowie Effizienz und Transparenz zu stellen. Die wachsende Sichtbarkeit von Stiftungen lässt das öffentliche Interesse an ihnen deutlich zunehmen und erfordert neben bekundeter Dialogbereitschaft eben auch angemessene, angewandte Sprachfähigkeit.

Nicht zuletzt die Entwicklungen auf den Kapitalmärkten erschweren zur Zeit außerdem die Erfüllung der in den Satzungen festgeschriebenen Stiftungszwecke. Mit oftmals kleinem Kapital und noch viel niedrigeren Zinsen wird die Zweckerfüllung immer schwieriger. Daneben steht die klare Verpflichtung, für einen angemessenen Inflationsausgleich zu sorgen und das Grundstockkapital mindestens zu erhalten, oder zu mehren. Hinzu kommen thematische Überschneidungen bei der inhaltlichen Arbeit, die sich manchmal sogar durch geografische Nähe von stifterischen Mitbewerbern noch komplizierter gestalten. Hier ist Umdenken und Öffnung hin zu Vernetzung und Kooperation gefragt.

Es sei an dieser Stelle erwähnt, dass das Ziel der vorliegenden Forschungsarbeit ursprünglich das Herausarbeiten eines Zusammenhangs von Kommunikation und Kooperationen von Stiftungen sein sollte. Zwar bekunden viele Stiftungen – alles andere wäre vermutlich in der öffentlichen Wahrnehmung auch nicht ‚politically correct‘ –, dass sie mit anderen kooperieren, was jedoch offenbar in der Praxis qualitativ und quantitativ noch erheblich ausbaubar ist. In einer bislang einmaligen Erhebung hat Annegret Saxe dies im Rahmen ihrer Promotion auch untersucht und beschrieben, wobei sie deutlich macht: „Die Beschränkung des Teilnehmerkreises auf Stiftungen, die bereits über Kooperationserfahrungen verfügen, schränkte die potenzielle Teilnehmerzahl stark ein. Insgesamt konnten 349 Stiftungen angeschrieben werden, von denen 130 antworteten."[4]

Trotz einer sehr guten Vernetzung der Autorin der vorliegenden Arbeit im Stiftungswesen und der freundlichen Unterstützung von Hochschulkollegen sowie dem Bundesverband deutscher Stiftungen konnten nicht genügend Stiftungen gefunden werden, die bereit waren, in diesem Punkt Einblick in ihre Stiftungsarbeit zu geben. So bleibt als Forschungsdesiderat – neben vielen Themen, die hier noch auf Bearbeitung warten – die Untersuchung des Zusammenhangs der Kommunikation und der Kooperationen von Stiftungen mit Stiftungen, mit der Öffentlichen Hand, der Wirtschaft, der Politik sowie der wissenschaftlichen Forschung.

All die steigenden Anforderungen, sich professionell aufzustellen, führen mittlerweile dazu, dass eine wachsende Zahl an kleinen und mittleren Stiftungen die Notwenigkeit eines Managements und den sorgfältigen Umgang mit knappen Ressourcen als geradezu überlebenswichtig erkannt hat. Für sie geht es nun darum, mit oft kleinen Budgets und großer Umsicht, die im eigenen Haus fehlenden Ressourcen heranzuholen, Kräfte zu bündeln und alle Aktivitäten zu guten Ergebnissen zusammenzuführen.

Die vorliegende Arbeit will Anstöße geben, die Stiftungskommunikation in das Gefüge des gesamten Managements optimal zu integrieren. Mit Hilfe des neuen St. Galler Management-Modells werden die Chancen für Stiftungen durch die Integration von strategischen, operativen und gerade auch normativen Komponenten benannt. Die Wahl fiel auf dieses Managment-Modell, da gemeinnützige Stiftungen – diese sind Gegenstand der vorliegenden Betrachtung – zum einen die überragende Mehrheit aller Stiftungen stellen und zum anderen als wertegeleitet gelten. Das liegt darin begründet, dass sie gemäß der Abgabenordnung § 51–68 satzungsgemäß einen Zweck erfüllen müssen, der die Allgemeinheit auf materiellem, geistigem und sittlichem Gebiet selbstlos, ausschließlich und unmittelbar fördert. Zu diesen Förderzwecken zählt auch das bürgerschaftliche Engagement zugunsten gemeinnütziger, mildtätiger und kirchlicher Zwecke (siehe auch Kap. 2.2.1) Dieser Umstand aber er-

---

4   Saxe, Annegret (2009): *Erfolgsfaktoren für Stiftungskooperationen. Eine theoretische und empirische Analyse.* Theresia Theurl (Hg.), Münstersche Schriften zur Kooperation, Bd. 87. Aachen, 131.

fordert die Berücksichtigung normativer Aspekte im Management und besonders im Kommunikations-Management, was im neuen St. Galler Management gegeben ist.

Rund 95 Prozent der Stiftungen in Deutschland sind, nach Erhebungen des Bundesverbands Deutscher Stiftungen, gemeinnützig.[5] Die sich aus dieser Tatsache ergebenden Besonderheiten sind Anlass zur Kritik, auf die an verschiedenen Stellen der Arbeit eingegangen wird. Zur Veranschaulichung werden darüber hinaus vereinzelt Aspekte der Stiftungswirklichkeit außerhalb Deutschlands genannt und interdisziplinäre Perspektiven deutlich. Dabei wird sichtbar werden, welch eine zentrale Bedeutung die Kommunikation für Stiftungen – als ein Segment im Bereich der Nonprofit-Organisationen – spielt, und Blicke in die Stiftungspraxis zeigen, wie sehr hier eine Veränderung der Perspektive und Gewichtung im Management ein Gewinn für die Stiftungen sein könnte.


## 1.1    Stiftungen – ein interdisziplinärer Forschungsgegenstand


### 1.1.1    Die Definition von ‚Stiftung'

Um es gleich vorwegzunehmen: es gibt keine einheitliche oder zumindest meist angewandte Definition des Phänomens ‚Stiftung'. Erst seit dem 14. Jahrhundert finden sich überhaupt in historischen Quellen die Begriffe ‚Stiftung' und ‚Stift'. Im Deutschen Wörterbuch von Jacob und Wilhelm Grimm wird der Stiftungsbegriff ausführlich in seinen verschiedenen Bedeutungen und Gebrauch behandelt. Es wird unterschieden:

1.    … einen bau, eine einrichtung u. dgl. ins werk setzen, die nach der absicht des urhebers dauernden bestand haben sollen, dann auch das so geschaffene für bestimmte zwecke zur verfügung stellen.[6]
2.    … seit alters in der bedeutung ‚eine handlung ins werk setzen, einen zustand herbeiführen; etwas erzeugen, hervorbringen, veranlassen, durchführen'; der gedanke an die dauer des bewirkten tritt dabei im gegensatz zu I nicht hervor, dafür steht die vorstellung der geistigen urheberschaft oft stärker im vordergrund[7]
3.    … auf ältere sprache beschränkt bleiben bedeutungen, bei denen abstrakte sinngehalte hervortreten; wieweit diese bedeutungsgruppe zur etymologischen bestimmung beitragen kann, bleibt zweifelhaft, doch reicht sie bis ins ahd. (althochddeutsche, U. P.) zurück und steht in deutlicher parallele zu stichtan[8]

Die hier unter 3. genannte etymologische Herkunft bezieht sich auf Worte wie ‚stichten', was bauen bedeutet, und auf die frühen Bezeichnungen in skandinavischen Ländern für das Errichten von Holz- und Ständerbauten zurückgeführt wird.[9]

---

5    Aufgrund des fehlenden validen Zahlenmaterials im Stiftungssektor, wird an dieser, wie auch an vielen anderen Stellen dieser Arbeit, auf die bislang häufig singulären Erhebungen des Bundesverbands Deutscher Stiftungen zurückgegriffen.
6    Grimm, Jacob/ Grimm, Wilhelm (1999): *Deutsches Wörterbuch*, Bd. 10. München. Nachdruck Ausgabe Leipzig 1941, 2876.
7    Grimm, Jacob/ Grimm, Wilhelm (1999), 2883.
8    Grimm, Jacob/ Grimm, Wilhelm (1999), 2888.
9    Vgl. Kluge, Friedrich (1975): *Etymologisches Wörterbuch der deutschen Sprache*. 21. Aufl. Berlin – New York, 749.

Auch Johann Georg Krünitz geht in seiner Oeconomischen Encyclopädie, die zwischen 1773 und 1858 entstand und auf 169.400 Seiten in 242 Bänden die Welt beschreibt, auf vielen Seiten auf den schon damals komplexen Stiftungsbegriff ein:

> Stiftung, milde Stiftung, pia Causa, Anstalten, welche einen mildthätigen oder frommen Zweck haben, z. B. Armenhäuser, Krankenhäuser, Waisenhäuser etc. Diese Stiftungen gehen entweder vom Landesherren aus, oder von dem Magistrate einer Stadt, von andern Korporationen, oder von Privatpersonen. Die Rechte einer moralischen Person erlangen die letzteren Stiftungen jedoch nur, wenn sie vom Landesherren bestätigt werden. Eine Stiftung beruht nicht bloß darauf, daß zu derselben ein gewisser baarer Fonds geschenkt oder legirt wird, der als eisern zu betrachten ist, und von dem die Zinsen zur Bestreitung der Unkosten der Stiftung angewendet oder verwendet werden, sondern sie kann auch durch die Bemühungen menschenfreundlicher Privaten durch fremde Beiträge ins Leben gerufen werden. …[10]

Bis heute ist die Profession oder der Hintergrund des Betrachters oft entscheidend für den Fokus, der bei der Annäherung an den Gegenstand ‚Stiftung‘ erkenntnisleitend ist. Juristen, Notare und Steuerberater beziehen sich häufig zunächst auf eine stark reduzierte Form, die mehr oder minder abgewandelt lautet, es handle sich um die Vergabe von Vermögenswerten unter bestimmten Auflagen für einen dauerhaften Zweck.

Im Sinne des Bürgerlichen Gesetzbuches (BGB) nach § 80ff ist die Stiftung eine mit Rechtsfähigkeit ausgestattete, nicht verbandsmäßig organisierte Einrichtung, die einen vom Stifter bestimmten Zweck mit Hilfe eines dazu gewidmeten Vermögens dauerhaft fördern soll:

> § 80 Entstehung einer rechtsfähigen Stiftung
>
> (1) Zur Entstehung einer rechtsfähigen Stiftung sind das Stiftungsgeschäft und die Anerkennung durch die zuständige Behörde des Landes erforderlich, in dem die Stiftung ihren Sitz haben soll.
> (2) Die Stiftung ist als rechtsfähig anzuerkennen, wenn das Stiftungsgeschäft den Anforderungen des § 81 Abs. 1 genügt, die dauernde und nachhaltige Erfüllung des Stiftungszwecks gesichert erscheint und der Stiftungszweck das Gemeinwohl nicht gefährdet. Bei einer Stiftung, die für eine bestimmte Zeit errichtet und deren Vermögen für die Zweckverfolgung verbraucht werden soll (Verbrauchsstiftung), erscheint die dauernde Erfüllung des Stiftungszwecks gesichert, wenn die Stiftung für einen im Stiftungsgeschäft festgelegten Zeitraum bestehen soll, der mindestens zehn Jahre umfasst.
> (3) Vorschriften der Landesgesetze über kirchliche Stiftungen bleiben unberührt. Das gilt entsprechend für Stiftungen, die nach den Landesgesetzen kirchlichen Stiftungen gleichgestellt sind.[11]

Auch bei Weiterbildungseinrichtungen zum Stiftungsmanager, wie z. B. die Deutsche StiftungsAkademie, finden sich in der Regel ebenfalls keine zwischen den Dozenten abgestimmten, einheitlichen Definitionen. Meist einigt man sich aber darauf, dass eine Stiftung, um als solche zu gelten, durch folgende Kriterien charakterisiert wird:

- den Stiftungszweck
- das Stiftungsvermögen
- die Stiftungsorganisation

Selbständige Stiftungen (siehe auch Kap. 2.2) müssen darüber hinaus, um als solche anerkannt zu werden, über folgende Eigenschaften verfügen:

- Namen
- Sitz

---

10   Die Enzyklopädie wurde von der Universität Trier im Internet verfügbar gemacht: http://www.kruenitz1.uni-trier.de (Zugriff am 8.8.2013).
11   BGB Online: http://www.gesetze-im-internet.de/bgb/__80.html (Zugriff am 8.8.2013).

- Zweck
- Vermögen
- Organe

Wie schwierig es ist, einen solch schillernden und diversen Gegenstand wissenschaftlich zu fassen, wird im folgenden Kapitel gezeigt.


## 1.1.2    Stiftungsforschung

Die wissenschaftliche Betrachtung des Phänomens ‚Stiftung' wird stark vom juristischen Standpunkt aus dominiert, was sich auch auf die historische Forschung ausgewirkt hat. So sah Frank Adloff 2004 die Zurückhaltung der soziologischen Forschung mit der Materie darin begründet, dass seit dem 19. Jahrhundert eine juristische Engführung des Stiftungsbegriffs vorlag. Auch heute noch sind die Ausbildungsgänge zum Stiftungswesen sowie periodisch erscheinende Schriften für Stiftungsinteressierte stark von juristischen Inhalten geprägt[12], was sicher auf die erforderlichen Formalitäten und gesetzlichen Grundlagen bei der Gründung und Führung der Geschäfte zurückzuführen ist.

Nach Aussage des Historikers Michael Borgolte ist die Stiftung allerdings ein komplexer Gegenstand und insofern als ‚Phänomen der Universalgeschichte' zu betrachten (siehe auch Kap.2.1). „Obschon ein Begriff wie und für ‚Stiftung' oftmals fehlt, läßt sich durch den Vergleich erkennen, daß es sich je um das gleiche oder ein eng verwandtes Phänomen handelt."[13] Es sei wenig erfolgreich, dieses allgemein zu definieren, da es sich in seinen Erscheinungen über die Jahrtausende hinweg als äußerst anpassungsfähig erwiesen habe. Als Kennzeichen für eine Stiftung sieht Borgolte eine Gabe, verknüpft mit einer „Auflage, die über einen Aktionsrahmen – in aller Regel: das Leben – des Stifters hinauswirken soll."[14] Bei einer Stiftung gehe es immer darum, dass Dritte stellvertretend im Namen des Stifters handeln und ihn auf diese Weise vergegenwärtigen.

Vor diesem Hintergrund erwies es sich als unabdingbar, sich im Rahmen der vorliegenden Arbeit zunächst dem Gegenstand ‚Stiftung' historisch zu nähern. Das tiefere Verständnis seiner Wurzeln und Einblicke in die Höhen und Tiefen des Stiftungswesens im Laufe der Jahrhunderte sensibilisiert für die heute erforderlichen Belange des Stiftungswesens, insbesondere für dessen kommunikative Herausforderungen.

Mit dem neuen Stiftungsboom in jüngster Zeit wurde inzwischen die theoretische und empirische Forschung auf ein sehr viel breiteres Fundament gestellt. Wichtig ist daher der Hinweis Adloffs auf die Chancen eines Perspektivwechsels in der (soziologischen) Forschung, weg von der Betrachtung der Stiftungen allein in Abgrenzung zu zeitgenössischen Rechtsfiguren wie dem Verein oder der Anstalt, hin zur ‚Ubiquität der Stiftungen im Mittelalter', wenn er schreibt: „In den mittelalterlichen Stiftungen durchdrangen sich Religion,

---

12    Ein Beispiel hierfür sind die Weiterbildungsangebote der StiftungsAkademie in Berlin zum Stiftungsmanager und Stiftungsberater.
13    Borgolte, Michael (Hg.) (2005): *Stiftungen in Christentum, Judentum und Islam vor der Moderne. Auf der Suche nach ihren Gemeinsamkeiten und Unterschieden in religiösen Grundlagen, praktischen Zwecken und historischen Transformationen.* Berlin, 9.
14    Borgolte, Michael (Hg.) (2005), 11.

Recht, Ökonomie und die Motive der Caritas."[15] Insofern sind Stiftungen ein Forschungsgegenstand, bei dem es sehr lohnenswert ist, sich ihm interdisziplinär anzunähern.

Eine noch größere Herausforderung stellt die internationale Forschung dar, die im Rahmen der vorliegenden Arbeit nicht näher berücksichtigt werden konnte. Interessant zu beobachten ist jedoch, wie Helmut Anheier und Siobhan Daly 2007 in einer vergleichenden Studie zur Rolle der „Philantropic foundations in modern society" definitorisch den Betrachtungshorizot deutlich erweitert haben.

Sie legen die folgenden Charakteristika für eine Stiftung fest:

- It must bei an asset-based entity, financial or otherwise. [...]
- It must be a private entity. [...]
- It must be a self-governing entity. [...]
- It must be a nonprofit-distributing entity. [...]
- It must serve a public purpose. [...]
- Self-understanding and identity. [...][16]

Darüber hinaus weisen sie zu Recht darauf hin, dass es vier große Bereiche gibt, in denen auch eine ‚comparative definition' nicht alle Probleme lösen kann.[17] Das ist der Fall, wenn

1. Stiftungen sich zwar ‚Stiftung' nennen, jedoch eine andere Organisationsform haben, wie das beispielsweise in Deutschland bei den Stiftungen der Parteien der Fall ist,
2. „foundations engage with a market economy and change into primarily economic actors",18
3. Stiftungen zu staatlichen Instrumenten werden,
4. Stiftungen im Interesse einer Dynastie deren Vermögen schützen und kontrollieren, wie das bei Familienstiftungen der Fall ist.

Dieser letztgenannte Fall berührt einen Faktor im Stiftungswesen von großer Tragweite: Die Person des Stifters oder der Stifterin und deren ökonomischen Beitrag.

Stiftungen sind von ihrem Grundsatz her stets auf ein Wirken bis in die ‚Ewigkeit' angelegt[19] und haben einen definierten Zweck, der aus den Zinsen des Grundstockvermögens realisiert werden muss. Insofern ist der Aufwand und die Maßnahmen, die Stiftende zur Sicherung ihres Vermächtnisses unternehmen, beachtlich und muss in die Forschung einbezogen werden. „Da diese Maßnahmen im Bereich des Rechts und der Kultur ebenso angesiedelt sind wie im Gefüge der Gesellschaft, kann die Stiftungsforschung weder auf die Rechts- noch auf die Kulturgeschichte verzichten."[20]

Die sich in manchen Betrachtungen daraus zwangsläufig ergebende Fokussierung auf die Stifterpersönlichkeit problematisieren daher zahlreiche Forscher, wie auch Rupert Graf von Strachwitz und Frank Adloff, wenn sie schreiben:

---

15  Adloff, Frank (2004): *Wozu sind Stiftungen gut?*. In: Leviathan. Zeitschrift für Sozialwissenschaft. 32, 2004, 272.

16  Anheier, Helmut K./ Daly, Siobhan (2007): *Philantropic foundations in modern society*. In: Anheier, Helmut K./ Hammack, David C. (Hgg.) The Politics of Foundations. A comparative analysis, New York., 8f.

17  Hierzu siehe auch Kap. 2.2 und die Besonderheiten von Erscheinungsformen.

18  Anheier, Helmut K./ Daly, Siobhan (2007), 10.

19  Eine Ausnahme bilden die Verbrauchsstiftungen. Mehr dazu in Kap. 2 und 5 dieser Arbeit.

20  Pickert, Susanne (2005): *Die römische Stiftung der augusteischen Zeit*. In: Borgolte, Michael (Hg.) Stiftungen in Christentum, Judentum und Islam vor der Moderne. Auf der Suche nach ihren Gemeinsamkeiten und Unterschieden in religiösen Grundlagen, praktischen Zwecken und historischen Transformationen. Berlin, 31.

Das wesentliche definitorische Merkmal der Stiftung ist, dass es sich dabei um ein Gebilde handelt, das prinzi-
piell auf die Dauer seines Bestehens an den Willen dessen gebunden bleibt, der dieses Gebilde geschaffen hat.
Dadurch unterscheidet sich die Stiftung im Kern fundamental von assoziativen Gebilden, die dem ständig wan-
delbaren Willen ihrer Mitglieder unterworfen sind.[21]

In der Stiftungspraxis leiten Stiftende hin und wieder, nahezu autokratische Ansprüche ab,
da Stiftungen primär dem Willen ihrer Gründer, wie er in der Satzung manifestiert wurde,
unterliegen. Kritische Anfragen bezüglich des stifterischen Handelns werden in diesen Fällen pauschal abgewehrt, indem die großzügige gemeinnützige Gabe in eine Sphäre der
Intangibilität gehoben wird. Das Argument lautet dann, es sei ja schließlich das unternehme-
risch hart erworbene Vermögen oder der über Generationen hin gesammelte Kunstschatz, der
nun zum Wohle der Allgemeinheit gestiftet werde. Nachfragen oder gar Kritik verbieten sich
quasi von selbst.

Dieses Argument, die meisten Stifter würden schließlich ihr Privatvermögen in Stiftungen einbringen und hätten daraus abgeleitet nahezu alle denkbaren Freiheiten, diese frei zu
gestalten und die Mittel einzusetzen, muss kritisch hinterfragt werden. Bei einer normativen
Betrachtung ist dabei sicher die im Grundgesetz Artikel 14 verankerte Verpflichtung, Eigentum zugunsten der Allgemeinheit einzusetzen, mit zu berücksichtigen. Es liegt dann nahe,
auch an die Errichtung und das Management von Stiftungen die Anforderungen einer ver-
antwortungsvollen und lebensdienlichen Gestaltung zu stellen. Allein unter rein gesell-
schafts-ökonomischen Gesichtspunkten wäre zu prüfen, ob es nicht legitim wäre, für alle
gemeinnützigen Stiftungen und deren daraus abgeleiteten Vorzug im Steuerrecht, ein möglichst effizientes und effektives Management zu fordern.

Neben den hier begleitend aufscheinenden psychologischen Komponenten des Stiftens,
die bislang ein Forschungsdesiderat darstellen, sind auch aus soziologischer Sicht spannende
Aspekte des Stiftungshandelns berührt. Den Soziologen Adloff hat seine vergleichende Forschung zwischen den USA und Deutschland zu einem kompetenten und scharfsinnigen Kritiker unreflektierten Lobs philanthropischen Handelns werden lassen. So hat er unter anderem der möglichen Funktion von Stiftungen bei der Ressourcenumverteilung von den oberen
zu den unteren Einkommens- oder Vermögenschichten, eine klare Absage erteilt. Zwar hätten rund 32 Prozent der Stiftungen in Deutschland einen sozialen Zweck und 22 Prozent
seien operativ tätig, jedoch befänden sich darunter viele Anstalten und Heime, die sich nicht
aus den Erträgen eines Vermögens, sondern vielmehr aus Leistungen von Trägern der Sozial-
und Krankenversicherung speisten. „Die umverteilende Wirkung deutscher Stiftungen, die
aus den Erträgen privater Vermögen arbeiten, ist daher als sehr gering einzuschätzen."[22]

Angesichts der verschiedenen Stiftungsformen und den daraus resultierenden Implikationen für deren Management und Kommunikation erwies es sich als notwendig, neben den
historischen Grundlagen auch die Phänomenologie der Entität ‚Stiftung' zu betrachten. Auch
zeichnete sich in den Literaturstudien ab, dass die langsam wachsenden Forschungsaktivitä-
ten zum Gegenstand ‚Stiftung' zunehmend wichtige Erkenntnisse für die Entwicklung dieses
Sektors beitragen. Ihnen ist es auch zu verdanken, dass die oftmals individualperspektivische
Betrachtung des Gegenstandes mittlerweile durch wissenschaftlich fundierte Argumente

21   Adloff, Frank/ Strachwitz, Rupert Graf (2011): *Eine Privilegierung von Stiftungen – wozu?*. In: Forschungs-
     journal. Soziale Bewegungen. Analysen zu Demokratie und Zivilgesellschaft. Geld Stinkt nicht? Zivilgesell-
     schaft zwischen Abhängigkeit und Autonomie. Heft 1, 2011, 56.
22   Adloff, Frank (2010): *Philanthropisches Handeln: Eine historische Soziologie des Stiftens in Deutschland
     und den USA*. Frankfurt – New York, 376.

abgelöst werden kann. Stiftungen sind schließlich auch nur zu einem Teil eine private Ange-legenheit, denn ihre Einbettung in und ihre Wirkung auf gesellschaftliche Vorgänge machen sie zu politischen Akteuren.

So schreiben die Stiftungsforscher Anheier und Daly in ihrem Sammelband über die politischen Dimensionen von Stiftungen

> … foundations are political because their legitimacy, including their very existence and range of permissable forms and operations, depends on political preferences and the regulatory and institutional frameworks they intail. Such preferences cannot be taken for granted, and have indeed significantly varied and changend over time.[23]

Die Einbettung der Stiftung in das gesellschaftliche, in der Regel demokratische Gefüge, ist gerade bei der wissenschaftlichen Betrachtung immanent wichtig. Vor diesem Hintergrund galt es, neben der Historie und Phänomenologie, die gegenwärtige Situation des Stiftungs-wesens sowie Aspekte des Stiftungsmanagements zu berücksichtigen.

### 1.1.3   Stiftungsforschung zu Marketing und Kommunikation

Eine der wenigen empirischen Studien zur betriebswirtschaftlichen Orientierung von Stiftungen hat Berit Sandberg 2007 vorgelegt. Unter dem Titel ‚Stand und Perspektiven des Stiftungsmanagements in Deutschland' sollte die Forschungslücke zum einen bezüglich Effizienz und Effektivität von Stiftungsarbeit, zum anderen aber auch zum Spannungsfeld von Mission und Ökonomie geschlossen werden. Inwieweit Stiftungen betriebswirtschaftlich agieren und welche Instrumente dabei eingesetzt werden, wurde in einem Projekt von 19 Studierenden des Studiengangs ‚Public Management' an der Fachhochschule für Technik und Wirtschaft (FHTW) und der Fachhochschule für Verwaltung und Rechtspflege (FHVR) Berlin untersucht.[24]

Für die hier vorliegende Arbeit haben die Ergebnisse zum Marketing große Relevanz, da sie in dieser Form singulär sind. Auch wenn sie nicht als repräsentativ gelten können, da nur die Stiftungen mit transparenten Angaben in die Erhebung einbezogen werden konnten, bieten sie derzeit den besten Einblick in die Materie. Wichtig an der Erhebung ist die Forschungsarchitektur, bei der darauf geachtet wurde, dass Marketing von den Befragten nicht als Werbung, sondern als

> Denkhaltung bzw. Führungskonzeption verstanden wurde, nach der alle Aktivitäten einer Einrichtung an den Erfordernissen der Absatz- und Beschaffungsmärkte ausgerichtet werden sollten. […] Nach modernem Ver-ständnis richtet sich Marketing auf das Management von Beziehungen zu den Anspruchsgruppen, was auch für Stiftungen eine zentrale Aufgabe darstellt.[25]

Zu den zentralen Kommunikationsaufgaben zählen nach Angaben Sandbergs auch Rechen-schaftslegung und Legitimation gegenüber Dritten, weshalb die Kommunikation in eine systematische Corporate-Identity-Politik eingebettet werden sollte.

---

23   Anheier, Helmut K./ Daly, Siobhan (2007), 4.
24   Seit 2009 sind beide zur Hochschule für Wirtschaft und Recht (HWR) fusioniert.
25   Sandberg, Berit (2007): *Stand und Perspektiven des Stiftungsmanagements in Deutschland: Eine empirische Studie zur betriebswirtschaftlichen Orientierung von Stiftungen.* Berlin, 63.

Das grundsätzliche Dilemma der Kommunikationsforschung in den Händen verschiedener Fakultäten wird allerdings schnell deutlich, wenn es heißt: „Kommunikation ist jedoch nur ein Baustein im Rahmen der Marketing-Konzeption, denn auch Aufgaben des strategischen Managements, wie Programmplanung, sind zugleich Marketing-Aufgaben."[26] Diese Aussage ist von zentraler Bedeutung für den interdisziplinären Ansatz der hier vorliegenden Arbeit. Er spiegelt nämlich das Dilemma der Erforschung von Kommunikation in Unternehmen und Organisationen hervorragend wider. Wird anfangs in der betriebswirtschaftlichen Arbeit von Sandberg zwar noch von einer ganzheitlichen Denkhaltung und Führungskonzeption gesprochen, so wird anschließend Kommunikation jedoch lediglich als Teilbereich des Marketing verstanden. Darüber hinaus werden sogar Aufgaben des strategischen Managements im Bereich der Marketing-Aufgaben verortet.

Der hier sichtbare Zuordnungsversuch kann als beispielhaft für die wissenschaftliche Betrachtung der Kommunikation von Organisationen gelten und durchzieht die gesamte betriebswirtschaftlich orientierte Forschungsliteratur. Eine Ursache mag in der historischen Entwicklung der einzelnen Fakultäten zu finden sein, wie das Marketing eine ist. Aus der Perspektive des Marketings wird in der Regel klassisch die Unternehmenskommunikation diesem untergeordnet. Insofern ist – aus der Sicht der betriebswirtschaftlich orientierten Forscherin – dieser Ansatz durchaus nachvollziehbar. Für eine in das gesamte Management integrierte Kommunikation, wie sie im Rahmen dieser Arbeit noch gezeigt werden wird, ist diese Verortung allerdings nicht sinnvoll und greift zu kurz. Zunächst aber gilt es, für ein umfassendes Verständnis der gegenwärtigen Kommunikationsarbeit von Stiftungen, die im Hinblick auf die Kommunikation durchaus interessanten und relevanten Ergebnisse der Marketing-Analyse für Stiftungen zur Kenntnis zu nehmen.

Diese halten einige Überraschungen bereit. Je mehr Mitarbeitende eine Stiftung hat, umso mehr beruht die strategische und operative Planung auf Ergebnissen der Zufriedenheitsmessung oder Imageanalysen bei den Stakeholdern. Dies ist aber nicht etwa auf die Stiftungsgröße in Bezug auf Vermögen oder Budget zurückzuführen, sondern hängt von ihrem Stifter ab, was sich auch in der Einflussgröße ‚Rechtsform‘ niederschlägt. So analysieren etwa 85 Prozent der staatlichen Stiftungen die Zufriedenheit ihrer Destinatäre, aber nur 41,7 Prozent ihr Image. Bei den privatrechtlichen, besonders unternehmens- und vereinsnahen Stiftungen sind 63 Prozent an ihrem Image interessiert, Spenden sammelnde mit 61,3 Prozent. Insgesamt überrascht, dass zwar drei Viertel der Stiftungen Imagepflege als ein wichtiges Ziel erachten, aber nur die Hälfte derer dazu Erhebungen durchführt. Bestehen aber klare Konkurrenzsituationen, steigt die Bereitschaft zu Erhebungen deutlich an. Diesbezüglich darf man wohl nicht außer Acht lassen, dass viele deutsche Stiftungen zu klein sind und über ein zu geringes Budget verfügen, um derartige Umfragen finanzieren zu können.

Die Hälfte der befragten Stiftungen hat ein Leitbild formuliert, was unabhängig von der Rechtsform, aber abhängig vom Stifter ist. Häufig haben Stiftungen des Staates (71,4 Prozent), von Vereinen (68,9 Prozent) und von öffentlichen Körperschaften (62,8 Prozent) eher ein Leitbild als die von Unternehmen (54,5 Prozent) und Privatpersonen (47,9 Prozent). Auch diesbezüglich spielt die Bedeutung der Außendarstellung für operative Stiftungen eine deutlich größere Rolle als für reine Förderstiftungen.

71,7 Prozent der Stiftungen gaben an, ein einheitliches Corporate Design anzustreben, aber nur 35,1 Prozent integrierte Kommunikation (Corporate Communications) und 11,2 Prozent Corporate Behavior (siehe auch Kap. 3). Eine klare Korrelation besteht zwi-

---

26   Sandberg, Berit (2007), 63.

schen Leitbild, Kommunikation und Corporate Identity insoweit, als 62,9 Prozent der Stiftungen, die Wert auf ein einheitliches Erscheinungsbild legen und 73,1 Prozent, die Kommunikation inhaltlich abstimmen, über ein Leitbild verfügen.

Überraschenderweise vernachlässigt ein Drittel der Stiftungen von Privatleuten Aspekte der Corporate Identity, wohingegen Stiftungen von Vereinen (88,6 Prozent), dem Staat (85,7 Prozent) und von Unternehmen (79,5 Prozent) diesen überdurchschnittliche Bedeutung beimessen. Hier wurde auch ein direkter Zusammenhang zum (internationalen) Aktionsradius der Stiftungen festgestellt. Ein größeres Stiftungsvolumen sowie Budget erhöhen außerdem nachweislich die Bereitschaft zu der Entwicklung einer Identität. Ab einem Budget von über einer halben Million bekommen Corporate Design (93,6 Prozent), Corporate Communications (51,1 Prozent) und Corporate Behavior (42,6 Prozent) überdurchschnittliche Bedeutung (siehe auch Kap. 3.). Die Kapitalstruktur hat mit Ausnahme von Unternehmensträgerstiftungen nur einen geringen Einfluss.

Insgesamt ist die Kommunikationspolitik von Stiftungen klassisch darauf ausgerichtet, mit Maßnahmen der Öffentlichkeitsarbeit die Anliegen der Stiftung zu verbreiten (89,1 Prozent) und das Vertrauen der Öffentlichkeit zu gewinnen (59,4 Prozent). Inanspruchnahme von Stiftungsleistungen (41,9 Prozent), Fundraising (30,7 Prozent) und Lobbying (16,5 Prozent) sowie weit abgeschlagen Mitarbeiterakquisition (3 Prozent) folgen.[27]

Auf die hier untersuchten Bereiche wird bei der Betrachtung der grundlegenden Komponenten der Unternehmenskommunikation (Kap.3.1) näher eingegangen. Grundsätzlich bleibt an dieser Stelle festzuhalten, dass in der Forschung nicht länger der Methodenstreit, der die Zusammenführung von Ansätzen maßgeblich verhindert, sondern vielmehr eine längst überfällige interdisziplinäre Fortentwicklung stattfinden sollte. Die Kommunikationswissenschaftlerin Miriam Meckel beschreibt dies wie folgt:

> Was sich im Feld der Medien und Kommunikation heute tut, lässt sich nicht mehr ausschließlich aus singulär betriebswirtschaftlicher, sozial- und politikwissenschaftlicher oder medienwissenschaftlicher Perspektive betrachten und erklären. Nur wer den Blick über den Tellerrand der eigenen Disziplin hinaus richtet, ist in der Lage, die richtigen Bewertungen vorzunehmen und Innovationspotentiale für Wissenschaft und Praxis zu erkennen.[28]

Vor diesem Hintergrund lag es nahe, ein interdisziplinäres Forschungsgebiet wie das Stiftungswesen und dessen Kommunikation, im Rahmen des interdisziplinär angelegten Studiengangs Diakoniewissenschaft und DiakonieManagement am Diakoniewissenschaftlichen Institut der Kirchlichen Hochschule Wuppertal/Bethel (IDM) zu untersuchen. Hinzu kommt, dass die quasi zentrale Motivation des Stiftens bereits in den historischen Frühformen als

---

27  Vgl. Sandberg, Berit (2007), 63–72. Sämtliche der hier genannten Zahlen sind der empirischen Studie von Sandberg aus dem Jahr 2007 entnommen. Zur Stichprobenziehung bei der Umfrage wurden mehrere Schichten für die Ausprägung des Merkmals Rechtsform und für das Volumen des Stiftungsvermögens gebildet. Dies ist insofern relevant, als damit nur Stiftungen befragt werden konnten, die aktiv für Transparenz der Stiftungsarbeit eintreten, indem sie beispielsweise Angaben zu ihrem Vermögen machen. Insofern ist die Studie, nach Angaben Sandbergs, in Bezug auf die Gesamtheit der rechtsfähigen öffentlich- und privatrechtlichen Stiftungen in Deutschland nicht repräsentativ. Dies sei besonders in Hinblick auf Aussagen zur Kommunikationspolitik und zu Stiftungszielen zu beachten. Befragt wurden rund 1.000 Stiftungen, darunter keine kirchlichen Stiftungen, bei einer Rücklaufquote von rund 36 Prozent.

28  Meckel, Miriam (2008): *Kommunikation im Dreiklang von Wirtschaft, Technologie und Gesellschaft. Zur Entwicklung von Profil und Strategie des =mcm institute (2007)*. In: Meckel, Miriam/ Schmid, Beat F. (Hgg). Unternehmenskommunikation: Kommunikationsmanagement aus Sicht der Unternehmensführung, 479.

häufig religiös geleitete Gabe, eine große Nähe zu den theologischen Inhalten in sich birgt. Infolgedessen ist ,die Stiftung' sehr eng mit Fragen der theologischen, philosophischen und religionswissenschaftlichen Forschung verbunden.

Im Folgenden werden das Erkenntnisinteresse und das spezifische Segment des Stiftungswesens, die Kommunikation, um die es in der vorliegenden Arbeit gehen wird, näher erläutert.

## 1.1.4    Erkenntnisinteresse

Die Forschung zur Unternehmenskommunikation ist nicht allein in den Händen der Kommunikationswissenschaft, sondern unter anderem – wie bereits oben ausgeführt wurde – auch in Bereichen wie der Betriebswirtschaft oder dem Marketing verortet. Und sogar innerhalb der Disziplinen führen teilweise babylonische Begriffsverwirrungen zu großen Problemen bei der eindeutigen Zuordnung und Vergleichbarkeit.

> Vollständig wird das Dilemma letztlich durch eine bis heute nicht ausreichende wissenschaftliche Beobachtung und Beschreibung von Public Relations und Öffentlichkeitsarbeit in Wirtschafts- wie Kommunikationswissenschaft: Die bisherige Fassung von Funktion(en), Zielen, Leistungen, Aufgaben, Zuständigkeiten u. v. m., über die keine ausreichende Konvention besteht, kann hierfür als prägnantes Beispiel stehen.[29]

Peter Szyszka, vom dem diese Bestandsaufnahme stammt, definiert selbst Kommunikationsmanagement als das Austarieren und Steuern ambivalenter Sinndispositionen in und um Organisationen.[30] Hier wird deutlich, dass zum einen die wissenschaftliche Betrachtung, wie hier am Beispiel der PR und Öffentlichkeitsarbeit gezeigt, keine klaren und einheitlichen Vorgaben zur Forschung und Analyse des Gegenstandes bereitstellt. Zum anderen ist das Kommunikationsmanagement in der Praxis äußerst divers, oft unterschiedlichen Abteilungen zugeordnet und – wenn überhaupt – mit oftmals diffusen Zielen versehen. Kann es bei diesen Voraussetzungen überhaupt gelingen, Kriterien für die Kommunikation eines NPO-Segments, wie den Stiftungssektor, zu entwickeln?

Es geht zunächst um die schrittweise Annäherung aus verschiedenen Richtungen. Zum einen aus der historischen und aus der phänomenologischen Perspektive. Hier gilt es, die für die Kommunikation relevanten Themen zu identifizieren. Darüber hinaus muss es aber auch um die Betrachtung des Managements gehen und welche Rolle dieses der Kommunikation zuweist. Für die wissenschaftliche Betrachtung steht, wie bereits erwähnt, ein großer Facettenreichtum an Ansätzen zu Verfügung, die jedoch häufig der gegenseitigen Wahrnehmung entbehren. Die Komplexität der Materie erfordert hier, nach Meinung der St. Galler Kommunikationsforscherin Miriam Meckel, eine Öffnung hin zu mehr Interdisziplinarität und eines sorgsamen Umgangs der verschiedenen Akteure, um einer sich zunehmend entwickelnden und professionalisierenden Unternehmenskommunikation gerecht zu werden.[31]

---

29   Szyszka, Peter (2005): ,Öffentlichkeitsarbeit' oder ,Kommunikationsmanagement'. Eine Kritik an gängiger Denkhaltung und eingeübter Begrifflichkeit. in: Lars Rademacher (Hg.): Distinktion und Deutungsmacht: Studien zu Theorie und Pragmatik der Public Relations. Wiesbaden, 82.

30   Szyszka, Peter (2005), 165.

31   Vgl. Lyczek, Boris/ Meckel, Miriam (2008): Corporate Communications als integraler Wertschöpfungsprozess. Die neuen Kommunikationsfunktionen. Universität St. Gallen (Hg.): Thexis- Marketingfachzeitschrift für Theorie und Praxis Nr. 1. Marketing Review St. Gallen.

Diese Anforderung kommt auch in der Definition von Lars Rademacher zum Tragen, wenn er schreibt:

> Kommunikationsmanagement operiert also mit Wirklichkeitsentwürfen und Positionsbeschreibungen in der und über die Organisation, ihre Ziele und ihre Legitimation, die unmittelbaren Einfluss auf den Unternehmenserfolg haben, weil sie auf erfolgskritischen Meinungsmärkten gehandelt werden.[32]

Für die Verortung im Unternehmen schlägt er aufgrund der Komplexität dann auch folgerichtig vor:

> Damit ist Kommunikationsmanagement keine Aufgabe, die in der Großorganisation noch von einer einzelnen Stelle aus (etwa der Abteilung Unternehmenskommunikation) wahrgenommen würde, sondern eine Prozessaufgabe, die auf mehreren Handlungsebenen und -träger in der Organisation verteilt wird.[33]

Vor diesem Hintergrund zeichnete sich daher bei der Annäherung an das Forschungsthema ab, dass sowohl in Bezug auf die Grundlagen als auch auf die zu entwickelnden Kriterien für das Kommunikationsmanagement von Stiftungen eben diese Handlungsebenen und -träger zu berücksichtigen waren, damit dieser Teil der ‚Prozessaufgabe‘ nach Rademacher überhaupt zu lösen ist.

Auf Basis dieser Überlegungen war es erforderlich, für die weitere Betrachtung der Stiftungskommunikation ein Management-Modell zu wählen, das neben der Komplexität von Unternehmensstrukturen auch die Bedeutung der Kommunikation angemessen berücksichtigt und integriert. Darüber hinaus musste die Annäherung an eine Organisationsform wie Stiftungen den besonderen Implikationen einer wertegeleiteten Nonprofit-Kommunikation Rechnung tragen, wie im Folgenden noch zu zeigen sein wird. Zuvor jedoch galt es, sich mit den Spezifika der Nonprofit-Kommunikation zu befassen.

### 1.1.5 Spezifika der Nonprofit-Kommunikation

Die Frage, ob die Kommunikation von Nonprofit-Organisationen sich von der anderer Institutionen und Unternehmen unterscheidet, wird in der Literatur erwartungsgemäß nicht eindeutig beantwortet.[34] Grundsätzlich sind neben den wachsenden Anforderungen an Professionalität[35] (siehe auch Kap. 4.2.1) auch in diesem Bereich, eine Reihe von Besonderheiten zu berücksichtigen.

Als einen der entscheidenden Unterschiede zu Forprofit-Organisationen benennt der Kommunikationsexperte für Stiftungen, Ulrich Brömmling, den Tätigkeitszweck der Organisation, dessen Verfolgung bei gemeinnützigen Einrichtungen und Projekten eben nicht der

---

32  Rademacher, Lars (2011): *Kommunikationsmanagement im General Management*. In: Bentele, Günter/ Piwinger, Manfred/ Schönborn, Gregor (Hgg.):Kommunikationsmanagement. Strategien, Wissen, Lösungen, 1.46, 1.

33  Rademacher, Lars (2011), 1.

34  Keine Besonderheiten werden beispielsweise von folgenden Autoren erkannt. Vgl. Langen, Claudia/ Albrecht, Werner (Hgg.) (2001): *Zielgruppe: Gesellschaft. Kommunikationsstrategien für Nonprofit-Organisationen.* Gütersloh.

35  Wichtig ist vorab festzuhalten, dass der Anspruch etwas ‚anderes‘ zu sein und sich daher eigene Regeln geben zu können, unter Nonprofit-Organisationen, besonders auch von konfessionell gebundenen, gerne als Argument genutzt wird, weniger professionell aufzutreten.

Erwirtschaftung von Gewinnen dient bzw. dienen darf. Zudem seien die Möglichkeiten der Public Relations vielseitiger: „Stiftungen etwa können über eigene Projekte berichten und gleichzeitig darüber, dass die Stiftung alles tut, um den Stifterwillen zu pflegen."[36]

Neben zahlreichen Möglichkeiten, die Aktivitäten der Stiftung sichtbar zu machen, hat diese aufgrund ihrer meist schlanken Organisationsstruktur zudem die Chance, kurzfristig ungewöhnliche und medienwirksame Projekte zu realisieren. Als Beispiel führt Brömmling an:

> Als im September 2004 die Anna Amalia Bibliothek in Weimar abbrannte und ein großer Teil des bedeutenden Kulturschatzes unwiederbringlich verloren war, dauerte es nur kurze Zeit, bis die Vodafone Stiftung Deutschland beschloss, über eine Dauer von fünf Jahren 5 Millionen Euro für die Restaurierung und Neubeschaffung antiquarischer Buchkostbarkeiten bereitzustellen.[37]

Dass dieses Vorgehen auch kritisch gesehen werden kann, ist sicher ohne Frage, zumal hier ein klassisches CSR-Projekt mit sicher positiven Auswirkungen auf das stiftende Unternehmen vorliegt (siehe dazu auch Kap. 2.3.5). Wenn das Corporate Design beider Unternehmungen wie in diesem Fall sehr ähnlich gehalten wird, liegt der Transfer der positiven Inhalte und die verknüpfende Rezeption bei den Stakeholdern auf der Hand.

Nonprofit-Organisationen und damit auch deren Kommunikationsmanagment unterscheiden sich im Kern von den Forprofit-Organisationen dadurch, dass diese einen klaren Zweck verfolgen, der in der Regel nicht der Rechtfertigung bedarf und deren Produkte – selbst wenn sie im Bereich der Dienstleistungen angesiedelt sind – am Markt in der Regel für sich stehen können. Nonprofit-Organisationen haben darüber hinaus allein durch ihre meist diversen Leistungsportfolios und damit stark divergierenden Stakeholdergruppen, wie beispielsweise Obdachlose oder Bewohner von Seniorenresidenzen, einen viel breiteren, häufig normativen und emotional aufgeladenen kommunikativen Aktionsradius zu bedienen. Zudem haben sie allein aufgrund ihrer besonderen Position als ‚Gemeinnützige' und durch eine meist diverse Finanzierungsstruktur sowie meta-ökonomische Ziele einen hohen Bedarf an Vertrauen und Glaubwürdigkeit in der Öffentlichkeit. Darüber hinaus geht ihre Mission – also die Antwort auf die Frage, nach ihrer Aufgabe (siehe auch Kap. 3.1.5) – in der Regel mit der Vermittlung von Werten und langfristig (zumindest mit dem Anspruch) auf eine verändernde Wirkung in der Gesellschaft einher.

Die diversen Erscheinungsformen von Stiftungen (siehe auch Kap. 2.2) und die für den Laien auf den ersten Blick auch nicht erkennbaren Unterschiede stellen weitere hohe Anforderungen an eine transparente Kommunikation. Nicht zuletzt Mischformen von gemeinnützigen Stiftungen mit beispielsweise Holding-Strukturen sind erklärungsbedürftig. Grundsätzlich kann daher als Hauptargument eines gesondert zu betrachtenden Kommunikationsmanagements im Stiftungswesen, dessen zentrale Auseinandersetzung mit Legitimitätsfragen angeführt werden.

Manfred Bruhn hat in seinen Arbeiten aus Sicht des Marketings für Nonprofit-Organisationen auf die spezifischen Leistungskompetenzen hingewiesen, die es gelte zu dokumentieren. Da die Leistungsfähigkeit an sich nicht darstellbar sei, so Bruhn, müsse eine Pflegeeinrichtung beispielsweise in der Kommunikation über die Qualifikation ihrer Angestellten argumentieren. Aus dieser ‚Immaterialität, Nichtlagerfähigkeit und Nichttransportfähigkeit' von Nonprofit-Leistungen leitet er ab, dass sie auf verschiedenen Wegen ‚anfass-

---

36   Brömmling, Ulrich( Hg.) (2007): *Nonprofit-PR*. Konstanz, 22.
37   Brömmling, Ulrich( Hg.) (2007), 24.

bar' gemacht werden müssen. Als Beispiele nennt er unter anderem Werbemittel als Give Aways, wie Kondome in der Aidsaufklärung oder die Vorstellung von Mitarbeitenden durch das Erzählen von deren ‚Geschichten'.[38]

Als einen weiteren Punkt führt er das Fähigkeitenpotenzial von Nonprofit-Organisationen an, wie besondere Räumlichkeiten oder moderne Ausstattungen und schließlich seien noch aus der Integration des Leistungsempfängers Besonderheiten abzuleiten.

Man mag kritisch anmerken, dass manche dieser Kriterien ein wenig um ‚Besonderheit bemüht' wirken. Dennoch sind Bruhns Anmerkungen – orientiert an der klassischen Markenführung – für die Bestimmung der Kommunikationsziele für Nonprofit-Organisationen sinnvoll, nachvollziehbar und treffen auch auf Stiftungen zu:

1. Kognitiv-orientierte Kommunikationsziele sind: Berührungs- und Kontakterfolg; Aufmerksamkeitswirkung; Erinnerungswirkung und Informationsfunktion.
2. Affektiv-orientierte Kommunikationsziele sind: Gefühlswirkung; Positive Hinstimmung; Generierung von Interesse und Imagewirkung.
3. Konativ-orientierte Kommunikationsziele sind: Auslösung von bestimmten Handlungen; Beeinflussung des Informations- und Kommunikationsverhaltens; Beeinflussung des Weiterempfehlungsverhaltens.[39]

Die hier angeführten Argumente und Versuche, die spezifischen Eigenschaften von Nonprofit-Organisationen und die daraus abzuleitenden Anforderungen an deren Kommunikationsverhalten herauszuarbeiten, zeigen eines deutlich: Es kann nicht darum gehen, subjektive und nicht nachweisbare Parameter für wertegeleitete Unternehmungen anzunehmen, um sie dann als ‚besondere' Eigenschaften als Grundlage eines ‚besonderen' Kommunikationskonzepts heranzuziehen. Unstrittig sind hingegen deren höhere Anforderungen von außen, wie Legitimitätsdruck und Glaubwürdigkeit.

Gemeinsam mit allen anderen Unternehmen ist ihnen jedoch die Aufgabe, die Rolle der normativen Dimension im Management zu klären. Das bedeutet, dass neben den oben genannten praktischen Teilaspekten, entlehnt aus der marketingorientierten Nonprofit-Kommunikation, das Kommunikationsmanagement von Stiftungen in das gesamte Management, eben auch mit seinen stets mitzudenkenden normativen Komponenten, zu integrieren ist.[40]

Die Bedeutung der Kommunikation ist zur Zeit seiner Entstehung im St. Galler Management-Modell nicht besonders gesehen worden. Doch haben, im Ergebnis viel zu wenig beachtet, Peter Ulrich und Edgar Fluri schon Mitte der 90er Jahre auf den Zusammenhang von normativen Grundlagen und Öffentlichkeitsarbeit in der Unternehmung in ihren neun Leitgedanken hingewiesen:

> Der integrierende Kern und die tragende Grundlage der Firmenpersönlichkeit kann nur eine durchdachte, in sich konsistente Unternehmensphilosophie und -ethik sein, also ein reflektiertes Selbstverständnis der Unternehmensleitung bezüglich der Rolle der Unternehmung in ihrer gesellschaftlichen Umwelt. [...] Gute Öffentlichkeitsarbeit dient deshalb nicht einseitig der Selbstdarstellung der Unternehmung nach aussen, sondern soll

---

38   Dies wird in der klassischen Kommunikationsarbeit als Story-Telling bezeichnet.
39   Vgl. Bruhn, Manfred (2005b): *Marketing für Nonprofit-Organisationen. Grundlagen, Konzepte, Instrumente.* Stuttgart, 384ff.
40   Die Voraussetzungen, wie Transparenz und Governance, sowie zentrale Komponenten der Unternehmenskommunikation wie Image und Identität, werden im Rahmen dieser Arbeit in den Kap. 2.3 und 3.1 näher betrachtet.

zugleich die Unternehmung für den Bewusstseins- und Wertewandel ihrer sozialen Umwelt offen und lernfähig halten.[41]

Wie sich diese Gedanken und Grundlagen des St. Galler Management-Modells heute in der St. Galler Forschung zur Rolle der Kommunikation im Unternehmen niederschlagen, wird in Kapitel 3.3 in inhaltlicher Nähe der vorliegenden Arbeit zur Stiftungskommunikation darge-legt werden. An dieser Stelle sei lediglich zum besseren Verständnis des Folgenden und als erster Eindruck von der Komplexität modernen Kommunikationsmanagements auf die Defi-nition von Markus Will verwiesen:

> Kommunikationsmanagement entwickelt, gestaltet und lenkt sämtliche externen und internen dialogischen Kommunikationsbeziehungen des Systems Unternehmung mit seinen Anspruchsgruppen unter Einsatz der ent-sprechenden Kommunikationsinstrumente.

> Kommunikationsmanagement ist auf den inhaltlichen und organisatorischen Austausch von Informationen aus-gerichtet. Bezugsgröße ist die Unternehmung selbst, so dass sämtliche Ausprägungen in Bezug auf den Be-stand, die Weiterentwicklung sowie die strategische Positionierung der Unternehmung als Ganzes definiert werden können.[42]

## 1.1.6    Forschungsfrage und Aufbau der Arbeit

Ausgehend von der normativen Dimension des St. Galler Management-Modells, die, wie gesagt, gerade für Stiftungen und ihre Kommunikation von größter Bedeutung ist, über die Anforderung des Entwickelns, Gestaltens und Lenkens von Kommunikationsbeziehungen, kristallisierte sich beim Fokussieren der endgültigen Forschungsfrage heraus, dass es bislang keine Kriterien für das Kommunikationsmanagement von Stiftungen gib. Dieses For-schungsdesiderat erwies sich zum einen in der theoretischen Auseinandersetzung mit dem Kommunikationsmanagement von Stiftungen als hinderlich, da das Fehlen von klaren Merkmalen den kritischen Diskurs, die Bewertung und Weiterentwicklung deutlich er-schwert, wenn nicht gar unmöglich macht.

Zum anderen konnten im Stiftungsalltag die Fragen von Stiftungsmanagern bislang vornehmlich nur individuell, exemplarisch oder partiell mit Hilfe von Kommunikationsmo-dellen aus der NPO-Forschung, nicht aber Kriterien gestützt aus dem Stiftungswesen heraus entwickelt, beantwortet werden. Nicht-repräsentative Umfragen der Autorin in Kommunika-tionsseminaren für Stiftungspraktiker zwischen den Jahren 2008 und 2012 zeigten zwar ein wachsendes Bewusstsein für die nötige Professionalisierung des Kommunikationsmanage-ments, wiesen jedoch in diesem Zeitraum keine eklatanten Verbesserungen in der Umset-zung auf. Neben fehlenden Ressourcen, nannten die Teilnehmer fehlendes Bewusstsein für Kommunikationsthemen beim Management sowie fehlendes Know-how.

Das Verständnis von den Stakeholdern im neuen St. Galler Management-Modell als die „Teile der kritischen Öffentlichkeit einer freiheitlich-demokratischen Gesellschaft, die aktu-ell Legitimationsansprüche an die Unternehmung richten und mit der Unternehmensleitung in einen Bürgerdialog treten möchten",[43] kann auch auf Stiftungen angewendet werden. Die Öffentlichkeit wird in diesem Ansatz als normative Regulierungsinstanz verstanden.

---

41    Ulrich, Peter/ Fluri, Edgar ([7]1995): Management. Eine konzentrierte Einführung. Stuttgart, 91.
42    Will, Markus (2007a): *Wertorientiertes Kommunikationsmanagement.* Stuttgart, 25.
43    Ulrich, Peter (2004): *Die normativen Grundlagen der unternehmerischen Tätigkeit.* In: Dubs, Rolf/ Euler, Dieter/ Rüegg-Stürm, Johannes: *Einführung in die Managementlehre. Bd.1,* Bern – Stuttgart – Wien, 156.

Wenn Peter Ulrich in seinen Ausführungen zum St. Galler Management-Modell deutlich von einer ‚prinzipiellen Legitimationspflicht‘ der Unternehmensleitung gegenüber der ‚Öffentlichkeit aller mündigen Bürger‘ spricht, wird hier deutlich, dass diese Forderung nicht durch die wertschaffende Funktion der Unternehmen legitimiert ist, sondern bereits durch ihre ‚licence to operate‘. „Zu bestimmen und abzugrenzen, was in einer solchen Gesellschaft ‚privater‘ Entscheidung überlassen bleiben soll und was nicht, bleibt selbst immer eine öffentliche, eminent politische Angelegenheit."[44] Vor diesem Hintergrund kann stifterisches Handeln sich nicht allein dadurch legitimieren, dass die wirtschaftlichen Werte aus (Privat-) Vermögen zur Verfügung gestellt werden, um daraus abgeleitet dann einseitige Partikularinteressen durchzusetzen. Vielmehr geht es darum, ‚stiftungsethisch‘ die Ansprüche der verschiedenen Stakeholder zu berücksichtigen.

Eine wissenschaftliche Betrachtung bedarf unter diesen Voraussetzungen eines Managementmodells, das normative Aspekte nicht als nebensächlich erachtet, sondern als zentral relevant berücksichtigt. Unter dieser Prämisse fiel die Entscheidung für die Einbindung des neuen St. Galler-Management-Modells in die Forschungsarchitektur.

Betrachtet man die deutlichen Forderungen nach mehr Transparenz im Stiftungssektor (siehe Kap. 2.3.6), nimmt man die kritischen Anfragen von (nicht nur abgewiesenen) Stipendiaten nach den Kriterien der Auswahl ernst oder sucht vergebens nach Leitbildern oder Führungsrichtlinien im Management von Stiftungen, so wird deutlich, dass es in der Praxis offenbar einen erheblichen Handlungsbedarf gibt. Die notwendige Offenlegung hat nach Helmut Anheier schließlich auch zwei Stoßrichtungen, wenn er schreibt:

> Aufgrund der spezifischen Verfassung und Position von Stiftungen fällt ihnen eine besondere Pflicht der Öffentlichkeitslegung zu. Dies bezieht sich einmal auf Öffentlichkeitsarbeit generell und den Zugang zu Informationen zur Stiftung und zum Stiftungsgeschäft für Außenstehende. Zum anderen bezieht sich Öffentlichkeitslegung auf die Transparenz der Stiftung und die betreffenden Kontrollinstrumente und -instanzen.[45]

Der jahrelange Einblick der Autorin in die praktischen Anforderungen der Stiftungsorgane und Stiftungsmanager sowie die im Rahmen der Lehrtätigkeit immer dringlicher aufscheinenden Fragen zum Kommunikationsmanagement von Stiftungen, waren Anstoß für eine intensive wissenschaftliche Beschäftigung mit diesem Thema. Ziel war es, Deutsche Stiftungen und ihre Kommunikation zu beleuchten sowie Kriterien für deren Kommunikationsmanagement zu entwickeln. Der normative Charakter der Frage entstand dabei aus der Anforderung an die Stiftungskommunikation, deren originäre Aufgabe es ist, den Dialog mit den Stakeholdern im Rahmen des Stiftungsmanagements ‚gut‘ zu gestalten. Dies könnte die Realisierung eines Stiftungsziels wie z. B. die Steigerung der Bekanntheit zur Vergrößerung des Fundraising-Volumens und damit einer optimierten Zweckerfüllung sein. Die Stiftungskommunikation muss hier verschiedene Kriterien erfüllen, um die Zielerreichung zu befördern.

So kristallisierte sich als Forschungsfrage heraus:

**Welche Kriterien kennzeichnen gute Stiftungskommunikation als Teil des Stiftungsmanagements?**

Die vorliegende Arbeit ist so aufgebaut, dass zunächst Stiftungen, ihre historische Entwicklung und ihre Phänomenologie beleuchtet werden. Daraus lassen sich kommunikationsrelevante Themen des gegenwärtigen Stiftungswesens ableiten und damit zum einen die

---

44   Ulrich, Peter (2004), 157.

45   Anheier Helmut K. (2003): *Das Stiftungswesen in Deutschland: Eine Bestandsaufnahme in Zahlen.* In: Bertelsmann Stiftung (Hg.): Handbuch Stiftungen: Ziele – Projekte – Management – Rechtliche Gestaltung, 2. Aufl., Wiesbaden, 70.

Notwendigkeit von Kommunikation für Stiftungen an sich belegen, zum anderen werden mögliche Inhalte deutlich. Über den Weg der Betrachtung von Kommunikation und deren Management auf der einen Seite und über die klassischen Komponenten der Unternehmenskommunikation auf der anderen kristallisierte sich als geeignetes Modell das der Integrierten Kommunikation heraus. Aus den in Forschungsabschnitt eins und zwei gewonnenen Erkenntnissen werden anschließend die sieben Kriterien für gute Stiftungskommunikation als Teil des Stiftungsmanagements abgeleitet.

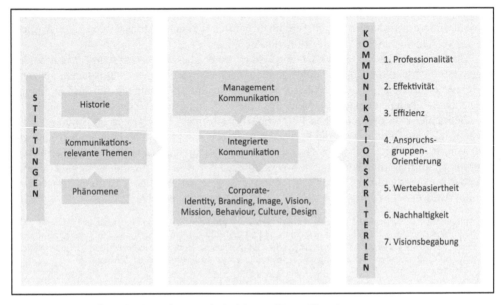

*Abbildung 1:* Aufbau der Forschungsarbeit (eigene Darstellung)

Im Einzelnen bedeutet das, dass nach einer Einführung in den Forschungsgegenstand Stiftung das Stiftungshandeln im historischen Kontext betrachtet wird. Des Weiteren wird die Diversität des Phänomens Stiftung mit seinen unterschiedlichen Erscheinungsformen dargestellt. Die gegenwärtige Situation des Stiftungswesens sowie Aspekte des Stiftungsmanagements wie Fragen der Corporate Governance oder Transparenz folgen. Hier schließt das Kapitel über Kommunikation als Managementaufgabe an, das sich zum einen mit den grundlegenden Komponenten der Unternehmenskommunikation, zum anderen mit dem neuen St. Galler Management-Modell und dessen gegenwärtigen Forschungen zum Kommunikationsmanagement von Marco Casanova, Markus Will sowie Miriam Meckel und Boris Lyczek.

Auf diesen Grundlagen sowie dem Ansatz der Integrierten Kommunikation werden in Kapitel vier die sieben Kriterien für gute Stiftungskommunikation als Teil des Stiftungsmanagements vorgestellt. Ein abschließender Ausblick und Fazit zeigen schließlich Entwicklungspotentiale und Zukunftschancen auf, die – nicht zuletzt auf der Basis guten Kommunikationsmanagements – zu einer neuen Blüte des deutschen Stiftungswesens führen können.

# 2. Stiftungen in Deutschland

In einem historischen Überblick werden Stiftungen als Phänomene erkennbar, die bereits in ihren frühen Vorformen den ganzen Menschen in all seinen anthropologischen Dimensionen berührt haben. Des Weiteren werden die derzeit bestehenden Erscheinungsformen kurz vorgestellt sowie die gegenwärtige Situation von Stiftungen und ihre Herausforderungen thematisiert.

## 2.1 Historischer Hintergrund

Um das Stiftungswesen in seiner gegenwärtigen Ausprägung in Deutschland verstehen zu können, ist es sinnvoll, zunächst einen Blick auf erste Erscheinungsformen zu werfen, die sich im Lauf der Zeit zu dem entwickelten, was wir heute ‚Stiftungen' nennen. Die historischen Aspekte der Stiftungsforschung wurden bislang auffallend häufig in juristischen Arbeiten behandelt, was deren großen Einfluss auf die Definition und Interpretation des Stiftungswesens und seine Bedeutung für den gesellschaftlichen Kontext erklärt. (siehe auch Kap. 1.1.1)

### 2.1.1 Erste Spuren in der vorchristlichen und christlichen Antike

Bereits in der vorchristlichen Antike finden sich stiftungsähnliche Phänomene. Wichtig ist in diesem Zusammenhang jedoch zu berücksichtigen, dass „keine gesetzliche Regelung, kein Begriff und keine moralische Vorschrift" während der Antike definierten, „was wir heute unter ‚Stiftung' verstehen".[46] Im Mittelpunkt steht damals die Sorge um die Seele nach dem Tode, die im Ahnenkult und in der Götterverehrung ihren Ausdruck fand.[47] Der Jurist Gerhard Lingelbach verortet auf Basis seiner Forschung die frühesten selbständigen Rechtssubjekte im hellenistischen Ägypten, da hier Korporationen von Priestern über das Tempelgut verfügten, das den antiken Göttern gewidmet worden war.[48] Die so angehäuften Mittel wurden auch für den Betrieb von Banken, Ölfabriken, Brauereien, Bäckereien und öffentlichen Bädern[49] genutzt. Die Forschung spricht hier von Vorformen späterer Stiftungen, da die Polis oftmals Trägerin von Institutionen war, die mit diesen Vermögen errichtet wurden.

---

46  Pickert, Susanne (2005), 28.
47  Von Campenhausen, Axel Freiherr (1998): *Geschichte des Stiftungswesens*. In: Bertelsmann Stiftung (Hg.): Handbuch Stiftungen. Ziele – Projekte – Management – Rechtliche Gestaltung. Wiesbaden, 26.
48  Lingelbach, Gerhard (2008): *Stiftungen und Stiftungsrecht – ein historischer Überblick*. In: Werner, Olaf/ Saenger, Ingo (Hgg.): Die Stiftung: Recht, Steuern, Wirtschaft. Stiftungsrecht. Berlin, 25.
49  Vgl. Cassin, Elena/ Bottéro, Jean/ Vercoutter, Jean (Hgg.) (1998): Die altorientalischen Reiche I, Vom Paläolithikum bis zur Mitte des 2. Jahrtausends, Bd. 2, Augsburg.

Auch war es möglich, juristischen Personen durch ein Vermächtnis oder eine Schenkung Mittel zukommen zu lassen, die dann zweckgebunden Verwendung finden sollten. Erste kaiserliche Alimentenstiftungen, als staatliche Anstalten zur Unterstützung von armen Kindern, beschreibt Lingelbach in seinem historischen Überblick schon für das vorchristliche antike Rom mit dem Hinweis, dass Privatpersonen damals keine Stiftungen mit ihrem Vermögen errichten durften.[50] Dies widerspricht allerdings den Aussagen von Gerhard Müller und Susanne Pickert, wie hier im Anschluss deutlich wird.

Durchaus üblich waren hingegen Schenkungen unter Lebenden[51] oder von Todes wegen, die in der Regel mit Auflagen verknüpft wurden, die Erträge zu kultischen, religiösen oder sozialen Zwecken zu nutzen. Auf diese Weise sollte dem Stifter ein guter Platz im ‚Reich der Toten' gesichert werden. „In der römisch-heidnischen Antike dienten sie [die Stiftungen, U.P.] beispielsweise dazu, die Erinnerung an Verstorbene durch periodische Gedächtnismähler am Grab des Stifters zu evozieren; für den Totenkult wurden Teile des Nachlasses so angelegt, dass er von den Zinsen bestritten werden konnte."[52]

Eine wichtige Bedeutung hatten in diesem Zusammenhang die Freigelassenen (liberti), also ehemalige Sklaven. Zwar erlangten sie in der Regel die Bürgerrechte, waren aber von Ämtern und dem Militärdienst ausgeschlossen. Um diese soziale Degradierung zu kompensieren, wurden von manchen auffällige Gräber beispielsweise an der Via Appia errichtet, um der Nachwelt im Gedächtnis zu bleiben.[53] In den Briefen des Plinius des Jüngeren (61/62– 112 n. Chr.), dem seine Heimatstadt Comum zahlreiche Stiftungen verdankte, finden sich wertvolle Hinweise auf den Umgang mit den ehemaligen Sklaven, die zum Beispiel durch die operae libertorum, das waren vor der Freilassung verabredete Dienstleistungen, weiterhin an ihren Patron gebunden waren. Verbunden durch das Treueverhältnis (fides) zwischen Patron und Klient – als ein besonderes Beziehungsmerkmal –, waren die liberti prädestiniert, den letzten Willen des Verstorbenen treu umzusetzen. „Als Grabstiftungen nach der augusteischen Zeit häufiger wurden, blieben diese sowohl auf Stifter- wie auch auf Empfängerseite hauptsächlich Anliegen der liberti."[54]

Häufig waren die Freigelassenen gebildete und einflussreiche Personen, die auch über finanzielle Mittel verfügten. Sie treten in der Antike immer wieder als Stifter auf. Die Historikerin Susanne Pickert vermutet – da es offenbar weder eine verbindliche Jenseitsvorstellung, noch eine gesellschaftliche Erwartungshaltung gab als Stifter auftreten zu müssen – dass den Wohltätern ihre individuelle Verewigung in der Welt Intention zum Stiften gewesen sein muss.

Mit der in der christlichen Antike aufkommenden Liebestätigkeit am Nächsten, die an vielen Stellen im Neuen Testament nachzulesen ist und damals auch im Diakonenamt ihren Ausdruck fand, wurde schon bald die Verwaltung erster ‚kirchlicher Vermögen' erforderlich. Die Forschung vermutet hier bereits vor der Zulassung des Christentums als staatlich anerkanntem Kult (religio licita) die Gründung von Korporationen.[55] Später haben dann die Bi-

---

50   Vgl. Lingelbach, Gerhard (2008), 25.

51   Das entspricht nach heutiger Kategorisierung den sogenannten fiduziarischen, oder unselbständigen Stiftungen (siehe auch Kap. 2.2.2).

52   Müller, Gerhard (2001): Theologische Realenzyklopädie, Bd. 32. Berlin – New York, 167.

53   Vgl. Pickert, Susanne (2005), 34.

54   Pickert, Susanne (2005), 39.

55   Liermann, Hans (1963): *Handbuch des Stiftungsrechts. Geschichte des Stiftungsrechts.* Bd. 1. Tübingen, 25ff.

schöfe als quasi ‚geistlicher Mittelpunkt' der Ecclesia diese repräsentiert und deren Vermögensverwaltung übernommen.[56]

Durch die Christianisierung gerieten zwar die alten Totenkulte in den Hintergrund, doch traten an ihre Stelle die Empfehlungen der griechischen und römischen Kirchenväter[57], die sich dafür aussprachen, einen Teil des Erbes, den sogenannten ‚Kindesteil' oder ‚Sohnesteil Christi'[58] (portio christi), zu spenden, um so für das Heil und die Unsterblichkeit der Seele (pro salute animae) einen Beitrag zu leisten.[59]

Über die Stiftungen von Kirchen und Klöstern finden sich bereits Informationen bei Eusebius von Caesarea (269/64–339/340) und im Liber pontificalis der römischen Päpste.[60] Die Vermögenswerte wie Häuser oder Liegenschaften, Fremdenhäuser oder Armenwohnungen werden in den Quellen des 5. und 6. Jahrhunderts n. Chr. als frühe Vorformen der Stiftungen mit dem Begriff der piae causae beschrieben, der bis zur Neuzeit für Stiftungsphänomene beibehalten wurde.

Neben unmittelbaren Zuwendungen an Kirchen und Hospitäler, an Witwen und Waisen gehörten hierzu auch das Freikaufen von Gefangenen sowie die Errichtung von Brücken und Wegen. „Alle diese piae causae unterlagen schon im Recht des Kaisers Justinian von 534 erbrechtlichen Vergünstigungen in Gestalt von Formprivilegien und Verfügungsbestimmtheiten (privilegia piae causae)."[61] Die Sorge um die vom Stifter gewünschte Verwendung der Mittel, wie sie schon in der vorchristlichen Antike bestand, setzte sich weiter fort, und man kann die frühen gesetzlichen Regelungen quasi als erstes Schutzsystem für privates Stiftungsgut deuten.

Erste Anfänge der Pfründestiftungen werden hier bereits beschrieben, deren Zweck die Sicherung des Unterhalts für die Geistlichen an den – beispielsweise von christlichen Kaisern – neu errichteten Kirchen war. Ihnen standen seit dem frühen Mittelalter die Kirchenfabrik (fabrica ecclesiae) oder Kirchenstiftung gegenüber, die mit ihrem Vermögen verschiedene Zwecke verfolgte, wie die Instandhaltung der Kirchengebäude oder das Begleichen von sachliche Aufwendungen.[62]

---

56  Liermann, Hans (1963), 25ff.

57  Coing, Helmut (1999): *Geschichte und Reform*. In: Seifart, Werner/ von Campenhausen, Axel Freiherr (Hgg.): Handbuch des Stiftungsrechts. München, 73.

58  Demnach war jeder Christ gehalten, durch letztwillige Verfügung Christus – in Gestalt seiner Kirche und der Armen – diese mit einem Teil seines Vermögens zu bedenken. Vgl. Lingelbach, Gerhard (2008), 26.

59  Bereits im Codex Iustinianus, einer Gesetzessammlung des römischen Kaiser Justinian von 528 n. Chr., finden sich Bestimmungen für den Umgang mit diesen Zuwendungen, die den Hinweis auf ewige Dauer, wie er sich später bei den Stiftungen findet, enthält.

60  Vgl. Puza, Richard (2008): *Von der ‚Kirchenstiftung' zur modernen Form der Kirchenfinanzierung.* In: ders./Ihil, Stefan/ Kustermann, Abraham P.(Hgg.): Kirchliche Stiftung zwischen kirchlichem und staatlichem Recht. Tübinger Kirchenrechtliche Studien, Bd. 5, Berlin, 25.

61  Lingelbach, Gerhard (2008), 29.

62  Liermann, Hans (1963), 67.

## 2.1.2    Kirche dominiert Entwicklungen im Mittelalter

Die mittelalterliche Kirche, die grundsätzlich nach römischem Recht lebte, war es, die ein Individualerbrecht durchsetzte,[63] Testamentsangelegenheiten der kirchlichen Gerichtsbarkeit unterwarf und so die schon im justinianischen Recht anerkannte Aufsicht über kirchliche Stiftungen behielt.[64] Auch wurde festgelegt, dass fromme Stiftungen ein ‚kirchliches Institut' waren, dessen Vermögen zu den Kirchenvermögen oder Kirchgut gezählt wurde und für das ein „Veräußerungsverbot"[65] bestand. Die Aufsicht über die rechtmäßige Ausführung der Verfügungen lag bei den Bischöfen. Auch die Verwaltung des Kirchenvermögens oblag ihnen und wurde in der Regel nach verschiedenen Zwecken unterteilt. Bei den sogenannten Quarten handelt es sich beispielsweise um eine Aufteilung, bei der je ein Viertel für den Bischof, eines für den Unterhalt des Klerus, eines für die Aufwendungen des Gottesdienstes und eines für die Armen verwandt wurde.[66]

Juristisch kann man in dieser Zeit zwar immer noch nicht von ‚der Stiftung' als Rechtspersönlichkeit sprechen, doch war der Umgang mit diesen ‚Sondervermögen', die mit einer Widmung versehen waren, bereits geregelt. Grundsätzlich waren die kirchlichen Vermögen wie auch die Stiftungen nie vor missbräuchlichem Umgang oder Verschwendung gefeit. Als ein frühes überliefertes Beispiel eines Übergriffs auf kirchliches Vermögen gilt das Vorgehen Karl Martells (714–741), der die Araber bei Tours und Poitiers 732 besiegte. Er finanzierte ein Reiterheer, indem er seinen Offizieren kirchliches Grundvermögen zuwies. Auf diese Weise wurden viele Laien zu Eigentümern von Kirchen und Klöstern, die über diese sogenannten ‚Eigenkirchen' faktisch nach Belieben verfügten, auch wenn diese formal als kirchliche Sondervermögen bestehen blieben.[67]

### 2.1.2.1   Seelgeräte, Memoria und die ‚tote Hand'

„Die Kirche stellte beim Übergang von der Antike zum Mittelalter wohl das wichtigste Kontinuum dar."[68] Auf Dauer angelegte Vermächtnisse und die seit der Antike bestehende Hoffnung, Einfluss auf das Schicksal der eigenen Seele nehmen zu können, bedurften eines Ortes, dem man Bestand und Zukunftsfähigkeit zutraute. In dieser Tradition haben auch die Messstipendien ihren Ursprung, die einer relativ mathematischen Logik folgten. Je mehr Arme, Priester oder Mönche für den Spender frei oder im Rahmen einer Messe beteten, umso größer war dessen Chance, seine Sündenstrafen zu tilgen sowie den gefürchteten Aufenthalt im Fegefeuer, wenn nicht zu verkürzen, so doch die dortigen Bedingungen für sich zu verbessern.

---

63   Damit wurde es dem Testator möglich, entgegen der germanischen Auffassung, die – nach heutiger Terminologie – allein die gesetzlichen Erben berücksichtigte, seinen Nachlass frei zu regeln.

64   Vgl. von Campenhausen, Axel Freiherr (1998), 28.

65   Vgl. Hense, Ansgar (2007): Katholische Stiftungen: Überblick, Grundlegung, Geschichte. In: Walz Rainer (Hg.): Religiöse Stiftungen in Deutschland: Beiträge und Diskussionen des Workshops in der Bucerius Law School am 9. Juni 2006. München, 10.

66   Liermann, Hans (1963), 73.

67   Vgl. von Campenhausen, Axel Freiherr (1998), 29.

68   Meyer, Kristin (2012): *Die Abgrenzung der kirchlichen Stiftung von der weltlichen Stiftung im staatlichen Recht: Insbesondere im Hinblick auf ihre Bedeutung für Altstiftungen. Staatskirchenrechtliche Abhandlungen,* Bd. 49, Berlin, 97.

Im Mittelalter dienten alle Stiftungen dem Seelenheil und wurden auf ewig, bis zum jüngsten Tag mit dem erwarteten Weltgericht errichtet. Die Palette der Empfänger und materiellen Erscheinungen der Gaben ist weit und reicht von Heiligenfiguren, Altären, Kirchenfenstern, liturgischem Gerät über Kapellen bis hin zu Hospitälern. Seit der Gotik finden sich Darstellungen der Stifter von Altartafeln oder Bildern als ein Gestaltungselement des künstlerischen Motivs. Zwar sind sie als kleinere Figuren meist am Rand gemalt, aber dennoch für den aufmerksamen Betrachter unübersehbar.

Alle Vermächtnisse, die zugunsten der Kirche festgelegt oder manchmal aufgrund eines fehlenden Erbberechtigten dieser zugeschlagen wurden, sind sogenannte Seelgeräte. Wurde testamentarisch ein Vermächtnis an eine Kirche oder Kloster unter Auflagen verfügt, wie Gebete und Seelenmessen für den Verstorbenen abzuhalten, spricht man von einer Seelgerätestiftung. Auch Messstipendien oder Messstiftungen gehören in diesen Zusammenhang. Die Stifter finanzierten für sich oder andere meist an bestimmten Tagen (Jahrestag) für einen beschränkten Zeitraum oder ‚für die Ewigkeit‘ die Aufwendungen, die für die Durchführung von Messen notwendig waren. Dieser Brauch wurde nach und nach immer verbreiteter, sodass ein Verlesen der zahlreichen Namen der Verstorbenen im Rahmen der Messen nicht länger möglich war. Man behalf sich seit dieser Zeit damit, Bücher mit den Namenslisten im Altarraum aufgeschlagen auszulegen. Auch die Altarvermehrung in vielen Kirchen gehört in diesen Kontext.

Der Wunsch, die Sterblichkeit durch vergegenwärtigende Erinnerung und rituelles Totengedenken zu überwinden, die sogenannte Memoria, prägten die Stiftungen des Mittelalters. Die überlieferte Vorstellung germanischer und anderer Stammesgesellschaften von der Gemeinschaft der Lebenden mit den Toten[69] findet sich unter anderem in der Symbolik der ‚Toten Hand‘[70] wieder. In einem germanischen Gericht war das Opfer eines Totschlags entweder durch die Präsenz seines Leichnams oder zumindest seiner rechten Hand anwesend. Darin kommen das Verhältnis zu den Verstorbenen und die Bedeutung der Anwaltschaft durch die Lebenden gut zum Ausdruck. Für die Lebenden war folgerichtig durch diese ‚stoffliche Gegenwart‘ der Wille des verstorbenen Stifters absolut bindend.

### 2.1.2.2 Caritas, Spital und erste Kommunalisierungstendenzen

„Eine Innovation des Christentums war die Verbindung des Stiftungswesens mit der Caritas."[71] Der Historiker Michael Borgolte hebt hier die wichtige Neuerung gegenüber der altorientalischen Wohltätigkeit und den griechisch-römischen Totenkultstiftungen hervor, da nun die guten Werke des Stifters über seinen Tod hinaus wirksam sein konnten und für ihn eine Heilswirkung nach sich zogen. „Die dauernde Wechselwirkung zwischen dem Stifter

---

69  Meyer, Kristin (2012), 99.

70  Die sehr viel spätere Amortisationsgesetzgebung des 13. Jahrhunderts in Europa, die Körperschaften und Stiftungen mit Vermögen einschränkte, diese zu vererben oder zu veräußern, hat in dieser Zeit ihren Ursprung. Diese Gesetze richteten sich gegen Schenkungen (Seelgeräte, Jahreszeitstiftungen) und die Vorstellung der sogenannten ‚Tote Hand‘ (manus mortua), die das einmal Ergriffene nicht wieder hergibt. Im späten Mittelalter wird auch die Kirche als manus mortua bezeichnet, die enorme Reichtümer anhäufte, die den weltlichen Obrigkeiten aber entzogen waren und nicht besteuert werden konnten.

71  Borgolte, Michael (2001): *Stiftungen, Kirchliche, I. Alte Kirche und Mittelalter*. In: Theologische Realenzyklopädie, Band XXXII, Berlin – New York, 167.

und den durch ihn Begünstigten ist das hervorragende Kennzeichen der Stiftung."[72] Auch Bischöfe haben im Mittelalter Stiftungen zum Zweck ihrer caritativen Aufgaben genutzt. Angefangen von den Xenodochien, das waren Mischeinrichtungen für Fremde, Arme und Pflegebedürftige im 6. und 7. Jahrhundert, über die Hospitäler bis hin zu den bischöflichen Spitalstiftungen seit Mitte des 9. Jahrhunderts, haben schließlich die Klöster wachsende Bedeutung für die Caritas. Das Kloster bot Schutzräume für Bedürftige und arme Pilger (Hospitale pauperum), für reiche Pilger (Hospitium) und ein Krankenhaus für Mönche (Infirmarium)[73]. Schließlich ging die Verbindung zwischen Kloster und Stiftung so weit, dass man, „um eine Stiftung ins Leben zu rufen, zuerst ein Kloster gründete."[74] Dies erklärt sich aus der Tatsache, dass Wohltätigkeitsanstalten nicht ohne Kloster umsetzbar waren. Eine der ältesten Quellen dieser Zeit ist das Testament des Diakons Adalgisel Grimo. Er war überaus wohlhabend und verfügte in seinem Testament über einen umfangreichen Streubesitz zwischen Hundsrück und Maas zugunsten natürlicher und juristischer Personen. Auch vermachte er unter anderem den Armen (collegium miserabilium) der französischen Stadt Longuion im Jahre 634 eine Villa.[75]

Im hohen Mittelalter (1100–1250 n. Chr.) entwickelte sich das Spital zu einer Grundform des mittelalterlichen Stiftungswesens, „ein Element der adligen und der städtischen Kultur".[76]

Neben Mönchs- und Nonnenorden entstanden im 11. Jahrhundert geistliche Ritterorden. Sie vereinigten mönchische und ritterliche Geisteshaltung und lebten innerhalb der Gemeinschaft (Kongregation) nach genau festgelegten Regeln. Neben rein religiösen Handlungen, wie Hospitalität, Religionsübungen und Missionierung des Christentums, oblagen den Ritterorden der aktive Schutz des Heiligen Grabes, der Schutz von Wallfahrern sowie der Kampf gegen ‚Ungläubige'. Seit dem 13. und 14. Jahrhundert stifteten auch Fürsten weltliche Ritterorden.

Es entstanden Spitäler von ritterlichen Gemeinschaften wie Johanniter[77] oder Malteserorden und des Deutschen Ordens. Daneben etablierten sich Spitalbruderschaften aus Klerikern und Laien, die auch außerhalb von Klöstern in einer weltlichen Organisationform tätig wurden. Wichtig bei der Unterscheidung beider Organisationsformen ist, zu bedenken, dass Klöster sich aus der caritativen Arbeit zurückziehen konnten, ohne ihre eigene Existenz zu gefährden. Den Spitalbruderschaften blieb in diesem Fall nur, sich in eine klösterliche Gemeinschaft umzuwandeln. Dies ist ähnlich dem Vorgang bei den Ritterorden, die den Spitaldienst aufgaben, um sich dem Kriegsdienst zu widmen.[78]

Die Wohlfahrtspflege wurde ab dem späten Mittelalter (1250 n. Chr. bis zur Reformation) immer bedeutender. Hintergrund war, dass in den zahlreichen neu gegründeten Städten

---

72  Borgolte, Michael (2001), 168.

73  Hervorragend sichtbar wird dies u.a. auf dem St. Galler Klosterplan, der als älteste erhaltene Visualisierung eines mittelalterlichen Baukomplexes gilt. Der Codex Sangallensis entstand ca. 830 im Kloster Reichenau. Er ist unter http://www.stgallplan.org/de/index_plan.html (Zugriff am 14.9.2013) zu sehen.

74  Liermann, Hans (1963), 62.

75  Vgl. Das Grimo-Testament. Die älteste Urkunde des Rheinlandes, Online: http://www.landeshauptarchiv.de/index.php?id=362 (Zugriff am 27.1.2013).

76  Von Campenhausen, Axel Freiherr (1998), 26.

77  Vgl. Partenheimer, Lutz (2005): *Die Johanniterkomturei Werben in der Altmark zwischen 1160 und 1542. Ein Beitrag zur 1000-Jahr-Feier Werbens 2005 und zum 850. Geburtstag der Mark Brandenburg am 11. Juni 2007.* Berlin.

78  Liermann, Hans (1963), 89.

mit der Bevölkerung auch die Zahl der Bedürftigen sprunghaft anstieg. Die notdürftige Versorgung der Armen war daher ebenfalls Ziel der weltlichen Obrigkeit, zumal hier die Wurzel für Kriminalität und Krankheiten gesehen wurde. Schritt für Schritt emanzipierten sich die Laien vom Klerus.

Auch manche bischöfliche Klöster- und Stifts-Spitäler kommen in dieser Zeit unter die Kontrolle von Städten und seit Ende des 13. Jahrhunderts verdrängt der Stadtrat zunehmend den Bischof in seiner Funktion als legitimus executor der kirchlichen Stiftung.[79] In einem weiteren Schritt übernahm der Rat die Ernennung des Spitalmeisters und der Spitalmeisterin, die für die weiblichen Spitalinsassen zuständig waren und die beide dann nur noch von dem Bischof bestätigt wurden. „Auf diese Weise waren Spitalmeister und Spitalmeisterin aus Organen einer kirchlichen Bruderschaft zu Angestellten des Rates geworden."[80] Sehr anschaulich ist diese Form der Administration für eines der ältesten erhaltenen europäischen Gebäude, das belgische St. John's Hospital in Brügge, beschrieben worden.

> The hospital was administered by the civic authorities from the very beginning. The city council drew up its rules and regulations and appointed its staff. From the 13th century onwards, two prominent citizens were selected as govenors to oversee the day-to-day activities of the hospital, which were performed by the monks and nuns attached to it. This arrangement persisted until the region's occupation by revolutionary France, when general administration was placed in the hands of the Commission for Civil Almhouses.[81]

Dies ist auch insofern bemerkenswert, als die Hospitäler und andere ‚soziale Einrichtungen' finanziell autonom waren und für sich weitgehend selbst sorgen mussten. Nach Hans Liermann sind auch Genossenschaften der Spitalinsassen überliefert. Mit dem Eintritt in das Hospital erwarben die Kranken häufig ein lebenslanges Wohnrecht, wie auch Menschen, die aufgrund ihrer Krankheit behindert waren.[82]

Die Aufnahmekriterien in die Spitäler der Stadt verengten sich im späten Mittelalter, so dass nun weniger Fremde und Bedürftige als vielmehr die Bürger der Stadt zum Zuge kamen. Man konnte sich ‚einpfründen', indem man den Anstaltsstiftungen beim Eintritt materielle Güter zukommen ließ.

Besonders interessant ist an dieser Stelle das Beispiel der zwei Spitäler in der westfälischen Stadt Coesfeld. Es gab eines ‚zum großen oder reichen Heiligen Geist' und eines ‚zum kleinen Heiligen Geist'[83] und damit eine Ausdifferenzierung der caritativen Angebote je nach Vermögen der Nachfrager.

Wegen ihrer großen Bedeutung als Bildungseinrichtungen sind an dieser Stelle noch die Stiftungsuniversitäten des Mittelalters, wie die Universitäten Heidelberg und Leipzig, zu erwähnen. Es handelte sich um landesherrliche Stiftungsuniversitäten. Die Georgia Augusta in Göttingen war die erste Universität, die kein von den Professoren verwaltetes Stiftungsvermögen erhielt, sondern aus der Staatskasse bezahlt wurde.[84]

---

79  Meyer, Kristin (2012), 104.

80  Liermann, Hans (1963), 95.

81  Smets, Irene (2001): *The Memling Museum – St John's Hospital Bruges.* Ghent – Amsterdam, 16.

82  Bayer, Hans-Wolfgang/ Mischlewski, Adalbert (1998): *Führer durch das Antoniter-Museum.* Stadt Memmingen (Hg.). Memmingen, 21.

83  Bayer, Hans-Wolfgang/ Mischlewski, Adalbert (1998), 101; Bezirksregierung Münster. https://www.bezreg-muenster.de/startseite/themen/Regionen_Kreise_Staedte_Gemeinden/Kurzinformation/Stadt (Zugriff am 27.1.2013).

84  Ebel, Wilhelm (1969): *Memorabilia Gottingensia: Elf Studien zur Sozialgeschichte der Universität.* Göttingen, 83.

„Seit dem späten Mittelalter ging die Verweltlichung des Stiftungswesens mit der Verweltlichung der Kirche Hand in Hand."[85] Von Campenhausen verwendet den Begriff der
‚Verweltlichung' hier offenbar vor dem Hintergrund der Durchdringung von geistlichen und
weltlichen Aufgaben und die Öffnung hin zu agierenden Personen, die nicht dem Klerus
angehörten. In diesem Zusammenhang betont er die Veränderungen im Spitalrecht, dem
Recht der Pfründe und bei der Kirchenstiftung. Zwar habe hier weiter Kirchenrecht gegolten,
jedoch bekamen Laien zunehmend Einfluss auf die Geschäfte, was in der Reformation
vielerorts zu einer Ablösung von der Kirche und zu einem unabhängigen rechtlichen Status
führte.

## 2.1.3    Reformation und die Erneuerung des Stiftungsgedankens

Die Messe als Sühneopfer wurde von den Reformatoren Luther, Zwingli und Calvin strikt
abgelehnt. Die Praxis der Seelenmessen galt ihnen als Missbrauch des Sakraments. Martin
Luther schrieb dazu 1520 in seinem Werk ‚Von der babylonischen Gefangenschaft der Kirche' dazu Folgendes:

> Danach, wer die Messe öffentlich liest, soll sich vorsetzen, nichts anderes zu tun, als daß er mit den anderen
> kommuniziere durch die Messe, und hüte sich doch zugleich seine Gebete für sich und andere zu opfern, damit
> er sich nicht vermesse und meine, er opfere die Messe.
>
> [...]
>
> Im Grunde sind wir, Priester und Laien, alle der Messe und des Sakramentes gleich fähig. Wenn auch ein Pries-
> ter ersuchet würde, für andere ‚gelobte Messen', wie man sie nennet, zu halten, soll er sich hüten, daß er keine
> Belohnung von der Messe nehme oder sich unterfange, einige gelobte Messen zu opfern, sondern er befleiße
> sich, das alles auf die Gebete zu beziehen, die er tut, es sei für die Lebendigen oder Toten ...[86]

Die Ablösung der Werkgerechtigkeit durch das reformatorische ‚sola gratia' und ‚sola fide',
sowie der Abschied vom Gedanken des Fegefeuers entzog der mittelalterlichen Totenmemo-
ria die Basis. Seelmessen, Jahrestage und auch materielle Ausstattung der Kirchen sowie
Nebenaltäre dienten seither nicht länger dem Seelenheil.

Auch die Leisniger Kastenordnung von 1523, an der Luther mitwirkte, gehört in die
Frühzeit der Reformation. Sie hatte für viele evangelische Städte Vorbildcharakter, war ein
Zeichen dafür, dass sich die Sicht und Haltung zu den Bettlern der damaligen Zeit drastisch
veränderte.

> War im Mittelalter der Bettler noch als ein notwendiges Glied der menschlichen Gesellschaft angesehen wor-
> den, der den begüterten Mitmenschen die Gelegenheit zur Übung christlicher Nächstenliebe verschaffte, so
> wurde nun das Betteln vielfach als Missstand angesehen, der mit Hilfe obrigkeitlicher Disziplinierung bekämpft
> werden sollte.[87]

---

85    Von Campenhausen, Axel Freiherr (1998), 32.

86    Luther, Martin (1933): *Von der babylonischen Gefangenschaft der Kirche. Aus dem Lateinischen übersetzt
      von Thomas Murner. Bearbeitung der Altenburger Lutherausgabe von 1662*. München, 46.

87    Becker, Hans-Jürgen (2001): *Stiftungen, Kirchliche, II bis Neuzeit*. In: Theologische Realenzyklopädie, Band
      XXXII, Berlin – New York, 174.

Die sozialethische Grundhaltung änderte sich dahingehend, dass zwar noch Einigkeit darüber bestand, armen Menschen zu helfen, diese aber auch zur Arbeit angehalten werden
sollten. Im Jahr 1521 – also noch vor der Reformation – stiftete Jakob Fugger die berühmte
Fuggerei in Augsburg für in Not geratene Handwerker und Tagelöhner. Sie sollten wieder
ausziehen, wenn sich ihre Situation verbessert hatte. Bis heute leben in der als älteste Sozial-
siedlung der Welt geltenden Reihenhausanlage Menschen für eine jährliche Kaltmiete von
0,88 Euro sowie der Auflage, täglich drei Gebete – ein Vaterunser, ein Glaubensbekenntnis
und ein Ave Maria – für die Stifterfamilie zu sprechen.

Die Armenpflege in dieser Zeit profitierte von dem Vermögen zahlreicher Stiftungen
und Messstipendien, die der reformatorischen Lehre widersprachen und demzufolge umge-
widmet wurden. Unter denjenigen, die sich der Reformation anschlossen, wurde die Modifi-
kation der Stiftungszwecke nicht als problematisch erachtet. Zahlreiche Schulstiftungen
entstanden auf diesem Weg, wobei die kirchliche Zweckbestimmung und der Stifterwille in
diesen Wandlungsprozessen häufig als handlungsleitend beschrieben werden. Hier lag der
Fokus auf der Aufrechterhaltung, bzw. der Wiederherstellung der kirchlichen Zweckbestimmung. Ein bekanntes Beispiel ist das Zisterzienserkloster Haina, eine der reichsten Abteien
in Hessen, deren Besitz 1527 an den Landesherren überging. Große Teile des Besitzes flos-
sen in die Ausstattung der Universität Marburg und die Stiftung eines Landeshospitals in den
Klostergebäuden, das in der Obhut des Landeswohlfahrtsverbandes Hessen heute noch besteht. Hinzu kamen in Nordhessen das Augustinerkloster Merxhausen, in Südhessen das
Benediktinerkloster Gronau und die Pfarrei Hofheim bei Darmstadt. In diesen ‚Hohen Hospitälern‘, die der Landgraf Philipp gründete, wurde die Landbevölkerung unentgeltlich behandelt, was einen wichtigen Schritt in der Ausweitung der Armenfürsorge darstellte.[88]

Liermann geht davon aus, dass diese grundsätzlich konservative Haltung darauf zurückzuführen sei, dass man kirchliche Stiftungen auch in der Reformation noch als ‚Gottes
Weihtum‘ (Deo dicatum) ansah.[89]

Wichtig für das Stiftungswesen dieser Zeit ist auch der Schmalkaldische Bund (1531).
Er wurde als ein loses Beistandsbündnis protestantischer Fürsten und Städte gegründet, die
sich gegenseitig Unterstützung zusagten, falls sie wegen ihrer Religion angegriffen würden.
Sie verpflichteten sich 1540, das Kirchgut und damit auch die kirchlichen Stiftungen in
folgender Reihenfolge zu nutzen:

„Unterhaltung der Pfarrer, Prediger und Kirchendiener, Bestellung und Versehung der
Schulen, Unterstützung der Armen, Unterhaltung und Aufrichtung von Spitälern und gemeinen Kästen.“[90] Doch auch hier weist von Campenhausen auf eine ‚gefährliche Klausel‘ hin,
die der Obrigkeit ermöglichte mit den Überschüssen willkürlich zu verfahren.[91]

Zwischen den Konfessionen gab es viele Streitigkeiten darüber, ob eine Stiftung weiterhin zur katholischen Kirche oder zu einer der Kirchen der Reformation gehörte, die unter
der Aufsicht der weltlichen Obrigkeit standen. Viele dieser Streitfälle konnten erst durch den
Augsburger Religionsfrieden entschieden werden[92], der 1555 die jahrzehntelangen Religions-
und Verfassungskämpfe zwischen Katholiken und Lutheranern zu einem vorläufigen Abschluss brachte und zur Umsetzung der Formel ‚Cuius regio, eius religio‘ führte. Das konnte
jedoch nicht verhindern, dass die Konflikte zwei Generationen später im 30-jährigen Krieg

---

88   Vgl. Friedrich, Arnd (1987): *Kloster Haina. Die Blauen Bücher*. Bergisch Gladbach, 73f.
89   Liermann, Hans (1963), 134.
90   Von Campenhausen, Axel Freiherr (1998), 33.
91   Von Campenhausen, Axel Freiherr (1998), 33.
92   Vgl. Hense, Ansgar (2007), 17.

erneut aufbrachen. Rund einhundert Jahre später wurde im Westfälischen Frieden (1648) durch die Einbeziehung der Reformierten die Gleichberechtigung von drei Konfessionen festgeschrieben, was die Situation entspannte. Der Papst jedoch verweigerte dem Westfälischen Frieden seine Anerkennung.[93]

Im Jahre 1695 begann der Pfarrer und Vertreter der pietistischen Reformbewegung August Hermann Francke mit einer anonymen Spende eine Waisenanstalt und Armenschule vor den Toren Halles aufzubauen. Es folgte eine Erziehungs- und Bildungsanstalt für den Adel und das wohlhabende Bürgertum sowie eine Lateinschule, die begabte Kinder dieser Schulen aus allen Schichten auf ein Universitätsstudium vorbereiten sollte. Die pädagogischen Reformen der Franckeschen Stiftungen zu Halle, die es dort bis heute gibt, wirkten weit über die Grenzen Deutschlands hinaus nach Europa und Nordamerika.[94]

## 2.1.4    Aufklärung und Revolution als stiftungsfeindliche Epochen

Das Stiftungssterben in der Aufklärung, so bedauert der Erlanger Kirchenrechtsprofessor Hans Liermann, führte dazu, dass die ‚pia causa‘ gänzlich der ‚utilis‘ causa zum Opfer gefallen sei. „Nicht mehr der fromme Sinn des Stifters, sondern der gemeine Nutzen bestimmte das Wesen der Stiftung. Daraus ergab sich zugleich eine radikale Änderung ihres Verhältnisses zu Staat und Kirche".[95] Stiftungen seien aus dem Kontext von Kirche und Frömmigkeit herausgelöst und dem Staat als Repräsentanten des gemeinen Nutzens überantwortet worden. Auch wenn sich die Stiftungsaufsicht vermehrt in staatlichen Händen befand, so hatte man bis zu diesem Zeitpunkt die Stiftungen gedanklich immer noch den Kirchen und dem religiösen Bereich zugeordnet. Es gab auch immer noch Schutzbestimmungen für Stiftungen, die sich allerdings vornehmlich auf die ‚frommen und milden‘ beschränkten. Nun setzte sich die getrennte Verwaltung von kirchlichen und säkularen milden Stiftungen durch, wobei die der Wohlfahrt dienenden Stiftungen alle der staatlichen Aufsicht zu geordnet wurden. Die der kirchlichen Aufsicht unterliegenden waren „dadurch weithin zu unmittelbaren dem Gottesdienst dienenden Kultusstiftungen im engeren Sinne geworden"[96].

Grundlage all dieser Entwicklungen war das aufklärerische Gedankengut, das an ‚vernünftigen‘ Regelungen des Allgemeinwohls und einer staatlichen Ordnung der öffentlichen Wohlfahrt mit ihren Einrichtungen wie Kranken- und Waisenhäusern oder Armenschulen interessiert war.

Die Herrschaft der Toten über die Lebenden wie sie von den Germanen über das Mittelalter weiterhin in der Bedeutung der ‚Toten Hand‘ wirksam war, wurde kritisch betrachtet und verworfen. Ebenso wurde, wie schon seit dem 13. Jahrhundert, kritisiert, dass Stiftungen dem Staat und der Wirtschaft wichtiges Vermögen entzogen. Auch wurden immer wieder Veruntreuungen oder missbräuchliche Verwendung von Stiftungsmitteln bekannt, wovon auch Geistliche nicht ausgenommen waren.

---

93    Vgl. Lehrstuhl für frühe Neuzeit des Historischen Seminars der Westfälischen Wilhelms-Universität Münster: http://www.uni-muenster.de/FNZ-Online/politstrukturen/dreikrieg/unterpunkte/wf.htm (Zugriff am 10.1.2013).

94    Vgl. http://www.francke-halle.de/startseite.html?scope=history (Zugriff am 21.9.2013).

95    Liermann, Hans (1963), 230.

96    Ihli, Stefan (2008): *Stiftungen im Kirchen- und Zivilrecht des 19. Jahrhunderts*. In: Puza, Richard/ Ihil, Stefan/ Kustermann, Abraham (Hgg.): Kirchliche Stiftung zwischen kirchlichem und staatlichem Recht: Zur zeitgemäßen Profilierung eines alten Finanzierungs- und Rechtsinstituts, Tübinger Kirchenrechtliche Studien. Bd. 5, Berlin, 45.

Wenn Immanuel Kant (1724–1804) sich in seiner ‚Metaphysik der Sitten' (1785) in Bezug auf Stiftungen und Anstalten unter anderem gegen den unabänderlichen Stifterwillen ausspricht und dabei für die Anpassung an die jeweilige Zeit plädiert, kann dies als exemplarisch für den stiftungskritischen aufklärerischen Zeitgeist angesehen werden.

Die wohltätige Anstalt für Arme, Invalide und Kranke, welche auf dem Staatsvermögen fundiert worden, (in Stiften und Hospitälern) ist allerdings unablöslich. Wenn aber nicht der Buchstabe, sondern der Sinn des Willens des Testators den Vorzug haben soll, so können sich wohl Zeitumstände ereignen, welche die Aufhebung einer solchen Stiftung wenigstens ihrer Form nach anrätig machen. – So hat man gefunden: daß der Arme und Kranke (den vom Narrenhospital ausgenommen) besser und wohlfeiler versorgt werde, wenn ihm die Beihülfe in einer gewissen (dem Bedürfnisse der Zeit proportionierten) Geldsumme, wofür er sich, wo er will, bei seinen Verwandten oder sonst Bekannten, einmieten kann, gereicht wird, als wenn – wie im Hospital von Greenwich – prächtige und dennoch die Freiheit sehr beschränkende, mit einem kostbaren Personale versehene Anstalten dazu getroffen werden. – Da kann man nun nicht sagen, der Staat nehme dem zum Genuß dieser Stiftung berechtigten Volke das Seine, sondern er befördert es vielmehr, indem er weisere Mittel zur Erhaltung desselben wählt.

[...]

Selbst Stiftungen zu ewigen Zeiten für Arme, oder Schulanstalten, sobald sie einen gewissen, von dem Stifter nach seiner Idee bestimmten entworfenen Zuschnitt haben, können nicht auf ewige Zeiten fundirt und der Boden damit belästigt werden; sondern der Staat muß die Freiheit haben, sie nach dem Bedürfnisse der Zeit einzurichten. – Daß es schwerer hält, diese Idee allerwärts auszuführen (z. B. die Pauperbursche die Unzulänglichkeit des wohltätig errichteten Schulfonds durch bettelhaftes Singen ergänzen zu müssen), darf niemanden wundern; denn der, welcher gutmüthiger ist, aber doch zugleich etwas ehrbegierigerweise ein Stiftung macht, will, daß sie nicht ein anderer nach seinen Begriffen umändere, sondern Er darin unsterblich sei. Das ändert aber nicht die Beschaffenheit der Sache selbst und das Recht des Staates, ja die Pflicht desselben zum Umändern einer jeden Stiftung, wenn sie der Erhaltung und dem Fortschreiten desselben zum Besseren entgegen ist, kann daher niemals als auch ewig begründet betrachtet werden.[97]

Das 18. Jahrhundert ist geprägt vom willkürlichen Umgang mit Stiftungsvermögen, und die meisten Stiftungen gehen in das Staatsvermögen auf. Das Allgemeine Landrecht für die Preußischen Staaten von 1794 war in zahlreichen Paragraphen ebenfalls wenig stiftungsfreundlich und erkannte die Stiftung als Institution nicht an.

### 2.1.4.1 Die Revolution und das Säkularisationsdekret (1789)

Der Ausbruch der Napoleonischen Kriege (1792–1815) mit wechselnden Koalitionen gegen die Verbreitung revolutionärer Ideen und die Expansion der französischen Republik stürzte Europa in eine verhängnisvolle Zeit des Leids, Umsturzes und der Neuausrichtung. Mit dem Säkularisationsdekret, beschlossen von der französischen Nationalversammlung im November 1789, erfolgte die Zerstörung der gallikanischen Kirchenverfassung und die damit verbundene Enteignung des Kirchgutes. Dieses wurde der Nation zur Verfügung gestellt und sowohl der Unterhalt des Klerus als auch die Sorge für die Armen vom Staat übernommen. Da die Geistlichen nun Staatsbeamte geworden waren, bedurften sie auch nicht länger der Pfründestiftung. Die Veräußerung fast des ganzen französischen Stiftungsvermögens erfolgte unaufhaltsam.[98]

---

97     Kant, Immanuel (1990): *Die Metaphysik der Sitten*. Stuttgart, 236ff.
98     Vgl. Liermann, Hans (1963), 195f.

## 2.1.4.2   Reichsdeputationshauptschluss (1803)

Die deutschen Fürsten mussten gemäß dem Friedensvertrag von Lunéville (1801) ihre links-rheinischen, von der französischen Revolutionsarmee besetzten Gebiete, an Frankreich ab-treten. Mit der Unterzeichnung des Konkordats durch Pius VII. und Napoleon in Paris 1801 war die katholische Religion nicht länger Staatsreligion, auch andere religiöse Bekenntnisse sowie die Freiheit der Kultusausübung und die Republik wurden anerkannt.

Die in Regensburg zusammengekommene außerordentliche Reichsdeputation ließ ein Gutachten erstellen, auf dessen Grundlage mit dem Reichsdeputationshauptschluss (1803) die Säkularisation des kirchlichen Vermögens beschlossen wurde. Hier wurde auch be-stimmt, dass fromme und milde Stiftungen weiterhin der landesherrlichen Aufsicht und Leitung untergeben bleiben sollten.

## 2.1.4.3   Der Wiener Kongress (1814–1815)

Der Wiener Kongress regelte nach Beendigung der Napoleonischen Kriege die Definition der neuen Staaten und ihrer Grenzen. Die „Wiener Congreß-Acte" vom 8. Juni 1815 regelte unter anderem auch den Umgang mit religiösen Stiftungen und die neuen Staaten wurden beauftragt, sich dieser anzunehmen. Das wurde im Artikel 21, z. B. bezüglich der von Sach-sen an Preußen abzutretenden Gebiete, dann so formuliert:

> Eigenthum von religiösen Stiftungen und öffentlichen Unterrichtsanstalten. Die Gesellschaften, Corporationen, religiösen Stiftungen und öffentlichen Unterrichtsanstalten, welche in den Provinzen und Districten, die von Sachsen an Preussen abgetreten sind, oder in den Provinzen und Districten, welche Sr. sächsischen Majestät verbleiben, sich befinden, behalten, was auch bei einer Veränderung ihre Bestimmung seyn mag, ihr Eigen-thum, so wie die Einkünfte, welche ihnen nach ihrer Gründungsacte gehören, oder welche sie nachher erwor-ben, oder welche sie aus einem vor dem Gesetze gültigen Rechtsgrunde besitzen, sie mögen nun unter preussi-scher oder sächsischer Herrschaft sich befinden, ohne daß der Verwaltung und Hebung der Einkünfte von beiden Seiten Schwierigkeiten in den Weg gelegt werden dürfen. Jedoch sind sie gehalten, sich den Gesetzen zu unterwerfen, so wie, sich den Abgaben zu unterziehen, welche das Eigenthum dieser Art in dem Lande, wo sie sich befinden, entrichtet.[99]

Versuche im Rahmen des Wiener Kongress die Restitution von kirchlichem Stiftungsvermö-gen zu erlangen, scheiterten. „Die am Kongreß beteiligten Staaten hatten sich alle am Stif-tungsgut bereichert"[100] und insofern keinerlei Interesse, dieses wieder herauszugeben.

## 2.1.5   *Entwicklung der Diakonie*

Die Erneuerungs- und Erweckungsbewegung im 19. Jahrhundert basierend auf der Vorstel-lung des ‚Priestertums aller Gläubigen', schuf einen bedeutenden Wohlfahrtssektor neben Staat und Kirche. Der Pauperismus mit seinem überbordenden Elend weiter Bevölkerungs-

---

99   Wiener Congreß-Acte im französischen Original und einer Übersetzung per Uni Göttingen. http://www.staatsvertraege.de/Frieden1814-15/wka1815-i.htm (Zugriff am 21.1.2013).

100  Liermann, Hans (1963), 233.

schichten im Zuge der Industrialisierung und die große Not von Kindern und Jugendlichen führte zur Gründung von ‚Rettungshäusern‘.[101]

Johann Hinrich Wichern (1808–1881), selbst ein Kind aus armen Verhältnissen, schloss sich Hamburger Erweckungskreisen an. Mit der Gründung des Rauhen Hauses (1833) vor den Toren Hamburgs führte er erste Anfänge der Rettungshausbewegung von August Herrmann Francke (1663–1727) in Halle an der Saale und von Graf von der Recke-Volmerstein (1791–1878) in Düsselthal fort. Wichern ging so weit, dass er weder Gelder vom Staat für sein Rettungshaus annehmen wollte, noch Kinder aufnahm, die nicht freiwillig kommen wollten. Er erwartete vom Verwaltungsstaat keine Lösung der sozialen Probleme[102], war aber dennoch bald bereit, öffentliche Zuschüsse zu akzeptieren.

Als Wichern 1849 den ‚Central-Ausschuß für die Innere Mission der deutschen evangelischen Kirche‘ gründete, geschah dies mit dem Ziel, eine ‚freie Liebestätigkeit‘ auch neben den staatlichen Kirchen zu errichten. Mit seiner programmatischen Stegreifrede ein Jahr zuvor auf dem Wittenberger Kirchentag des Revolutionsjahres 1848 war seine Forderung nach der Integration der Aufgaben der Inneren Mission in einen deutschen evangelischen Kirchenbund zwar gescheitert, da dieser nicht realisiert werden konnte. Seine Rede gilt heute aber dennoch als entscheidender Auftakt für die Gründung des ‚Central-Ausschusses für die Innere Mission‘ im Januar 1849.

Die Gründung zahlreicher diakonischer Einrichtungen und Stiftungen fällt in diese Zeit. Beispielsweise das Kinderheim Grünau in Bad Salzuflen, heute eine Stiftung im Ev. Johanneswerk, ist ursprünglich ein Rettungshaus gewesen. Ebenfalls aus einem Rettungshaus, das 1852 im benachbarten Bielefeld/Schildesche gegründet wurde, ging 1870 das Johannesstift hervor. Um rund 80 Jahre später effiziente soziale Arbeit bewerkstelligen zu können, gründete Pastor Karl Pawlowski (1898–1964) im Jahr 1951 als organisatorisches Dach aus diesen beiden traditionsreichen Stiftungen und mehreren Vereinen das Evangelische Johanneswerk e. V.[103]

*2.1.6    Das 20. Jahrhundert*

2.1.6.1   Die Inflation nach dem Ersten Weltkrieg

Vertrauen in die Währung und Vertrauen in den Staat ließen vor dem Ersten Weltkrieg noch eine Vielzahl neuer Stiftungen entstehen. Meist wurde das Vermögen in Kapitalanlagen gesteckt, was im Zuge der nach dem Krieg eintretenden Inflation zu einem großen Stiftungssterben führte. Lediglich Anstaltsstiftungen waren dank ihrer Sachwerte wie Gebäude,

101   Veltmann, Claus/ Jochen Birkenmeier (2009): *Kinder, Krätze, Karitas: Waisenhäuser in der Frühen Neuzeit.* Halle.

102   Vgl. Krolzik, Udo (2005): *Beitrag zum sozialen Frieden – Bollwerk gegen die Not. Zu den anwaltschaftlichen und unternehmerischen Wurzeln der Diakonie im 19. Jahrhundert.* In: Rainer Hering/ Hans Otte/ Johann Anselm Steiger (Hgg.) (2005): Gottes Wort ins Leben verwandeln: Perspektiven der (nord-)deutschen Kirchengeschichte; Festschrift für Inge Mager zum 65. Geburtstag, Jahrbuch der Gesellschaft für niedersächsische Kirchengeschichte. Landeskirchliches Archiv. Hannover, 273–293.

103   Vgl. Schwalbach, Gerald (2012): *‚Der Kirche den Blick weiten!‘: Karl Pawlowski (1898–1964) Diakonischer Unternehmer an den Grenzen von Kirche und Innerer Mission.* Bielefeld.

Grundstücke und Betriebe besser aufgestellt. Die Stiftungsaufsicht hob die nicht mehr le-
bensfähigen Stiftungen auf und veräußerte den Rest auf Basis der preußischen Gesetzgebung, die wenigstens explizit dazu aufforderte, die Absicht des Stifters zu berücksichtigen.
Liermann beschreibt in diesem Zusammenhang, dass Kommunen in ihrer Funktion als ‚Vorstand' bei Zustimmung der Aufsichtsbehörde restliche Stiftungsvermögen vereinnahmen
konnten. „Der im Laufe der Rechtsgeschichte der Stiftung so oft zu beobachtende Vorgang,
daß die Korporation sich des Stiftungsvermögens bemächtigt, hat sich damals unter dem
Einfluß der Inflation und ihrer Nachwirkungen wieder einmal ereignet."[104] Es scheint in der
Tat plausibel, wenn Liermann in diesem ‚Einbruch in das stiftungsrechtliche Denken' bereits
Vorläufer des willkürlichen Umgangs mit Stiftungen während der Zeit des Nationalsozialismus erkennt.

## 2.1.6.2 Nationalsozialismus: Diktatur des Stiftungswesens

Die Zeit des Nationalsozialismus wirkte sich auf das deutsche Stiftungswesen vernichtend
aus. Die Grundrechte der Weimarer Verfassung wurden praktisch außer Kraft gesetzt. Kon-
fessionelle Stiftungen wurden durch parteinahe Vertreter unterwandert und ebenso wie jüdi-
schen Stiftungen in Folge des ideologischen Rassenhasses barbarisch zerstört.[105] „Die für
Stiftungen so wichtige verfassungsrechtliche Garantie des Eigentums, die für die kirchlichen
Stiftungen noch einmal besonders hervorgehoben war, die Glaubensfreiheit und die Religi-
onsfreiheit standen nur noch auf dem Papier."[106] Weniger die stiftungsrechtlichen Bestimmungen waren dabei treibende Kraft oder Grundlage, sondern die gesamte Gesetzesausle-
gung sowie die willkürliche Politik, die das Gemeinwohl und dessen Gefährdung ganz im
Interesse der ‚Volksgemeinschaft' umdeutete. Der Stifterwille wurde in dieser Zeit beispielsweise durch Übertragungen der örtlichen Stiftungen auf die Kommune, die wiederum
dem NS-‚Gemeinwohlverständnis' verpflichtet war, ausgehebelt und übergangen.[107] Viele
Stiftungen wurden zweckentfremdet oder gingen ganz in parteinahen Organisationen auf.

## 2.1.6.3 Ideologie contra Privatvermögen in der DDR

In der Sowjetischen Besatzungszone und späteren Deutschen Demokratischen Republik
(DDR) wurden die Stiftungen, deren Kapital im Krieg zerstört worden war, aufgehoben und
zahlreiche andere zu Sammelstiftungen zusammengelegt. Sondervermögen, wie Stiftungen
es darstellen, passte nicht in die politische Ideologie des Arbeiter- und Bauernstaates.

Exkurs: Sammelstiftungen am Beispiel des Bezirkes Dresden
Nach einem Gesetz des Sächsischen Landtages vom 30.09.1949 wurden die unter Aufsicht oder Verwaltung der
Regierung stehenden Stiftungen zu fünf Sammelstiftungen, nämlich der Volksbildungs-, Stipendien-, Sozial-,
Werk- und der Landwirtschaftsstiftung Sachsen, zusammengelegt. Die vorgenannten Einzelstiftungen hörten
damit auf zu bestehen. Die dem Stiftungszweck dienenden Vermögensgegenstände und zu berichtigenden Ver-
bindlichkeiten gingen ohne Liquidation auf die Sammelstiftungen über. Durch Beschluss des Rates des Bezir-

---

104   Liermann, Hans (1963), 284.
105   Vgl. hierzu: Geschichte der Vaterstädtischen Stiftung, Mitglied im Paritätischen Wohlfahrtsverband Hamburg
      e. V. http://www.vaterstaedtische-stiftung.de/geschichte-01.html (Zugriff am 22.1.2013).
106   Liermann, Hans (1963), 286.
107   Von Campenhausen, Axel Freiherr (²2003), 38.

kes Dresden vom 11.10.1957 wurden die fünf Sammelstiftungen zu den „Sammelstiftungen des Bezirkes Dresden" zusammengelegt. 1992 wurde der Zusammenschluss vom Regierungspräsidium Dresden als Stiftungsbehörde bestätigt.[108]

Axel Freiherr von Campenhausen beschreibt die Beseitigung der Stiftungen in zwei Phasen: „Zunächst gingen die ehemaligen Länder Mitteldeutschlands gegen die Stiftungen vor. Ab 1952 machten zentrale Aktionen der DDR zum Teil in Gesetzesform den Stiftungen den Garaus."[109]

Waren im ersten Schritt die kirchlichen Stiftungen weitgehend verschont geblieben, so war die Entwicklung bis 1957 so ‚gründlich', dass der Großteil aller Stiftungen aufgelöst oder faktisch zum Erliegen gekommen war.[110] Dennoch weisen Forschungen aus dem Bereich des kirchlichen Stiftungsrechts explizit darauf hin, dass gerade die kirchlichen Stiftungen mit Kultusaufgaben häufig geschont wurden. Hingegen Wohlfahrt, Erziehung und Unterricht galten als Aufgaben des Staates, weshalb man Stiftungen mit der Begründung der ‚fehlenden Zweckerfüllung' auflöste.[111]

Viele Stiftungsanstalten und Einrichtungen gingen in der DDR in kommunalen Besitz über. Stiftungsneugründungen gab es keine, nicht zuletzt, weil mit der Aufhebung des Bürgerlichen Gesetzbuches 1975 dies ausgeschlossen wurde.

## 2.1.6.4  Grundgesetz und Wiedervereinigung

Mit dem Inkrafttreten des Grundgesetzes im Mai 1949 wurde das „Stiftungsrecht nach und nach dem gewandelten staatskirchenrechtlichen Verständnis angepasst"[112] und das garantierte Selbstbestimmungsrecht der Kirchen erstreckte sich auch auf das kirchliche Stiftungswesen.

Die Säkularisierung zahlreicher christlicher Stiftungen ist, nach Aussage von Markus Kapischke, weder in der Sowjetischen Besatzungszone noch nach der Wende in der ehemaligen DDR revidiert worden. Viele Landeskirchen haben sich nach dem Inkrafttreten des Vermögensgesetzes 1990 für die Rückübertragung des Vermögens ihrer kirchlichen Stiftungen eingesetzt.[113]

Auch weltliche Stiftungen lebten nach der Wiedervereinigung nicht wieder auf, was sich deutlich auf der Landkarte der Bundesrepublik im Bereich der neuen Länder abzeichnet.

---

108  Vgl. Hauptstaatsarchiv Dresden, Gesundheit und Soziales, Sammelstiftungen des Bezirkes Dresden http://www.archiv.sachsen.de/archive/dresden/4694_3131343435.htm (Zugriff am 15.1.2013).

109  Von Campenhausen, Axel Freiherr (1998), 42.

110  Kapischke, Markus (2000): *Kirchliche Stiftungen in der ehemaligen DDR. Offene Vermögensfragen und Grenzen einer Restitution nach dem Vermögensgesetz.* Zeitschrift für evangelisches Kirchenrecht, Band 45, 473 ff.

111  Kapischke, Markus (2000), 484; Meyer, Kristin (2012), 242.

112  Meyer, Kristin (2012), 122.

113  Kapischke, Markus (2000), 479.

**Top-50 – Stiftungsdichte in Großstädten**
Rechtsfähige Stiftungen des bürgerlichen Rechts, Stand 31. Dezember 2012
Stiftungen je 100.000 Einwohner

Bundesverband
Deutscher Stiftungen

| | | | | |
|---|---|---|---|---|
| 1 | Würzburg | 82 | 26 | Bielefeld | 39 |
| 2 | Frankfurt am Main | 74 | 27 | Saarbrücken | 36 |
| 3 | Hamburg | 70 | | Essen | 36 |
| 4 | Oldenburg | 68 | | Hildesheim | 36 |
| 5 | München | 65 | | Kiel | 36 |
| 6 | Mainz | 63 | 31 | Köln | 35 |
| 7 | Bonn | 60 | 32 | Karlsruhe | 34 |
| 8 | Hannover | 59 | | Reutlingen | 34 |
| | Münster | 59 | 34 | Wiesbaden | 33 |
| 10 | Stuttgart | 58 | 35 | Koblenz | 32 |
| 11 | Bremen | 55 | 36 | Potsdam | 31 |
| 12 | Darmstadt | 54 | 37 | Erlangen | 30 |
| | Regensburg | 54 | | Fürth | 30 |
| 14 | Augsburg | 53 | 39 | Aachen | 28 |
| | Ulm | 53 | 40 | Siegen | 27 |
| 16 | Lübeck | 52 | 41 | Krefeld | 26 |
| 17 | Kassel | 49 | | Pforzheim | 26 |
| 18 | Heidelberg | 46 | 43 | Wuppertal | 25 |
| 19 | Braunschweig | 44 | 44 | Offenbach am Main | 24 |
| | Freiburg im Breisgau | 44 | | Solingen | 24 |
| | Trier | 44 | | Paderborn | 24 |
| 22 | Nürnberg | 42 | | Mannheim | 24 |
| | Osnabrück | 42 | | Jena | 24 |
| 24 | Göttingen | 41 | 49 | Berlin | 22 |
| 25 | Düsseldorf | 40 | 50 | Dresden | 21 |
| | | | | Ludwigshafen | 21 |

≥ 50
≥ 40
≥ 30
≥ 20

*Abbildung 2:* Stiftungsdichte in Großstädten.
Quelle: Bundesverband Deutscher Stiftungen.

### 2.1.7    Fazit: Stiftungen als universalhistorische Phänomene

Die hier gegebene, komprimierte Übersicht über die Geschichte des Stiftungswesens ermöglicht einen ersten Eindruck von der Komplexität des Gegenstandes. Berührt wird der ganze Mensch in all seinen anthropologischen Dimensionen. Auch wird deutlich was Michael Borgolte meint, wenn er immer wieder Stiftungen als ‚universalhistorische Phänome' beschreibt. „Bei den Stiftungen greifen virtuell alle Kräfte einer Gesellschaft ineinander, neben Recht und Wirtschaft, Religion und Philanthropie – also Ethik –, auch Politik, Kultur und Sozialfürsorge."[114] So bleibt als Fazit dieses historischen Überblicks zunächst festzuhalten, in welchen Dimensionen und Professionen Stiftungen erkennbar und wirksam werden:

### 2.1.7.1   Religiöse Dimension

Stifterisches Handeln ist seit der Antike beschrieben und gründet in der Auseinandersetzung mit der eigenen Sterblichkeit und Wirksamkeit über den Tod hinaus. Aufenthalt und Rückkehr

---

114  Borgolte, Michael (1993): *‚Totale Geschichte' des Mittelalters? Das Beispiel der Stiftungen*, Antrittsvorlesung, 2. Juni 1992, Marlis Dürkop (Hg.): Humboldt-Universität zu Berlin, Fachbereich Philosophie und Geschichtswissenschaften, Institut für Geschichtswissenschaft, Berlin.

aus dem Jenseits sind dabei ebenso angesprochen, wie die Verbesserung der eigenen Position im Fall eines Lebens nach dem Tod sowie caritatives Handeln aus christlicher Tradition.

### 2.1.7.2 Juristische Dimension

Das Bestreben, Stiftungen zu definieren und als Subjekte der Jurisprudenz greifbar zu machen, hat zu einer intensiven rechtshistorischen Betrachtungsweise geführt. Berührt werden, neben den Grundrechten, beispielsweise Fragen des Eigentums, des Erbrechts sowie kirchenjuristische Belange. Zahlreiche Rechtsstreite, wie über die Zugehörigkeit einer Stiftung zur Kirche, die Umdeutung von Zwecken oder die Veruntreuung von Vermögen, machen Stiftungen zu einem präsenten Aufgabenfeld der Juristen.

### 2.1.7.3 Soziologische Dimension

Die Frage nach dem ‚Wie‘ des Zusammenlebens von Menschen in der Gesellschaft, ihren Normen, dem sozialen Handeln und dessen Wandel spiegeln sich auch im stifterischen Tun unmittelbar wieder, das zunehmend umfassender Gegenstand der soziologischen Forschung ist. Von der Bedeutung der Philanthropie seit der Antike, über die Frage nach den kompensatorischen Aufgaben von Stiftungen beim Rückzug der öffentlichen Hand, bis hin zum derzeit auffälligen Wandel der Zivilgesellschaft und seinen mögliche Auswirkungen auf den Stiftungsbereich, sind umfassende Forschungsfragen und Betrachtungen denkbar. Insofern kann empirische Sozialforschung auch, wie Klaus Hurrelmann konstatiert, für Wohlfahrtsorganisationen, die auf Spenden angewiesen sind, ein wichtiger Beitrag für ihr ‚Good Governance‘ sein.[115]

### 2.1.7.4 Psychologische Dimension

Der psychologische Hintergrund und die Motivation zu stiften, Gutes im Stillen zu tun oder sich unverwechselbar selbst ein Denkmal zu setzen, sind Teilaspekte einer psychologischen Auseinandersetzung mit dem Phänomen Stifter und Stifterin. Betrachtet man allein das meist ungleiche Verhältnis und große Gefälle zwischen Wohltätern und Destinatären, sind hier sicher auch Machtfragen nicht außer Acht zu lassen.

### 2.1.7.5 Ökonomische Dimension

Wirtschaftsgüter, Vermögenswerte und ihre Erträge sowie deren Verteilung und Verbrauch, sind grundsätzliche Fragen der Ökonomie, die auch im Zusammenhang mit Stiftungsvermögen von größter Bedeutung sind. Hier spielen Fragen des Asset-Managements, der Gemein-

---

115  Vgl. Hurrelmann, Klaus (2011): *‚Good Governance‘ im Wohlfahrtsbereich. Der Beitrag der emprischen Sozialforschung.* In: Bangert, Kurt (Hg.): Handbuch Spendenwesen. Bessere Organisation, Transparenz, Kontrolle, Wirtschaftlichkeit und Wirksamkeit von Spendenwerken. Wiesbaden, 218.

nützigkeit und Besteuerung ebenso hinein wie die des gesamten Managements und Fragen der Corporate Governance.

### 2.1.7.6  Politische Dimension

Die Rolle der Stiftungen unter den jeweiligen politischen Realitäten ist im historischen Überblick bereits sichtbar geworden. Große Vermögen führen auch bei Machthabern naturgemäß zu Begehrlichkeiten. Aber auch die Stiftung als Instrument der Wiedergutmachung von politischem Unrecht, wie die Stiftung „Erinnerung, Verantwortung und Zukunft", die per Gesetz errichtet wurde, um die Finanzmittel für Zwangsarbeiter und andere vom Nationalsozialismus Betroffene bereitzustellen, sei an dieser Stelle erwähnt.

All diese – ohne Anspruch auf Vollständigkeit angeführten wissenschaftlich und gesellschaftlich relevanten – Dimensionen des Stiftungswesens lassen erahnen, wie ausdifferenziert und auf wie viele verschiedenen Stakeholder bezogen, sich die Kommunikation von Stiftungen heute darstellen kann und im Idealfall auch sollte. Aus dem dargelegten historischen Hintergrund lässt sich ableiten, dass es sich bei Stiftungen häufig um eine religiös motivierte Gabe an Bedürftige gehandelt hat, was auch heute noch zum Teil der Fall ist.

Das Stiftungshandeln soll in der Regel individuelles Handeln überdauern. Aufgrund dessen bedarf es Dritter, die stellvertretend und vergegenwärtigend handeln. Hier werden zentrale Themen sichtbar, die den Kern des Stiftungswesens berühren und insofern von größter Relevanz für deren Kommunikationsmanagement sind. Das sind beispielsweise Aspekte des Vertrauens und der Vergegenwärtigung, aber auch des Verrats und der Veruntreuung. Davon sind Fragen der Transparenz, der Normativität und Legitimität ebenso berührt, wie die historische Verortung, die gegenwärtige Wirkung und die gestaltete Zukunftsfähigkeit. So bleibt, wie Helmut Anheier es treffend zusammengefasst hat, festzuhalten, dass die Existenz und Legitimation von Stiftungen von politischen und gesellschaftlichen Rahmenbedingungen abhängen, die nicht garantiert sind.[116]

Nun gilt es im Folgenden, einen Überblick über die verschiedenen Stiftungsformen und deren Rolle im gesellschaftlichen Kontext zu geben. Hier wird deutlich, wie vielfältig sich ausgestaltet hat, was heute unter dem Begriff ‚Stiftungswesen' zusammengefasst wird. Eine derart ausdifferenzierte Entität ist schwer zu greifen und bedarf einiger Sachkenntnis, sie einzuschätzen und zu beurteilen. Genau dies wird den Stiftungen häufig zum Verhängnis, da es ihnen bislang nur unzureichend gelingt, das noch stark verbreitete Informationsdefizit ihrer Stakeholder zu füllen. Diese Tatsache aber bietet in der Regel Raum für Vermutungen statt Sachwissen und für Gerüchte statt zuverlässiger Informationen, für voreilige Schlüsse an Stelle von durchdachten Konzeptionen. Das folgende Kapitel soll nun den Gegenstand ‚Stiftung' in seinen aktuellen Ausprägungen beleuchten.

## 2.2      Erscheinungsformen von Stiftungen

Sinnvolle Unterscheidungs- und Ordnungskriterien für Stiftungen sind in deren rechtlichen Grundlagen zu finden. Die ‚Stiftung' als Begriff, beschreibt an sich noch keine Rechtsform,

---

116   Vgl. Anheier, Helmut K./ Daly, Siobhan (2007), 4.

wie das beispielsweise bei einem Verein der Fall ist. Die Stiftung hat auch keine Mitglieder[117]
wie der Verein oder die Genossenschaft, keine Gesellschafter wie die GmbH und keine An-
teilseigner wie die Aktiengesellschaft. Da sie eine juristische Person ist, wird von ihren Organen das Vermögen verwaltet. Daraus erwächst ein zentrales normatives Problem, das im
Management immer latent vorhanden ist: Die Organe und auch die Mitarbeitenden haben
theoretisch, abgesehen von der Sicherung ihrer eigenen Arbeitsplätze, kein Eigeninteresse
am ‚Wohlergehen' der Stiftung. Auch die Destinatäre, die unmittelbar von der Stiftung profitieren, können diese Rolle nicht ausfüllen, da sie wiederum keinerlei Handlungsvollmacht
im Management oder der Verwaltung der Stiftung haben. So bleibt als kontrollierende Instanz formal quasi nur die Stiftungsaufsicht, die unter anderem über die Einhaltung der satzungsgemäßen Zwecke und die ordnungsgemäße Verwendung der Mittel wacht.

Gemäß BGB ist das Stiftungsgeschäft durch folgende Kriterien gekennzeichnet.

§ 81 Stiftungsgeschäft

(1) Das Stiftungsgeschäft unter Lebenden bedarf der schriftlichen Form. Es muss die verbindliche Erklärung
des Stifters enthalten, ein Vermögen zur Erfüllung eines von ihm vorgegebenen Zweckes zu widmen, das auch
zum Verbrauch bestimmt werden kann. Durch das Stiftungsgeschäft muss die Stiftung eine Satzung erhalten
mit Regelungen über
1.    den Namen der Stiftung,
2.    den Sitz der Stiftung,
3.    den Zweck der Stiftung,
4.    das Vermögen der Stiftung,
5.    die Bildung des Vorstands der Stiftung.
(2) Bis zur Anerkennung der Stiftung als rechtsfähig ist der Stifter zum Widerruf des Stiftungsgeschäfts berechtigt. Ist die Anerkennung bei der zuständigen Behörde beantragt, so kann der Widerruf nur dieser gegenüber erklärt werden. Der Erbe des Stifters ist zum Widerruf nicht berechtigt, wenn der Stifter den Antrag bei der
zuständigen Behörde gestellt oder im Falle der notariellen Beurkundung des Stiftungsgeschäfts den Notar bei
oder nach der Beurkundung mit der Antragstellung betraut hat.[118]

Im Stiftungsgeschäft unterscheidet man operative Stiftungen, fördernde Stiftungen und solche, die beide Eigenschaften auf sich vereinen. Operativ tätige Stiftungen verfolgen eigene
Projekte und Programme mit einem entsprechenden Personenstab an haupt- und ehrenamtlichen Mitarbeitenden. Fördernde Stiftungen vergeben in der Regel Preise, oder Stipendien
oder finanzieren Forschungsprojekte. Mischformen beider Aktivitäten erfordern meist ein
größeres Grundstockkapital oder Spenden, da sowohl strategisches, als auch operatives Management erforderlich ist. Da zunehmend mehr Stiftungen in beiden Aufgabenfeldern tätig
sind und strategisches Management generell für Stiftungen immer wichtiger wird, verlieren
diese beiden Unterscheidungskriterien in jüngster Zeit jedoch immer mehr an Bedeutung.

Eine Unterscheidung und Klassifizierung nach Stiftungszwecken ist sinnvoll, wenn
Stiftungen ihre spezifischen Interessen vertreten wollen, wie dies beispielsweise in den verschiedenen Arbeitskreisen des Bundesverbandes Deutscher Stiftungen geschieht. In diesen
Foren ist es möglich, sich über Programme auszutauschen, Agenda Setting zu betreiben oder
auch in verschiedenster Hinsicht zu kooperieren. Als Unterscheidungsmerkmal, das dienlich

---

117   Das hat sie mit der ‚Anstalt' gemeinsam, jedoch wird diese vom Anstaltsträger bezüglich Zweckbindung und
      Management dominiert. Der Stifter hat diese Möglichkeit nur und zudem eingeschränkter, falls er Organfunk-
      tion ausübt. Ergänzend hierzu: Wigand, Klaus/ Heuel, Markus/ Stolte, Stefan/ Haase-Theobald, Cordula
      (2011): *Stiftungen in der Praxis – Recht, Steuern, Beratung.* Wiesbaden, 34.
118   Bürgerliches Gesetzbuch, Online zugänglich bim Bundesministerium der Justiz: http://www.gesetze-im-
      internet.de/bgb/__81.html (Zugriff am 25.5.2013).

wäre, Stiftungen verbindlich zu klassifizieren, ist es jedoch ungeeignet, da häufig in den Satzungen eine Vielzahl von Stiftungszwecken genannt werden, die dann zu unterschiedlichen Zeiten zu unterschiedlichen inhaltlichen Arbeitsschwerpunkten führen können.

Dass eine simplifizierende Verkürzung der Stiftungsgründungen allein als Steuersparmodelle für ‚Reiche', wie es oft kolportiert wird, von Unkenntnis der Materie zeugt, wird im Rahmen dieser Arbeit deutlich werden. Zwar wird keine Erbschaftssteuer fällig, wenn man ein Vermögen einer gemeinnützigen Stiftung vermacht. Es muss aber im Blick bleiben, dass mit diesem Schritt die Gelder damit auch ein für alle Mal der Stiftung gehören, die diese ab dann auch nur noch gemäß der Stiftungssatzung verwenden darf. Zustiftungen in den Vermögensstock einer Stiftung sind in jüngster Zeit durch eine stiftungsfreundliche Gesetzgebung nach und nach vom Staat stark begünstigt worden, um freiwillige Gaben zugunsten der Allgemeinheit attraktiver zu machen. So kann mittlerweile eine Zuwendung in Höhe von einer Million Euro über zehn Jahre hinweg von dem Steuerpflichtigen geltend gemacht werden. Bei Ehepaaren gilt das sogar für beide Stifter.

Nach § 58 der Abgaben Ordnung (AO) dürfen gemeinnützige Stiftungen auch bis zu einem Drittel ihrer Erträge für den Unterhalt des Stifters und seiner nächsten Angehörigen verwenden. Auch die Pflege ihres Andenkens und ihrer Gräber fällt darunter. Diese Gelder sind jedoch von den Empfängern zu versteuern und bieten an dieser Stelle keine Möglichkeit der Steuerersparnis.

## 2.2.1    Gemeinnützige Stiftungen

Die meisten Stiftungen in Deutschland sind gemeinnützig und werden in privatrechtlicher Form errichtet. Ob eine öffentliche Stiftung steuerbefreit ist, hängt von den Vorgaben der Abgabenordnung ab.[119] Die Gemeinnützigkeit einer Körperschaft ergibt sich in Deutschland aus den Regelungen in § 52 Abgabenordnung (AO). Der Zweck einer Stiftung ist dort als gemeinnützig definiert, wenn ihre Tätigkeit darauf abzielt, die Allgemeinheit auf materiellem, geistigem oder sittlichem Gebiet selbstlos[120], ausschließlich und unmittelbar zu fördern, worunter auch mildtätige oder kirchliche Zwecke fallen. Der Begriff der Gemeinnützigkeit ist dabei relativ weit gefasst und es fällt eine Vielzahl von möglichen Zwecken darunter, wie die Wissenschaft und Forschung, Bildung und Erziehung, Kunst und Kultur oder Sport.

Die mildtätigen Zwecke sind in § 53 AO wie folgt definiert:

> Eine Körperschaft verfolgt mildtätige Zwecke, wenn ihre Tätigkeit darauf gerichtet ist, Personen selbstlos zu unterstützen, die infolge ihres körperlichen, geistigen oder seelischen Zustands auf die Hilfe anderer angewiesen sind
>
> [...]
>
> Auch bestimmte Personen, die Sozialhilfe beziehen, fallen darunter.[121]

---

119   In den Paragrafen 51-68 der Abgabenordung (AO) werden die Voraussetzungen für eine rechtliche Steuerbegünstigung geregelt. Daneben sind der Anwendungserlass zur Abgabenordung (AEAO) sowie die Steuergesetze relevant.

120   Als selbstlos gilt eine Förderung oder Unterstützung im Sinne des § 55 AO, wenn dadurch nicht in erster Linie eigenwirtschaftliche Zwecke – zum Beispiel gewerbliche Zwecke oder sonstige Erwerbszwecke – verfolgt werden.

121   Vgl. alle hier zitierten Paragrafen der AO unter http://dejure.org/gesetze/AO/53.html (Zugriff am 23.5.2013).

Eine weitere in der Praxis der Stiftungen wichtige Zuordnung, findet sich in der Abgaben-ordnung unter § 54 Kirchliche Zwecke:

(1) Eine Körperschaft verfolgt kirchliche Zwecke, wenn ihre Tätigkeit darauf gerichtet ist, eine Religionsge-meinschaft, die Körperschaft des öffentlichen Rechts ist, selbstlos zu fördern.

(2) Zu diesen Zwecken gehören insbesondere die Errichtung, Ausschmückung und Unterhaltung von Gottes-häusern und kirchlichen Gemeindehäusern, die Abhaltung von Gottesdiensten, die Ausbildung von Geistlichen, die Erteilung von Religionsunterricht, die Beerdigung und die Pflege des Andenkens der Toten, ferner die Ver-waltung des Kirchenvermögens, die Besoldung der Geistlichen, Kirchenbeamten und Kirchendiener, die Alters- und Behindertenversorgung für diese Personen und die Versorgung ihrer Witwen und Waisen.[122]

In der hier vorliegenden Arbeit sind – wie bereits eingangs gesagt – die gemeinnützigen Stiftungen aufgrund ihrer zahlenmäßigen Überlegenheit im Fokus der Betrachtung, wobei viele Ansätze und Argumente auch auf andere Stiftungsformen zutreffen mögen.

### 2.2.2    Unselbständige Stiftungen

Die unselbstständigen Stiftungen werden auch fiduziarische Stiftungen oder Treuhandstif-tungen genannt. Es handelt sich hier um Stiftungen, die von einem Treuhänder, wie bei-spielsweise eine selbständige Stiftung unter deren Dach, verwaltet werden. Das Modell eig-net sich bei geringerem Stiftungskapital oder wenn die Verwaltung nicht selbst erledigt werden kann oder soll. Sie gelten historisch betrachtet als ‚Vorstufen' des Stiftungswesens.

Die längste Tradition in der Verwaltung von Treuhandstiftungen haben kirchliche und kommunale Stiftungsverwaltungen. Sie gewährleisten in der Regel eine qualifizierte und kontinuierliche Verwaltungsstruktur sowie gute Kenntnisse der lokalen Gegebenheiten. Hier liegen Chancen und Gefahren nah beieinander, weshalb der Bundesverband Deutscher Stif-tungen zu Recht mit Nachdruck darauf hinweist, dass besondere Aufmerksamkeit bei kom-munal verwalteten Treuhandstiftungen dem Einfluss kommunaler Strukturen und der Kom-munalpolitik geschenkt werden muss. Zu leicht könnten sie sonst von politischen Akteuren vor Ort für deren eigene Interessen missbraucht werden.[123]

Für die besonderen Belange der zurzeit geschätzt etwa 20.000 Stiftungen, wurde im Bundesverband 2006 ein Kodex speziell für Treuhandstiftungen erarbeitet, der Qualitätsan-forderungen an Verwalter enthält und Stiftern und Stifterinnen bei der Auswahl eines Dienst-leisters helfen soll. Wie bedeutend das Thema für das Stiftungswesen ist, zeigt sich auch daran, dass noch 2013 ein Gütesiegel für die gute Treuhandverwaltung erarbeitet werden soll, für das man sich ab 2014 bewerben kann.

In dieser Stiftungsform ist auch die Widmung eines dauerhaften Kapitals zu einem de-finierten Zweck nötig. Ein besonderes Schutzbedürfnis ergibt sich jedoch aus der Tatsache, dass das Vermögen des Stifters in das Eigentum einer juristischen Person des Privatrechts oder eine Körperschaft des öffentlichen Rechts übergeht. Es wird dort als Sondervermögen vom übrigen Vermögen – z. B. der selbständigen Stiftung oder des Vereins – getrennt ver-waltet und bleibt, sofern keine historischen Ereignisse dem zuwiderlaufen, damit erhalten.

---

122  Vgl. http://dejure.org/gesetze/AO/54.html (Zugriff am 18.8.2013).

123  Vgl. ausführliche Informationen des Bundesverbandes Deutscher Stiftungen unter
      http://www.stiftungen.org/de/newswissen/stiftungsgruendung/rechtsformen/treuhandstiftung/treuhaendergrup
      pen.html#c27747 (Zugriff am 26.5.2013).

Bemerkenswert ist zudem, dass die unselbständige Stiftung keines stiftungsrechtlichen Genehmigungsverfahrens durch das Regierungspräsidium und die Stiftungsaufsicht des Staates bedarf. Sie wird zwar alle drei Jahre von der Finanzverwaltung geprüft, ist aber – beispielsweise im Fall einer Insolvenz des Treuhänders – einem nicht unerheblichen Verlustrisiko ausgesetzt. Da die Anerkennung der Gemeinnützigkeit sowie die Änderungen der Satzung vereinfacht sind, wurde diese Stiftungsform auch in jüngster Zeit wieder für viele Stifter zunehmend attraktiv.

## 2.2.3    Öffentliche Stiftungen bürgerlichen Rechts

Es gibt Stiftungen in privatrechtlicher und öffentlich-rechtlicher Form. Stiftungen in privatrechtlicher Form werden, wie bereits erwähnt, üblicherweise nach den §§ 80 BGB errichtet. Sie können Privatinteressen verfolgen, aber auch dem Gemeinwohl dienen, indem sie steuerbegünstigte (gemeinnützige, mildtätige oder kirchliche) Zwecke verfolgen. Öffentliche Stiftungen sind Stiftungen des bürgerlichen Rechts, die überwiegend steuerbegünstigte Zwecke verfolgen. In einigen wenigen Landesstiftungsgesetzen[124] werden sie mit dieser Begrifflichkeit von den privaten Stiftungen unterschieden, die überwiegend private Zwecke, etwa als Familienstiftung, verfolgen. Nicht zu verwechseln sind sie mit öffentlich-rechtlichen Stiftungen, die mittelbarer Teil der Staatsverwaltung sind.

## 2.2.4    Öffentlich-rechtliche Stiftungen

Die öffentlich-rechtlichen Stiftungen werden durch einen verwaltungsrechtlichen Hoheitsakt des Staates[125] gegründet und dienen der Erfüllung einer öffentlichen Aufgabe von besonderem Interesse durch eine Stiftung.[126] Das kann auf den staatlichen Ebenen des Bundes und der Länder geschehen. Zu diesen zählen beispielsweise die ‚Stiftung Erinnerung, Verantwortung und Zukunft' mit dem Hauptzweck der Entschädigung ehemaliger Zwangsarbeiterinnen und Zwangsarbeiter, die Heimkehrerstiftung oder die Stiftung der Berliner Philharmoniker, deren Träger das Land Berlin ist. Auch die fünf Stiftungen zum Gedenken herausragender Staatsmänner zählen hierzu, wie die Stiftung Bundeskanzler-Adenauer-Haus, eine Gedenkstätte im früheren Wohnhaus des Bundeskanzlers in Rhöndorf oder die Bundeskanzler-Willy-Brandt-Stiftung in Berlin. Ein klassisches Beispiel für diese Stiftungsform sind auch die Stiftungshochschulen, in Trägerschaft einer Stiftung öffentlichen Rechts, wie die Universitäten Göttingen und Hildesheim oder die Leuphana Universität Lüneburg.

---

124   Vgl. § 2 Abs. 2 Hamburgisches Stiftungsgesetz; § 3 Abs. 3 LStiftG Rheinland-Pfalz; dazu und zur Begrifflichkeit kritisch Mecking, Christoph (2006): *StiftG Rheinland-Pfalz. Das Stiftungswesen in Rheinland-Pfalz.* Wiesbaden, 61.

125   Der Staat kann aber auch Stiftungen des Privatrechts errichten, wie die Kulturstiftungen der Länder. Eine Besonderheit sind Stiftungen, die beispielsweise aus den Erlösen der Privatisierung von Staatsbeteiligungen errichtet wurden. Beispiele sind die Volkswagen Stiftung, die aus der Privatisierung von VW hervorging oder die Deutsche Bundesstiftung Umwelt aus den Erlösen des Verkaufs der bundeseigenen Salzgitter AG.

126   Verwirrender Weise werden in manchen Landesstiftungsgesetzen bürgerlich-rechtliche Stiftungen mit öffentlichem Zweck und öffentlich-rechtliche Stiftungen als ‚öffentliche' Stiftungen bezeichnet, siehe auch Kap. 2.2.3. Vgl. Wigand, Klaus/ Heuel, Markus/ Stolte, Stefan/ Haase-Theobald, Cordula (2011): *Stiftungen in der Praxis – Recht, Steuern, Beratung.* Wiesbaden, 39.

## 2.2.5    Privatnützige Stiftungen

Privatnützige Stiftungen fördern einen begrenzten Personenkreis oder ein Unternehmen. Sie gelten als Bindeglied zwischen der gemeinnützigen Stiftung und der Familienstiftung. Das klassische Beispiel ist ein Unternehmer, der für die Angehörigen seines Betriebes eine Sozialstiftung gründen will. Da Gemeinnützigkeit die Förderung der Allgemeinheit und nicht nur eines begrenzten Personenkreises voraussetzt, kann er dies nicht in der Form einer gemeinnützigen Stiftung tun. Die privatnützige Stiftung ist grundsätzlich steuerlich nicht begünstigt.[127]

### 2.2.5.1   Familienstiftung

Auch die Familienstiftung hat keine steuerlichen Vorteile, daher fällt bei der Übertragung des Vermögens auf die Stiftung Schenkungssteuer an. Begünstigt werden Mitglieder einer Familie oder mehrere Familien. Alle 30 Jahre fällt eine sogenannte Erbersatzsteuer an, da sich die Stiftung quasi selbst beerbt, indem der Vermögensübergang auf zwei Kinder simuliert wird.[128] Seit 1974 das Privileg der Erbschaftssteuerbefreiung aufgehoben wurde, gibt es kaum noch Neugründungen. Der Bundesverband Deutscher Stiftungen schätzt, dass etwa drei bis fünf Prozent aller Stiftungen – und damit in absoluten Zahlen etwa 500 bis 700 – in der Form der Familienstiftungen bestehen.

### 2.2.5.2   Doppelstiftungs-Modell

Die Intention, die diesem Modell zugrunde liegt, ist in der Regel die Versorgung des Stifters und seiner Familie, das Erhalten der Liquidität des Unternehmens durch Vermeidung von Erbschaftssteuer sowie der Wunsch, einen erheblichen Beitrag zum Gemeinwohl zu leisten.

Meist hält eine rechtsfähige gemeinnützige Stiftung die Hauptanteile des Kapitals eines Unternehmens. Der geringere Teil fließt in eine Familienstiftung oder Gesellschaft ein, die mit ihren Erträgen für das Auskommen der Familie sorgt, die auch die Stimmrechte in diesen Unternehmensbeteiligungen innehat.

---

127   Vgl. http://de.wikipedia.org/wiki/Stiftung#Privatn.C3.BCtzige_Stiftungen (Zugriff am 6.5.2013).
128   Vgl. http://www.stiftungswissenschaften.de/category/stiftung/stiftungsmodelle/familienstiftung (Zugriff am 25.5.2013).

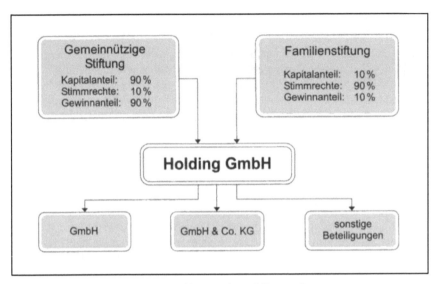

*Abbildung 3:* Beispiel für eine Doppelstiftung mit Holdingstruktur.
Quelle: Hennerkes, Brun-Hagen (2004): *Die Familie und ihr Unternehmen. Strategie – Liquidität – Kontrolle.* Frankfurt a. M., 211.


### 2.2.6    Stiftungen im Unternehmerischen Umfeld

Stiftungen bürgerlichen Rechts im unternehmerischen Bereich heißen Unternehmensstiftung. Sie können zum einen Anlage eines Stiftungsvermögens in einem Unternehmen sein oder zum anderen als Stiftung, die aus Unternehmensmitteln begründet wurde und die auf ein Unternehmen Einfluss hat, in Erscheinung treten. Man unterscheidet Unternehmensbeteiligungsstiftungen, die dadurch gekennzeichnet sind, dass Stiftung und Unternehmen zwar getrennt sind und unter eigener Rechtsform sowie Management stehen, meist aber Anteile des Unternehmens zum Stiftungsvermögen zählen. Diese Beteiligung beispielsweise an Aktiengesellschaften oder GmbHs ist heute verbreitet. Die Form der Unternehmensstiftung wird in der Regel gewählt, wenn die Kontinuität des Unternehmens gesichert werden soll und Mitbestimmungsfreiheit beispielsweise von Mitgliedern der Familie in den Organen der Stiftung angestrebt wird. Ein klassischer Fall ist die Regelung der Unternehmensnachfolge, da auf diese Weise die Erhaltung des Unternehmens und seines Kapitals, die Kontinuität in der Unternehmensführung sowie die Bündelung von Interessen der Gesellschafter gewährleistet ist.

Unternehmensstiftungen können, abhängig vom Stiftungszweck, gemeinnützig sein, wie die gemeinnützige Hertie-Stiftung, die Vodafone Stiftung[129] und die Deutsche Telekom

---

129   Die Vodafone Stiftung Deutschland ist eine von 27 Stiftungen in verschiedenen Ländern, in denen auch das Unternehmen tätig ist, die aber unabhängig voneinander operieren. Seit ihrer Gründung 2002 hat sie nach eigenen Angaben mehr als 100 Millionen britische Pfund für soziale Projekte aufgewendet. Mehr Angaben dazu auf: www.vodafone-stiftung.de/pages/stiftung/vodafone_stiftungsnetzwerk/index.html (Zugriff am 26.2.2013).

Stiftung[130]. Letztere bekennt sich u. a. klar zu ihrer Stifterin und deren normativer Ausrichtung, wenn es heißt: „Die Stiftung unterstützt das Konzernleitbild des Unternehmens und trägt dazu bei, die Entwicklung einer vernetzten Wissens- und Informationsgesellschaft national und international zu fördern und mitzugestalten."[131]

Die ausgeschütteten Erträge des Unternehmens dürfen in diesem Fall nur für steuerbegünstigte Zwecke verwendet werden. In den zehn Empfehlungen für gemeinnützige Unternehmensstiftungen des Bundesverbandes Deutscher Stiftungen wird explizit auf die Folgen aus dem Spagat zwischen dem zweiten und dritten Sektor verwiesen. Die daraus abzuleitenden Konsequenzen werden dort folgendermaßen benannt:

> Das Stifterunternehmen muss sich darüber im Klaren sein, dass es dann nicht nur ein Spiel-, sondern vielmehr ein Standbein im dritten Sektor hat. Deshalb sollte die Unternehmensstiftung vom Stifterunternehmen so aufgestellt werden, dass sie als möglichst eigenständiger Akteur in der Zivilgesellschaft wirken kann.[132]

In Deutschland sind die Unternehmensstiftungen nicht zahlenmäßig, jedoch von ihrem Vermögen her bedeutend. Schon 2009 gab es nach Aussage des Generalsekretärs des Bundesverbands Deutscher Stiftungen, Dr. Hans Fleisch, mehr als 1.500 unternehmensnahe Stiftungen.

*Abbildung 4:* Die größten Stiftungen privaten Rechts nach Vermögen.
Quelle: Bundesverband Deutscher Stiftungen.

---

130  Die gemeinnützige Deutsche Telekom Stiftung wurde 2003 von der Deutschen Telekom AG gegründet und verfügt über ein Stiftungskapital von 150 Millionen.

131  Vgl. www.telekom-stiftung.de/dtag/cms/content/Telekom-Stiftung/de/410416 (Zugriff am 23.8.2013).

132  Die Zehn Empfehlungen für Unternehmensstiftungen, die 2010 verabschiedet wurden, sind abrufbar unter: http://www.stiftungen.org/index.php?id=233 (Zugriff am 20.8.2013).

Selbstkritisch, jedoch stark verallgemeinernd äußert sich auch der Arbeitskreis der Unternehmensstiftungen auf der Homepage des Bundesverbands Deutscher Stiftungen. Dort heißt es:

> Der unternehmerische Gestaltungswille und die Nähe zum Stifterunternehmen sind besondere Merkmale von Unternehmensstiftungen, was viele Möglichkeiten für die gemeinnützige Stiftungsarbeit bietet, aber auch kritische Fragen aufwirft.[133]

Die Vodafone Stiftung und der Bundesverband Deutscher Stiftungen haben 2007 eine Kurzstudie zu ‚Unternehmensverbundenen Stiftungen‘ vorgelegt.[134] Darin wird deutlich, dass bis 1980 die von Unternehmern errichtete, unternehmensverbundene Stiftung dominierte, die neben dem Erhalt des Unternehmens in der Regel von sozialethischen Motiven der Unternehmerpersönlichkeit getrieben war. Die Zwecke der Stiftungen sind gesellschaftliche Zukunftsherausforderungen und auffallend häufig Wissenschaftsförderung. Bereits 1889 entstand beispielsweise als erste große Industriestiftung die Carl-Zeiss-Stiftung in Jena. Auf der Homepage der Stiftung wird formuliert, was wohl stellvertretend für viele dieser Stifterpersönlichkeiten gilt: Dem Gründer Ernst Abbe sei es sowohl um die dauerhafte Sicherung der Stiftungsunternehmen und das Wohlergehen der Mitarbeiter durch eine Entpersonalisierung der Eigentümer gegangen sowie darum, mit den Erträgen aus den Unternehmen Wissenschaft zu fördern.[135]

Seit den 90er Jahren des 20. Jahrhunderts nehmen die Gründungen der „Corporate Foundations“[136] zu, wobei hier häufig als Motivation gilt, Instrumente der Corporate Social Responsibility (CSR) zu generieren. Beispiele sind hier die Stiftungen der Allianz SE in den Bereichen Umwelt[137] und Kultur[138]. Hier wird die Kommunikation der Stiftung und des Unternehmens eng verbunden und damit die Wahrnehmung beider in der Öffentlichkeit klar verknüpft.

Es gibt Unternehmensträgerstiftungen, die dadurch gekennzeichnet sind, dass es keine weiteren Gesellschafter des Unternehmens gibt und die Stiftung selbst ein Unternehmen betreibt. Ein Beispiel hierfür ist die gemeinnützige Körber-Stiftung[139], die Alleineigentümerin der Körber AG ist. Der Stifter, Kurt A. Körber, hat in diesem Fall das Unternehmen und sein Privatvermögen der Stiftung vermacht. Sie speist sich aus den Dividenden, die sie vom Unternehmen erhält, und den Erträgen aus dem Privatvermögen. Die Körber-Stiftung wird durch einen dreiköpfigen hauptamtlichen Vorstand geführt. Die gemeinnützige Arbeit der Stiftung überwacht der Stiftungsrat; das Kuratorium beaufsichtigt die Vermögensverwaltung. Beide, die Körber-Gruppe und Körber-Stiftung, haben in dem Unternehmer und Stifter Kurt A. Körber ein gemeinsames Fundament als Basis ihrer je eigenen Profile und Strategien und sind in der operativen Arbeit völlig autonom.

---

133  Vgl. http://www.stiftungen.org/index.php?id=233 (Zugriff am 20.8.2013).
134  Vgl. http://www.presseportal.de/pm/53198/987834/unternehmensnahe-stiftungen-erleben-boom-vodafone-stiftung-pr-sentiert-studie (Zugriff am 26.5.2013).
135  Vgl. zur Geschichte der Carl-Zeiss-Stiftung: www.carl-zeiss-stiftung.de/51-0-Geschichte.html (Zugriff am 26.2.2013).
136  In der Kurzstudie verwendet der Bundesverband diesen Begriff, um Stiftungen zu bezeichnen, die aus einem Unternehmen mit Zustimmung der Unternehmensleitung hervorgegangen sind.
137  Vgl. www.umweltstiftung.allianz.de
138  Vgl. www.kulturstiftung.allianz.de
139  Bei einem Vermögen von rund 515 Millionen Euro werden rund 14 Millionen für operative Projektarbeit ausgegeben.

Es gibt aber auch Stiftungen, bei welchen „wirtschaftlich gesehen Unternehmen und Stiftung identisch sind".[140] Beispiele hierfür sind die, zudem selbst noch untereinander einander verwoben, Lidl-Stiftung und die Dieter Schwarz Stiftung gGmbH[141], wobei diese Form eher selten vorkommt.

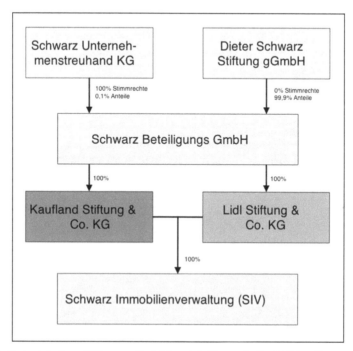

*Abbildung 5:* Beispiel einer Stiftung gGmbH und Stiftung & Co. KG im Kontext der Schwarz Beteiligungs GmbH.
Quelle: http://de.wikipedia.org/wiki/Schwarz-Gruppe (Zugriff am 2.1.2013)

Das deutsche Recht sieht außerdem eine Sonderform der Kommanditgesellschaft, die Stiftung & Co. KG, vor. Der persönlich haftende Gesellschafter ist in diesem Fall keine natürliche Person, sondern die Stiftung, die voll haftet und in ihrer quasi ‚Unsterblichkeit' die Unternehmensfortführung ‚auf ewig' sichert.[142] Es erfolgt ein Eintrag in das Handelsregister.

Eine weitere deutsche Sonderform und ebenfalls Personengesellschaft ist die Stiftung GmbH & Co. KG. Der persönlich haftende Gesellschafter ist die GmbH, die Stiftung der Kommanditist. Auch mit diesem Modell wird häufig die Unternehmensnachfolge geregelt. Unterschied zur Stiftung & Co. KG ist, dass die Stiftung und weitere Personen als Kommanditisten fungieren. Da die Stiftung das Grundstockvermögen zu erhalten hat, muss die

---

140  Adloff, Frank (2010), 375.
141  Vgl. http://www.dieter-schwarz-stiftung.de/auftrag-des-stifters.html (Zugriff am 26.5.2013).
142  Es gibt zwei Formen der Gründung. Entweder wird die Stiftung als Komplementär einer bereits bestehenden Kommanditgesellschaft aufgenommen, oder es wird ein Stiftung gegründet, die gemeinsam mit den Kommanditisten die Stiftung und Co. KG gründet. Vgl. http://de.wikipedia.org/wiki/Stiftung_%26_Co._KG (Zugriff am 25.2.2013).

(Pflicht-)Einlage, die die Kommanditisten in die Gesellschaft einzahlen, aus einem zusätzlichen Vermögen stammen.[143]

Zur Gründung einer Stiftung GmbH nach gesellschaftsrechtlichen Vorgaben ist ein Mindeststammkapital von 25.000 Euro erforderlich. Im Gegensatz zur Stiftung kann die Gesellschaft von den Gesellschaftern aufgehoben und auch die Satzung verändert werden. Da die staatliche Aufsicht weder bei der Gründung noch im laufenden Geschäftsbetrieb Einfluss nehmen kann, ist weder der Stifterwille noch die Zweckverfolgung gesichert. Insofern liegt hier zwar eine flexible Organisationsform vor, die aber den Kerngedanken der Stiftung als Chance auf langfristige, nachhaltige Zweckerfüllung nicht erfüllt. Die Form der GmbH in Kombination mit dem Stiftungsbegriff unterliegt also folgender Konstruktion:

„Mit Mitteln des Vereins- oder Gesellschaftsrechts werden dabei Stiftungsstrukturen simuliert. Die Mitglieder oder Gesellschafter vertreten nicht ihre eigenen Interessen, sondern agieren als Treuhänder des Stifterwillens."[144]

Beispiele sind die Robert-Bosch-Stiftung GmbH und die Klaus-Tschira-Stiftung gGmbH, die, wie alle anderen Stiftungen dieser Art, nicht der staatlichen Stiftungsaufsicht unterstehen.

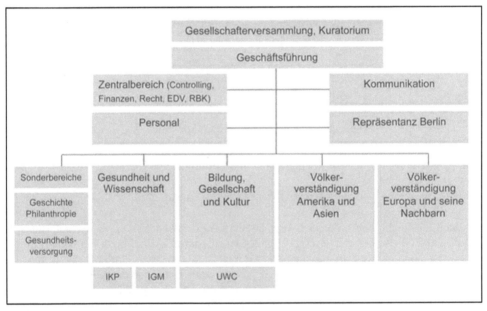

*Abbildung 6:* Organisationsstruktur der Robert Bosch Stiftung.[145]
Quelle: www.bosch-stiftung.de/content/language1/html/600.asp (Zugriff am 2.10.2013)

An diesen sehr verschiedenen Beispielen wird deutlich, welch unterschiedliche Organisationsformen als ‚Stiftungen' vorkommen. Sie spiegeln oder verbergen die Intention des Stif-

---

143  Vgl. de.wikipedia.org/wiki/Stiftung_GmbH_%26_Co._KG (Zugriff am 25.2.2013).
144  Puza, Richard (2008), 39.
145  IKP steht für Dr. Margarete Fischer-Bosch-Institut für Klinische Pharmakologie; IGM steht für Institut für Geschichte der Medizin der Robert Bosch Stiftung; UWC steht für United World College Robert Bosch College.

ters und sagen zunächst wenig über den gesellschaftlichen Wirkungsgrad der ‚Stiftungs'-Aktivitäten aus. Vor diesem Hintergrund wird deutlich, welch große Vorsicht bei der Beurteilung einzelner Stiftungen oder gar des Stiftungswesens insgesamt geboten ist. Aus normativer Sicht fragwürdige Konstruktionen stehen hier semantisch unmittelbar neben rein philanthropischen Absichten und Ausgestaltungen.

### 2.2.7    Stiftungen privater Banken

Eine weitere Erscheinungsform sind die von privaten Banken gegründeten Stiftungen. Bereits 2010 waren, nach Angaben des Bundesverbandes deutscher Banken in Berlin, gut 390 Millionen Euro Stiftungsvermögen vorhanden und es wurden Fördermittel in Höhe von 27 Millionen Euro durch diese Form von Stiftungsinitiativen ausgeschüttet.[146] Diese fast schon als ein kleiner Stiftungsboom allein im Bankensektor zu bezeichnende Entwicklung seit den 70er Jahren, ist auf das nach und nach hundertjährige Bestehen der großen Häuser wie Deutsche Bank, Commerzbank oder Dresdner Bank zurückzuführen. Letztere errichtete beispielsweise auch kurz nach der Wiedervereinigung 1991 die Kulturstiftung Dresden, um kulturelle, wissenschaftliche, und städtebauliche Projekte zu initiieren.

Die Banken bekennen sich ganz offen zu der Intention der gesellschaftlichen Einflussnahme und den positiven Effekten der CSR. In den Bereich der Bildung zählt beispielsweise ein Projekt, das sogenanntes Finanzwissen der Deutschen durch ein Schulprogramm für Lehrer und Schüler[147] fördern will, ebenso dazu wie Hochschulförderung und Stiftungslehrstühle. Ein Beispiel dafür ist die House of Finance-Stiftung der Goethe-Universität Frankfurt. Sie wird als nicht-rechtsfähige Stiftung von der Goethe-Universität-Stiftung verwaltet. Die Stiftung fördert mit ihren Erträgen die Forschung, Weiterbildung und den Politiktransfer des House of Finance, einer Public-Private Partnership der Goethe-Universität mit privaten Firmen und Personen, Stiftungen und Alumnis. Große Finanzdienstleister tragen hier zu einem Grundstockkapital bei, um ein Zentrum für internationale Forschung für ein zukunftsfähiges Finanzsystem aufzubauen. Kritik an dem Projekt wurde unter anderem durch sehr präsente Sponsorenhinweise im Gebäude sowie die Namensgebung der Hörsäle, wie Deutsche-Bank-Hörsaal, laut.[148]

Zu den Stiftungsgründungen kommen zahlreiche weitere Förderaktivitäten der Banken im Sinne des CSR-Engagements hinzu, die dann auch durch die Unternehmenskommunikation zur Förderung des Images genutzt werden. Die Unterstützung von Opern, Theatern und Museen sowie zahlreiche Kooperationsprojekte gehen weit über die klassische Beratungstätigkeit hinaus und lassen mitunter die Grenzen zwischen ‚Kunst und Kommerz', zwischen,Emotion und Ertrag' verschwimmen.

Gerade im Bereich der Kulturförderung weist Adloff kritisch darauf hin, dass Banken sich über ihre Stiftungen mit kulturellem Kapital ausstatten würden, um so Prestige und Anerkennung zu erlangen. „Offenbar kann dieses Modell des Erwerbs symbolischen Kapi-

---

146  Vgl. http://www.die-bank.de/news/ideelles-engagement-mit-langzeitwirkung-4854/ (Zugriff am 22.2.2013).

147  Unter schulbank.de bietet der Bankenverband unter anderem eine umfassende Konzeption für ein Fach Wirtschaft zum Download an, um Art und Umfang, aber auch per se die Notwendigkeit des Schulfaches im Fächerkanon allgemeinbildender Schulen zu unterstreichen.
  http://schulbank.bankenverband.de/unterrichtsmaterial/ (Zugriff am 22.2.2013).

148  Vgl. http://de.wikipedia.org/wiki/House_of_Finance (Zugriff am 22.2.2013).

tals nicht nur für individuelle Stifter zum Tragen kommen, sondern auch stiftende Organisationen profitieren davon, wenn sich ökonomisches über kulturelles Kapital veredelt."[149]

## 2.2.8    Anstaltsträgerstiftung

Anstaltsträgerstiftungen betreiben in der Regel zur Erfüllung ihres Zwecks Einrichtungen wie Krankenhäuser, Pflegeeinrichtungen, Museen oder Forschungszentren. Neben den Erträgen aus dem Anlagevermögen finanzieren sie sich häufig über öffentliche Zuwendungen aus ihren Dienstleistungen sowie Pflegesätzen. (siehe auch Kap. 2.2.11.1)

## 2.2.9    Gemeinschaftsstiftungen

Als Gemeinschaftsstiftungen werden in der Regel drei verschiedene Ausprägungsformen unterschieden. Die Stiftung

1.  wurde von mehreren Stiftern gegründet und
    a)  sieht keine Zustiftung vor oder
    b)  wirbt um Zustifter.
2.  wurde von einem Stifter errichtet und ist darauf ausgerichtet, weitere Stifter zu gewinnen.[150]

Die wohl bekannteste Form ist die Bürgerstiftung. Eine eher seltene ist die überregional tätige Gemeinschaftsstiftung wie die Bewegungsstiftung, die Kampagnen und Projekte mit der Zielsetzung eines sozialen und politischen Wandels organisiert.[151]

### 2.2.9.1   Bürgerstiftungen

Bürgerstiftungen sind meist in Städten oder begrenzten Regionen aktiv und fördern eine Vielzahl von Zwecken in diesen Gemeinwesen. Den Stiftern werden oft verschiedene Optionen der Partizipation und Mitarbeit angeboten, zumal die Stiftungen meist sowohl fördernd als auch operativ tätig sind. Diese Stiftungen von Bürgern für Bürger handeln autonom, sind weder konfessionell[152], noch parteipolitisch gebunden, sind wirtschaftlich unabhängig und gemeinnützig. Bemerkenswert ist, dass in den zehn Merkmalen, die der Arbeitskreis Bürgerstiftungen beim Bundesverband Deutscher Stiftungen festgeschrieben hat, zukunftsweisende Eigenschaften genannt werden. Demnach sollen Bürgerstiftungen innovativ tätig sein und sich um neue Formen des gesellschaftlichen Engagements bemühen. Außerdem hat eine ausgeprägte Öffentlichkeitsarbeit einen hohen Stellenwert, um Beteiligung der Bürger zu ermöglichen.[153]

---

149   Adloff, Frank (2010): Philanthropisches Handeln, 395.
150   Vgl. Schmied Alexandra (2003): *Gemeinschaftsstiftungen*. In: Handbuch Stiftungen: Ziele – Projekte – Management – Rechtliche Gestaltung, Wiesbaden, 227–245.
151   Vgl. www.bewegungsstiftung.de (Zugriff am 15.8.2013).
152   Ausnahmen siehe Kirchenstiftungen in Kap. 2.2.3.
153   Vgl. http://www.die-deutschen-buergerstiftungen.de/de/informieren/die-10-merkmale.html (Zugriff am 9.5.2013).

### 2.2.9.2    Stiftungen von Sparkassen- und Genossenschaftsbanken

Häufig treten Sparkassen als Stifter auf und kommen, nach eigenen Angaben, damit ihrem Auftrag als gemeinwohlstiftende Organisationen nach. Ende 2011 waren es 730 Stiftungen[154] mit einem Vermögen von rund 2 Milliarden Euro und einer jährlichen Ausschüttung von 72 Millionen Euro. Die Fördertätigkeit erstreckt sich dabei auf die Bereiche Kunst und Kultur, Sport, Soziales, Wissenschaft und Forschung, Jugend, Denkmalpflege und Umweltschutz. Auch die 1.121 Volksbanken und Raiffeisenbanken haben sich 2011 mit 183 Millionen Euro im Stiftungswesen engagiert.[155]

### 2.2.9.3    Stiftungsvereine

Stiftungsvereine bedürfen keines Gründungskapitals, basieren aber auf einem Gründungsvertrag, für den zumeist die Zeichnung von zwei Personen ausreichend ist. Mit dem Eintrag ins Vereinsregister und der Rechtsfähigkeit müssen noch weitere fünf Personen hinzugezogen werden. Als positiv ist die große Freiheit bei der Gestaltung der Satzung zu werten, jedoch kann beispielsweise allein über sich stark verändernde Mitgliederstrukturen hier wenig Kontinuität garantiert werden.[156]

### *2.2.10    Stiftungen der Parteien*

Auch die ‚Stiftungen‘ der Parteien[157] sind eingetragene Vereine mit Ausnahme der FDP-nahen Friedrich-Naumann-Stiftung, die eine rechtsfähige Stiftung privaten Rechts ist. Sie werden alle aus dem Bundeshaushalt alimentiert und finanzieren sich nicht aus den Zinserträgen eines Grundstockkapitals. „Kurz: Sie sind nicht Gesellschaft, sondern Staat.“[158] Zu ihren Zwecken gehören politische Bildungsarbeit, Hochbegabtenförderung, sozial- und wirtschaftswissenschaftliche Forschung einschließlich der Meinungsforschung, Politikberatung, das Betreiben von Parteiarchiven, Durchführung von Projekten der Entwicklungshilfe in Ländern der Dritten Welt sowie weltweit der Unterhalt von Büros in wichtigen Hauptstädten.

    Entsprechend ihren Aufgaben erhalten die Stiftungen Gelder von verschiedenen Bundesministerien. Auf der Homepage der Bundeszentrale für politische Aufklärung finden sich aktuell im Jahr 2013 dazu folgende Zahlen:

---

154    Nach Angaben der Finanzgruppe gibt es keine Organisation, die so viele Stiftungen unterhält. Vgl. http://www.sparkassenstiftungen.de/index.php?id=43 (Zugriff am 9.5.2013).

155    Vgl. Bundesverband der dt. Volksbanken und Raiffeisenbanken (BVR): Genossenschaftsbanken stärken Stiftungsengagement, online: http://www.presseportal.de/pm/40550/2315501/genossenschaftsbanken-staerken-stiftungsengagement (Zugriff am 9.5.2013).

156    Vgl. weitere Informationen unter http://www.stiftungen.org/de/news-wissen/stiftungsgruendung/rechtsformen/stiftungsverein.html (Zugriff am 26.5.2013).

157    Dies sind die Friedrich-Ebert-Stiftung (SPD), die Konrad-Adenauer-Stiftung (CDU), die Hanns-Seidel-Stiftung (CSU), die Friedrich-Naumann-Stiftung (FDP), die Heinrich-Böll-Stiftung (Bündnis 90/Die Grünen) sowie die Rosa-Luxemburg-Stiftung (PDS).

158    Vgl. Beise, Marc (2003): ‚*Politische Stiftungen.*‘ In: Bertelsmann Stiftung (Hg.): Handbuch Stiftungen: Ziele – Projekte – Management – Rechtliche Gestaltung, Wiesbaden, 205–225.

Der Gesamthaushalt der sechs politischen Stiftungen belief sich im Haushaltsjahr 2001 auf rund 664 Millionen DM. Dabei entfallen auf die Friedrich-Ebert-Stiftung 214 Mio. DM, die Konrad-Adenauer-Stiftung rund 204 Mio. DM, die Friedrich-Naumann-Stiftung 80 Mio. DM, die Hanns-Seidel-Stiftung ca. 84 Mio DM, auf die Heinrich-Böll-Stiftung 70 Mio. DM und auf die Rosa-Luxemburg-Stiftung 12 Mio. DM. Alle Stiftungen geben etwa die Hälfte ihres Etats für ihre Auslandsarbeit aus. Die Haushalte der politischen Stiftungen werden nahezu vollständig aus öffentlichen Haushalten finanziert, wobei bei den staatlichen Mitteln die Zuwendungen aus dem Bundeshaushalt mit rund 90 % die herausragende Rolle spielen.[159]

Die Stiftungen müssen formal von den Parteien unabhängig sein, die personelle Identität zwischen Parteivorstand und Stiftungsvorstand darf nicht zu eng sein. Spenden von Stiftungen an Parteien sind verboten. Allerdings sind die Stiftungen bisher gesetzlich nicht verpflichtet, öffentlich Rechenschaft über ihre Einnahmen und Ausgaben zu geben.

Bereits in den 90er Jahren hat diese Form der Finanzierung zu einem vieldiskutierten Beitrag im Magazin ‚Der Spiegel' geführt. Damals argumentierte der Professor für Öffentliches Recht und Verfassungslehre in Speyer, Hans Herbert von Arnim, dass die Bundesrepublik seit 1959 die direkte Staatsfinanzierung der Parteien eingeführt und diese Zahlungen als Mittel für politische Bildung bezeichnet habe. Da sehr schnell große Summen zusammenkamen, wurde 1966 den Parteien nur noch Geld für den Wahlkampf aus staatlichen Haushalten zugestanden. Mit der Gründung der Stiftungen habe man diese Einschränkung aber umgangen. Die Folge seien nun unter anderem Intransparenz und vordemokratische Geheimniskrämerei der „grenzenlosen Fünf", und es gelte zu prüfen, ob die Bildungsarbeit nicht von anderen Stellen ebenso gut übernommen werden könnte.[160]

Die hier deutlich werdende Problematik ist, obwohl es sich formal gar nicht um Stiftungen, sondern Vereine handelt, bemerkenswert, da zum einen die parteinahen ‚Stiftungen' bei ungestützten Umfragen in der Öffentlichkeit eher zu den bekannten gehören. Zweitens scheint es der Reflexion wert, welche Verantwortung den Parteien und ihren Stiftungen als Vorbilder für Governance und Transparenz in der Gesellschaft zuzuschreiben ist. Zum Dritten lohnten sich vermutlich Forschungen, inwieweit sich diese Gegebenheiten auf das Stiftungswesen und dessen Wahrnehmung in der Öffentlichkeit auch zukünftig niederschlagen könnten.

## 2.2.11   Kirchliche Stiftungen

Kirchliche Stiftungen stellen im Stiftungswesen auch insofern eine Besonderheit dar, als sie rechtsfähig oder unselbständig sein können, privatrechtlich oder öffentlich-rechtlich. Sie können zudem als Kapital- oder Anstaltsträgerstiftung auftreten, bundesweit tätig sein oder regional im Rahmen einer Landeskirche oder Diözese, auf Kirchenkreis- oder Landeskirchlicher Ebene entweder operativ oder fördernd oder auch beides sein. Der Stiftungsboom hat seit Mitte der 90er Jahre auch das kirchliche Stiftungswesen erfasst und wird unter anderem von der Evangelischen Kirche in Deutschland (EKD)[161] befördert.

---

159   Vgl. Bundeszentrale für politische Bildung: http://www.bpb.de/nachschlagen/lexika/handwoerterbuch-politisches-system/40359/politische-stiftungen?p=all (Zugriff am 15.9.2013).

160   Vgl. Arnim von, Hans Herbert (1994): *Die grenzenlosen Fünf.* In: Der Spiegel 52, 1994, 26–28. Hier schlägt der Autor auch vor, Stiftungen von Universitäten oder die Studienstiftung des deutschen Volkes mit der Bildungsarbeit zu betrauen.

161   Es gibt Beratungsangebote und Informationsmaterial für Stiftungswillige. Vgl. http://www.ekd.de/download/leitfaden_stiftungsrecht.pdf (Zugriff am 2.5.2013).

Aufgrund der dezentralen Struktur der Evangelischen Kirche gibt es kein genaues Zahlenmaterial und die Schätzungen über die Anzahl kirchlicher Stiftungen sind überraschend divergierend. Im Bereich der katholischen Stiftungen rechnet der kirchliche Stiftungsexperte Uwe Seils mit 19.000 und vermutet, dass die evangelischen zahlenmäßig darunter liegen.[162] Ganz anders liegen die Schätzungen von Adloff et al.: „It is estimated that there are approximately 100,000 church foundations, many of which are no more than legal owners of a church building or a source of income to the local clergy, while others are highly important social service providers."[163] Selbst wenn man nur selbständige Stiftungen erfasst oder auch unselbständige Stiftungen hinzurechnen würde, so ist diese Differenz immer noch äußerst beachtlich.

Bei der Evangelischen Kirche in Deutschland hält man sich in Bezug auf Zahlenmaterial völlig bedeckt. Intern habe dort zwar vor kurzem eine stark umstrittene Abfrage stattgefunden, so teilte man auf Anfrage mit, zu der aber keine Publikation geplant sei. Da bei den evangelischen Stiftungen die Aufsicht bei den Gliedkirchen liegt, gibt es auch keine zentrale, aussagefähige Erfassung. Eine vor wenigen Jahren als zentrale Stiftung angelegte ‚Bundesstiftung Diakonie' ist bislang wenig in Erscheinung getreten und unter Gesichtspunkten der Kommunikation unter diesem pauschalen Namen für die Öffentlichkeit schwer einzuordnen und zudem im Internet schlecht zu finden.

Das Zentralinstitut für kirchliche Stiftungen ist eine katholische Stiftung mit dem Zweck der „Förderung und Entwicklung kirchlicher Stiftungskultur, auch im Rahmen der Europäischen Gemeinschaft und internationaler Verflechtungen". Um dies zu realisieren, soll sie Stifter beraten und zur „Lösung stiftungsrelevanter Strukturfragen kirchlicher Gemeinnützigkeit durch Information und Kommunikation"[164] beitragen. Die Stiftung ist beim Bistum Mainz angesiedelt und weder durch eine eigene Präsenz im Internet zu finden, noch entsteht auf den Seiten des Bistums der Eindruck, dass sie um Transparenz bemüht wäre.

Grundsätzlich sind bei der Gründung der selbständigen kirchlichen Stiftungen Staat und Kirche gemeinsam beteiligt.[165] Es geht darum, einerseits von Seiten des Staates die Unbedenklichkeit und Funktionsfähigkeit zu bescheinigen und die Stiftung zu genehmigen. Andererseits hat die Kirche das Recht, die Stiftung anzuerkennen oder abzulehnen. Die kirchliche Stiftung benötigt also die Anerkennung der kirchlichen Behörde und sie genießt eine besondere Rechtsstellung nach Artikel 140 des Grundgesetzes in Verbindung mit Artikel 138 Ab-

---

162  Seils, Uwe (2013): *Die kirchliche Stiftung. Die protestantische Seite*. In: StiftungsManager, Küstermann, Burkhard/ Martin, Jörg/ Weitz, Barbara, 1–12. 5/5.1. (Aktualisierungsstand Juli 2013) Hamburg, 3.

163  Adloff, Frank/ Schwertman, Philipp/ Sprengel, Rainer/ Strachwitz, Rupert Graf (2007): *Germany*. In: Anheier, Helmut K./ Siobhan, Daly (Hgg.): The Politics of Foundations: A Comparative Analysis, London – New York, 176.

164  Angaben finden sich beim Deutschen Informationszentrum Kulturförderung. http://www.kulturfoerderung.org/dizk/details.htm?idKey=showOrgaDetails&idValue=403&selectedLocale=de (Zugriff am 9.5.2013).

165  Stiftungen mit „kirchlichen Zwecken" beziehen sich in der Regel auf die „anerkannten Kirchen". Nach Seifart und von Campenhausen ergeben sich in der „pluralistischen, säkularisierten Gesellschaft und im weltanschaulich neutralen Staat des Grundgesetzes Probleme der Abgrenzung (z. B. sog. Sekten, Jugendreligionen, Freimauerer usw.)." Vgl. Seifart, Werner/ von Campenhausen, Axel Freiherr (2009): Stiftungsrechts-Handbuch. München, 764.

satz Weimarer Reichsverfassung[166]. In den Bundesländern Berlin und Hamburg gibt es keine ‚klassisch' kirchlichen Stiftungen, und die Stiftungen mit Zwecken im kirchlichen Umfeld unterliegen dort der staatlichen Stiftungsaufsicht.

Im Arbeitskreis der kirchlichen Stiftungen beim Bundesverband Deutscher Stiftungen bemüht man sich seit längerem darum, eine Begriffsklärung herbeizuführen. Die Erstellung und Veröffentlichung eines Papiers mit den spezifischen Merkmalen kirchlicher Stiftungen musste bislang immer wieder verschoben werden. Um kirchliche von weltlichen Stiftungen abzugrenzen, dienen nach Seifart und von Campenhausen zwei Merkmale:

> Es ist die spezifische Zweckbestimmung und die organisatorische Zuordnung der Stiftung zu einer Kirche, welche eine Stiftung zur kirchlichen Stiftung macht. Außerdem ist die Anerkennung der Stiftung durch die zuständige kirchliche Behörde erforderlich.[167]

Dass hinter dieser Definition sehr viel juristisches Auslegungspotenzial und in zahlreichen Fällen ‚Sprengstoff' liegt, ist evident. An dieser Stelle sei nur darauf hingewiesen, dass allein in der Abgabenordnung (AO) § 54 die ‚kirchlichen' Zwecke im steuerlichen Sinn den ‚gemeinnützigen' und ‚mildtätigen' gegenübergestellt werden. ‚Kirchliche' Zwecke sind dort auf Verkündigung, Gottesdienste und Kultus bezogen. Das Stiftungsrecht hingegen schließt alle kirchlichen Tätigkeiten mit ein. „Eine solche Aufgabe oder Zweckbeziehung hört nicht deshalb auf kirchlich zu sein, weil der Staat sich auf dem gleichen Gebiet betätigt, wie etwa im Unterricht und im diakonischen Bereich."[168]

Bemerkenswert ist, dass sich einige der vielfältigen Aufgaben von Diakonie und Caritas unter § 54 AO nicht als kirchliche Zwecke wiederfinden, wie kulturelle Veranstaltungen oder moderne Formate wie ‚Public Viewing' und Openair-Kino. Auch kirchliche Zwecke wie Friedensarbeit, Entwicklungshilfe, Telefon- oder Soldatenseelsorge sowie der Betrieb von Krankenhäusern oder Senioreneinrichtungen, werden nicht erwähnt. In der Praxis bewegen sich viele kirchliche Stiftungen daher in den Bereichen des § 52 AO, also den gemeinnützigen Zwecken oder § 53 AO, den mildtätigen.[169]

Quasi in Anlehnung an seit Jahrhunderten bestehenden Pfründestiftungen (siehe Kap. 2.1) entstehen heute wieder Stiftungen von Gemeinden, die damit Teilfinanzierungen von Stellen oder Arbeitsfeldern bewerkstelligen.

Eine Besonderheit ist hier die Bürgerstiftung im kirchlichen Bereich.[170] Gerade Kirchengemeinden greifen auf diese besondere Form zurück, um neue Arbeitsfelder zu erschließen oder die Finanzierung bestehender, unabhängig von der Entwicklung der Kirchen insgesamt, abzusichern, indem viele Christen das Stiftungsvermögen gemeinsam aufbrin-

---

166  Diese lauten:
(1) Die auf Gesetz, Vertrag oder besonderen Rechtstiteln beruhenden Staatsleistungen an die Religionsgesellschaften werden durch die Landesgesetzgebung abgelöst. Die Grundsätze hierfür stellt das Reich auf.
(2) Das Eigentum und andere Rechte der Religionsgesellschaften und religiösen Vereine an ihren für Kultus-, Unterrichts- und Wohltätigkeitszwecken bestimmten Anstalten, Stiftungen und sonstigen Vermögen werden gewährleistet.
Online zugänglich: http://dejure.org/gesetze/GG/140.html (Zugriff am 3.5.2013).

167  Seifart, Werner/ von Campenhausen, Axel Freiherr (2009), 476.

168  Seifart, Werner/ von Campenhausen, Axel Freiherr (2009), 477.

169  Vgl. Käthler, Martin (2012): *Kirchliche Stiftungen in Deutschland. Bewegte Vergangenheit. Dynamische Gegenwart. Große Zukunft?*. In: Stiftung & Sponsoring 6/2012. Rote Seiten, 5.

170  Beispiele hierfür sind die Evangelische Stiftung Gostenhof-Dreieinigkeit, die (katholische) Kirchliche Stiftung Lichtblick in München/Hasenbergl und die Evangelische Bürgerstiftung im Dekanat Würzburg.

gen.[171] Auch Dachstiftungen, die mehrere Stiftungen oder Stiftungsfonds zentral verwalten, nehmen als Organisationsform im kirchlichen Bereich zu.

Bekannt sind auch Hochschulen in der Trägerschaft einer kirchlichen Stiftung öffentlichen Rechts, wie die Evangelische Hochschule für soziale Arbeit (FH) Dresden oder die katholische Stiftungsfachhochschule München.

Sehr selten sind ökumenische Stiftungen, wie die ‚Ökumenische Stiftung für Schöpfungsbewahrung und Nachhaltigkeit‘, die von der Nordelbischen Evangelisch-Lutherischen Kirche, der Pommerschen Evangelischen Kirche, der Evangelisch-Lutherischen Landeskirche Mecklenburgs sowie dem Erzbistum Hamburg gegründet wurden.[172]

Die kirchliche Stiftung kann auch als Anstaltsstiftung errichtet werden, die als Träger sozialer Einrichtungen wie Krankenhäusern, Altenheimen oder Werkstätten für Menschen mit Behinderungen unmittelbar operativ tätig wird. Neben den bekannten großen Stiftungen im diakonischen Bereich, wie die von Bodelschwinghschen Stiftungen in Bielefeld oder die Stiftung Alsterdorf in Hamburg sind in diesem Tätigkeitsfeld als Beispiele großer Stiftungen öffentlichen Rechts noch die Stiftung kreuznacher diakonie und die Stiftung St. Franziskus Heiligenbronn zu nennen.

Da in diesen Fällen Arbeitsverhältnisse berührt sind, hat die Kirchlichkeit der Stiftung besondere Relevanz. Das soll am Beispiel der Stiftung Liebenau im Folgenden stellvertretend für zahlreiche juristische Auseinandersetzungen und noch schwebende Verfahren aufgezeigt werden.

Die Stiftung Liebenau wurde Ende des 19. Jahrhunderts errichtet und ist eine katholisch-kirchliche Stiftung privaten Rechts. Gegründet von Kaplan Adolf Aich, zusammen mit den Bürgern Tettnangs, war sie ursprünglich als Privatanstalt gedacht, die – aus christlicher Nächstenliebe entstanden – auf katholischer Grundlage ruhen sollte.

Seit 2001 bestand nun zwischen der Stiftung Liebenau und der Diözese Rottenburg-Stuttgart Uneinigkeit über den Status der Stiftung. Sie wurde wie eine kirchliche Stiftung behandelt, was auch der Satzung entsprach. Die Stiftung gründete in jüngster Zeit zur Erfüllung ihrer operativen Aufgaben verschiedenen gGmbHs aus, wobei die Stiftung zu 100 Prozent Gesellschafterin blieb. In diesem Kontext wollte man auch nicht länger an die arbeitsrechtlichen Vereinbarungen, wie die AVR-Vergütung[173], gebunden sein. Dies wäre mit dem Status als eine ‚weltliche‘ Stiftung vereinbar gewesen, allerdings mit der Konsequenz, dann eben auch nicht mehr der kirchlichen Aufsicht, also dem Diözesanbischof, unterstellt zu sein.

Derartige Anpassungen an den zunehmenden Wettbewerb in Europa sind für zahlreiche Einrichtungen der freien Wohlfahrtspflege seit den 90er Jahren im Interesse der Existenzsicherung unumgänglich gewesen und zählt zu den Reaktionen auf die sich ändernden politischen Gegebenheiten. Dass damit der Verlust der Gemeinnützigkeit in den ausgegründeten Unternehmenszweigen einherging, wurde häufig in Kauf genommen.

Zwischen den Jahren 2001 und 2004 war diesbezüglich im vorliegenden Fall jedoch keine Einigkeit zu erzielen. 2005 stellten daher die Stiftung Liebenau und die Diözese bei der zuständigen Stelle für kirchliche Stiftungen, dem Ministerium für Kultus, Jugend und Sport Baden-Württemberg, Antrag auf Feststellung ihres Status. Das Ministerium setzte

---

171  Vgl. Hesse, Andreas (2003): *Die Stiftungen der evangelischen Kirchen*, In: Bertelsmann Stiftung (Hg.): Handbuch Stiftungen: Ziele – Projekte – Management – Rechtliche Gestaltung, 2. Aufl., 160.

172  Vgl. Käthler, Martin (2012), 16.

173  Vgl. http://www.diakonie.de/arbeitsvertragsrichtlinien-diakonie-deutschland-9449.html (Zugriff am 26.8.2013).

diese dann als Stiftung bürgerlichen Rechts fest und stimmte der Satzungsänderung des Aufsichtsrates vom Juli desselben Jahres zu.

Die Diözese wiederum erhob gegen beides Klage vor dem Verwaltungsgericht. Das Ministerium ordnete daraufhin am 22. März Sofortvollzug bezüglich der Statusfeststellung an, worauf die Diözese vorläufigen Rechtschutz beantragte. Im Mai 2006 entsprach das Gericht diesem Antrag. Drei Jahre später, im Mai 2009, schließlich entschied der Verwaltungsgerichtshof Baden-Württemberg, dass die Stiftung eine kirchliche Stiftung des privaten Rechts auf katholischer Grundlage ist und der Aufsicht des Bischofs der Diözese Rottenburg-Stuttgart untersteht.[174]

Unter kommunikativen Gesichtspunkten ist in diesem Zusammenhang die Darstellung in der Öffentlichkeit bemerkenswert. So heißt es in der Berichterstattung des epd, der Aufsichtsratsvorsitzende der Stiftung Liebenau, Joachim Senn, habe sich dahingehend geäußert, dass die Vereinbarungen der komplexen Situation und den diffizilen Anforderungen an die international tätige Stiftung Liebenau gerecht würden und neue Handlungsspielräume eröffneten. Auch Bischof Gebhard Fürst ist der epd-Meldung zufolge erfreut über den jetzt erreichten Stand. Stiftung und Diözese seien in einem guten Miteinander auf dem Weg und über die jahrelang strittigen Fragen zur Aufsicht über die Stiftung herrsche nun Klarheit. Aus der gerichtlich festgestellten kirchlichen Zuordnung folge ferner, dass die kirchliche Grundordnung in der Stiftungssatzung und den Gesellschaftsverträgen der Tochtergesellschaften zu verankern sei. Damit verbunden sei auch die Anwendung des kirchlichen Arbeitsvertrags- und Tarifrechts.[175]

An diesem Beispiel wird deutlich, wie hart umkämpft die Zuordnung und Verwaltung der kirchlichen Stiftungen häufig sind. Hinzu kommen eine unüberblickbare Menge juristischer Streitfälle, die sich aus formalen Unklarheiten, sich überschneidenden Zuständigkeiten oder historisch gewachsenen Beziehungen ergeben haben. Stefan Ihli erklärt das im vorliegenden Fall so:

> Bei der zu entscheidenden Sachfrage, ob es sich bei der Stiftung Liebenau um eine kirchliche Stiftung handelt, war wesentliche Entscheidungsgrundlage das Stiftungsrecht des 19. Jahrhunderts, da die Gründungsstatuten der Stiftung Liebenau aus dem Jahre 1868 stammen.[176]

Es gibt in der juristischen Praxis wohl bis heute keine Einheitlichkeit bei der Herangehensweise der Gerichte an die Statusbestimmung von Stiftungen. Die historischen Implikationen, die oft eine große Rolle spielen, führen dabei häufig zu nicht eindeutig lösbaren Problemlagen.

Einen anderen Umgang mit der Kirchenzugehörigkeit haben Frank Adloff und Andrea Velez bei der Gegenüberstellung des Falls Liebenau mit der Situation der Evangelischen Stiftung Neuerkerode dargelegt. Gegründet 1874 von Pastor Gustav Stutzer, ist diese eine kirchliche Stiftung bürgerlichen Rechts, deren Vermögen hauptsächlich aus Immobilienbesitz und Land beseht. Die diakonische Arbeit mit dem Schwerpunkt ‚Menschen mit Behinderungen' wird, wie in diesem Bereich üblich, nicht aus Eigenmitteln oder Zinserträgen der Stiftung, sondern beispielsweise aus Landesmitteln finanziert. Ausgründungen in gGmbHs

---

174   Vgl. Puza, Richard/ Ihil, Stefan/ Kustermann, Abraham (Hgg.) (2008), 5 f; Holzem, Andreas (2008): *Konfession und Sozialstiftung in Württemberg (1870-1970).* Berlin, 6f.

175   Vgl. epd Landesdienst Südwest (2208/ 15.11.2011) http://www.epd.de/landesdienst/landesdienst-s%C3%BCdwest/stiftung-liebenau-und-di%C3%B6zese-rottenburg-stuttgart-regeln-zusammen (Zugriff am 27.2.2013).

176   Ihli, Stefan (2008), 41.

wurden von der Stiftung befürwortet, nicht aber die Aufgabe der Gemeinnützigkeit, was mit der Wertehaltung und ökonomischen Vorteilen für die Stiftung begründet wurde.[177]

An diesen unterschiedlichen Reaktionen auf gesellschaftspolitische Veränderungen wird deutlich, wie unterschiedlich sich das Management christlicher Institutionen entscheiden und normativ argumentieren kann. Für die breite Öffentlichkeit sind die Hintergründe derartiger Prozesse bis hin zu gerichtlichen Auseinandersetzungen allerdings oftmals kaum nachvollziehbar und tragen wenig zu einem positiven Image der Stiftungen im Allgemeinen und dem der kirchlichen Stiftungen im Besonderen bei.

Insofern ist beispielsweise die angesprochene Intransparenz bezüglich der Anzahl kirchlicher Stiftungen, ganz zu schweigen von den dahinter liegenden vermuteten Vermögensmassen, eine nicht zu unterschätzende kommunikative Aufgabe von großer Verantwortung für die kommenden Jahre.

## 2.2.12   Fazit: Stiftungen als diverse Phänomene

Die Erscheinungsformen von Stiftungen, so wurde in diesem Kapitel deutlich, sind äußerst divers. Selbst wenn man den Blick auf die gemeinnützigen Stiftungsformen reduziert, ist es für die Öffentlichkeit schwer zu durchdringen, wie diese Stiftungen und ihre Organe aufgestellt sind, wie sie operativ tätig sind oder in ihrer strategischen Ausrichtung vielleicht mehrere Interessen bündeln. Diese Intransparenz erforderte – vorausgesetzt die Stiftungen hätten daran ein Interesse – ein differenziertes und professionelles Kommunikationsmanagement. Eine fehlende aussagekräftige Präsenz im Internet, wie am Beispiel des Zentralinstituts für kirchliche Stiftungen gezeigt wurde (siehe auch Kap. 2.2.11), lässt wohl begründeten Zweifel daran aufkommen, ob hier die erforderliche Anspruchsgruppenorientierung zur Erfüllung des Stiftungszwecks gegeben ist.

Berührt sind in Bezug auf die Kommunikation der Stiftungen neben Fragen der Governance, der Nachhaltigkeit – z. B. in Bezug auf Programme oder Asset-Management – auch die Transparenz im Dialog mit den Anspruchsgruppen oder der Einblick in die Effektivität und Effizienz des Managements. Nicht umsonst hat der Arbeitskreis der Unternehmensstiftungen beim Bundesverband Deutscher Stiftungen in seine zehn Empfehlungen auch diese aufgenommen: „Die für glaubwürdiges Wirken sinnvolle weitgehende Unabhängigkeit einer Unternehmensstiftung zeigt sich auch in Freiräumen sowohl für die eigenständige Presse- und Öffentlichkeitsarbeit als auch für die CI/CD-Gestaltung."[178] Auf diesen und weitere Aspekte wird im folgenden Kapitel eingegangen.

## 2.3    Gegenwärtige Situation des Stiftungswesens

Das Stiftungswesen erlebt in Deutschland in den letzten Jahren einen enormen Aufschwung. Von den rund 19.500 Stiftungen, die Ende 2012 beim Bundesverband Deutscher Stiftungen

---

177   Vgl. Adloff, Frank/ Velez, Andrea (2001): *Operative Stiftung.* Opusculum 8. Berlin, 27ff.
178   Vgl. http://www.stiftungen.org/fileadmin/bvds/de/Termine_und_Vernetzung/Arbeitskreise/
      AK_Unternehmensstiftungen/10_Empfehlungen_endversion.pdf (Zugriff am 21.9.2013).

verzeichnet waren[179], sind mehr als zwei Drittel seit dem Jahr 2000 gegründet worden. Nicht zuletzt die stiftungsfreundlichen Reformen des Stiftungsrechts, wie das Gesetz zur weiteren steuerlichen Förderung von Stiftungen, dann 2002 die Reform des Stiftungsrechts und 2007 das Gesetz zur Stärkung des bürgerschaftlichen Engagements, haben deutlich zu einem Anstieg der rechtsfähigen Stiftungen bürgerlichen Rechts geführt.[180] Auch im Jahr 2012 hielt der Boom an und es wurden 645 rechtsfähige Stiftungen bürgerlichen Rechts neu errichtet.

*Abbildung 7:* Stiftungserrichtungen in Deutschland in den letzten zwanzig Jahren.
Quelle: Bundesverband Deutscher Stiftungen.

Doch nicht nur eine veränderte Gesetzgebung hat das Stiften attraktiver gemacht. Hinzu kommt die Verschiebung großer finanzieller Vermögenswerte durch Erbschaften in dem laufenden Jahrzehnt, eine wachsende Bedeutung der Philanthropie in Deutschland sowie eine erhöhte Bereitschaft zu bürgerschaftlichem Engagement.

Die verschiedenen Arbeitskreise beim Bundesverband Deutscher Stiftungen sind ein beredter Beweis für die zunehmende Vernetzung und wachsende Bereitschaft, sich untereinander über Inhalte und Zielsetzungen zu verständigen und die Interessen der Stiftungen, nach Hauptzweckgruppen gebündelt, zu vertreten. Es gibt derzeit folgende Arbeitskreise: 1) Bildung und Ausbildung; 2) Bürgerstiftungen; 3) Frauen und Stiftungen; 4) Immobilienmanagement; 5) Internationales; 6) Kirchen; 7) Kommunales; 8) Kunst und Kultur; 9) Soziales; 10) Stiftungen der öffentlichen Hand; 11) Stiftungsmanagement; 12) Stiftungsprivatrecht; 13) Stiftungssteuerrecht und Rechnungslegung; 14) Umwelt; 15) Unternehmensstiftungen; 16) Wissenschaft und Forschung.

---

179   Der Bundesverband Deutscher Stiftungen erfasst nur diejenigen, die bereit sind, ihre Daten zu veröffentlichen.

180   Vgl. Bundesverband Deutscher Stiftungen, Stiftungen in Zahlen 2012, www.stiftungen.org (Zugriff am 18.8.2013).

Hinzu kommen Foren wie: Engagementförderung; Gesundheitsstiftungen; Globale Fragen und Entwicklung; Migration und Integration; Stiftungsvermögen; Stiftungskommunikation sowie Sport und Bewegung.[181]

Die stetig wachsende Zahl an Stiftungen in Deutschland darf jedoch nicht darüber hinwegtäuschen, dass die Mehrheit bezogen auf ihr Grundstockkapital sehr klein ist. „Assets and expenditure of a typical German foundation are small. Only 17 per cent have assets exceeding € 2.5 million."[182]

*Abbildung 8:* Die größten Stiftungen privaten Rechts nach Gesamtausgaben.
Quelle: Bundesverband Deutscher Stiftungen.

Neben der Vielzahl an Themengebieten und Stiftungszwecken, der Finanzkraft und dem Gestaltungswillen von Stifterpersönlichkeiten, steckt im Stiftungsbereich ein bemerkenswertes gesellschaftliches Veränderungspotential, mit all den darin liegenden Chancen und Risiken.

Viele wertvolle Erkenntnisse brachte in diesem Zusammenhang die Stifterstudie im Jahr 2004, die Karsten Timmer bei der Bertelsmann Stiftung durchführte. 629 Personen wurden befragt, was nach Angaben der Stiftung etwa der Hälfte derjenigen entsprach, die seit 1990 eine gemeinnützige Stiftung gegründet hatten. Ziele der Studie waren, herauszufinden, was die Bevölkerung über Stiftungen weiß, eine Schärfung des Stifter-Profils zu erreichen sowie einen Vergleich von Selbst- und Fremdbild herzustellen. Bei letzterem liegen die Aussagen erstaunlich nah beieinander, fragt man nach den Stifterwünschen. Zu die-

---

181 Die Themen und Arbeitsschwerpunkte können auf der Homepage des Bundesverbandes eingesehen werden. Vgl. http://www.stiftungen.org/de/termine-vernetzung/arbeitskreise-und-foren.html (Zugriff am 28.8.2013).
182 Adloff, Frank/ Schwertmann, Philipp, et al.(2007), 176.

sen zählen Innovationen voranzubringen, Not zu lindern, politische Veränderung zu bewirken und der Motivationsgrund ‚Verantwortungsbewusstsein'.

Auch Vorurteile waren weit weniger verbreitet als von den Stiftern angenommen. In der Bevölkerung antworteten auf die Frage, ob Stiftungen nur dem Steuersparen dienten, 29 Prozent mit ‚ja', wohingegen die befragten Stifter angenommen hatten, dass 41 Prozent der Bevölkerung so denken würden. Bei der Frage nach dem Motivationsgrund ‚Selbstdarstellung'[183] nahmen die Stifter an, dass 26 Prozent dies unterstellen würden. Tatsächlich waren es aber nur 17 Prozent und bei der Frage nach der Funktion der Stiftungen als ‚Spielzeug der Reichen' lagen beide Gruppen mit ihrer Einschätzung von 25 Prozent gleichauf.

Auch ergab die Studie, dass ein höherer Bildungsgrad und ein höheres Einkommen die Meinungen über Stifter positiv prägen, hingegen Geschlecht und Herkunft bezogen auf Stadt-Land, Region und Ost-West-Deutschland keinen Einfluss haben. Überraschend ist die Tatsache, dass bei ungestützter Umfrage weniger als die Hälfte der Bevölkerung eine Stiftung nennen kann. Von diesen fällt den meisten (13 Prozent) die Stiftung Warentest ein. Gestützt sind es 97 Prozent, die diese Stiftung kennen, gefolgt von der Konrad Adenauer Stiftung mit 76 Prozent.

Stifter und Stifterinnen sind zu fast 40 Prozent jünger als 60 Jahre alt, sie sind überdurchschnittlich gebildet, kinderlos und zwei Drittel bezeichnen sich als gläubig. Ein Fünftel der Stiftenden besitzt weniger als 250.000 Euro, was die große Zahl an kleinen Stiftungen erklärt, denn 43 Prozent verfügen nur über ein Grundstockkapital von bis zu 100.000 Euro.[184]


## 2.3.1   Finanzielle Aspekte

Eine Mindestkapitalausstattung für Stiftungen ist in den einzelnen Bundesländern nicht vorgeschrieben. Laut § 80 BGB wird jedoch gefordert, dass die dauernde und nachhaltige Erfüllung des Stiftungszwecks gesichert sein sollte und der Stiftungszweck das Gemeinwohl nicht gefährdet. Einige Länder empfehlen mindestens 25.000 Euro, andere 50.000 Euro.

Kritiker des Stiftungswesens weisen immer wieder auf die beachtlichen Summen an Grundstockkapital hin, die nur zu einem relativ geringen für den Stiftungszweck zur Verfügung stehenden Ausschüttungsbetrag führen. Eine gesellschaftlich relativ teure Organisationsform steuerlich zu privilegieren, so lautet eines der Argumente, sei normativ sehr kritisch zu hinterfragen. In Zahlen bedeutet das nach Angaben des Bundesverbandes Deutscher Stiftungen beispielsweise, dass bei rund 80 Milliarden Euro Kapital je nach Zinslage nur mit etwa 7 Milliarden Euro Ausschüttung plus Spendengelder gerechnet werden kann.

---

183   In diesem Zusammenhang ist auch bemerkenswert, dass mehr als 40 Prozent der Stiftungen nicht nach ihrem Gründer benannt sind.

184   Alle hier genannten Ergebnisse finden sich in der Publikation zur Stifterstudie: Timmer, Karsten (2005): *Stiften in Deutschland. Die Ergebnisse der Stifterstudie*. Gütersloh.

Darüber hinaus kritisieren Adloff und Strachwitz, dass Stiftungen erstens durch steuerliche Vergünstigungen, d. h. durch den dadurch entstehenden Steuerausfall, öffentlich subventioniert werden und sie zweitens auf diesem Weg eine private

> Vision des Gemeinwohls in die öffentliche Arena [tragen, U. P.]. Stellt man die durch den Steuervorteil gewährten entgangenen Steuergelder hierbei ebenfalls in Rechnung, kann man die These vertreten, dass Stiftungen privat über größere Mengen an Steuergeldern verfügen.[185]

Zwar gelte das im Prinzip auch für andere gemeinnützige Organisationen,

> diese stellen jedoch durch die Mitgliederversammlungen, in denen Rechenschaft abgelegt wird, jedenfalls ein gewisses Maß an Öffentlichkeit her. Dieses geht den Stiftungen strukturell ab; daraus lässt sich ein Gebot der Rechenschaftslegung gegenüber der allgemeinen Öffentlichkeit ableiten, dem durch nicht veröffentlichte Berichte an öffentliche Verwaltungen nicht hinreichend genügt wird.[186] (siehe auch Kap. 2.4.3)

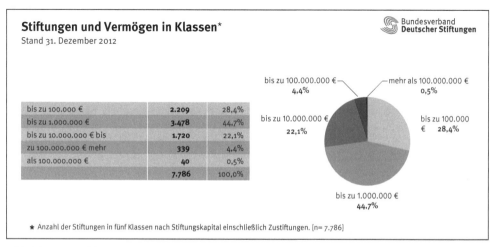

*Abbildung 9:* Stiftungen in fünf Klassen nach Stiftungskapital.
Quelle: Bundesverband Deutscher Stiftungen.

Neben den wichtigen ökonomischen Aspekten ist das Finanzmanagement von Stiftungen ein bedeutender Faktor im Hinblick auf deren Kommunikation. Als wertegeleitete Unternehmungen sind Stiftungen besonders im Fokus der Öffentlichkeit und müssen sensibel und sprachfähig auf Themen wie der Transparenz, Normativität, Fragen der Corporate Social Responsibility oder Governance antworten können (siehe auch Kap. 2.4.1 und 2.4.2).

Für das Finanzmanagement von Stiftungen könnte man daraus ableiten, dass dieses ganz im Bereich der wertegetriebenen Anlagemöglichkeiten, der ‚grünen‘ und ‚sozialen‘ Fonds oder der Mikrokredite der Kirchenbanken, wie der KD-Bank, der Bank für Sozialwirtschaft oder der GLS-Bank angesiedelt ist. Nun liegen hier, wie auch in anderen Bereichen des Stiftungswesens, zwar keine detaillierten Zahlen vor, doch aus Gesprächen mit Anlageberatern von Banken und Vorständen von Stiftungen sowie deren erhitzte Debatten in Foren zu diesem Themenkomplex kann man schließen, dass offenbar noch großer Klärungs- und Handlungsbedarf besteht.

---

185   Adloff, Frank/ Strachwitz, Rupert Graf (2011), 59.
186   Adloff, Frank/ Strachwitz, Rupert Graf (2011), 59.

Eines der stärksten Argumente der Verfechter eines breit angelegten Asset-Managements ist die gesetzliche Grundlage: Das Grundstockkapital muss stets so verwaltet werden, dass es – trotz der Inflationsrate – mindestens erhalten bleibt und mit den Renditen der Stiftungszweck zu erfüllen ist. Manche gehen sogar so weit, gezielt provokant zu argumentieren, man dürfe mit durchaus normativ fragwürdigen Anlagen – wie Papieren aus dem Bereich der Lebensmittelspekulation, Waffen oder Tabak – Gewinne für die Stiftung erzielen. Vom Gesetzgeber sind auch hier für gemeinnützige Stiftungen keine normativen Kriterien empfohlen oder gar vorgeschrieben.

Am Centre for Social Investment in Heidelberg ist 2012 eine bemerkenswerte Studie mit dem Titel ‚Anlageverhalten der kapitalstärksten deutschen Stiftungen' entstanden. Hier wird unter anderem auf die besondere Problematik von Unternehmensverbundenen Stiftungen hingewiesen. Aufgrund von Vorgaben des Stifters dürfen einige Stiftungen, die große Anteile des Unternehmens halten, diese nicht veräußern, woraus sich starke Einschränkungen in der Höhe des frei verfügbaren Kapitals ergeben. Andere haben aufgrund ihrer Historie in Assetklassen wie Immobilien oder Grundbesitz investiert. So heißt es in der CSI-Studie:

> Beispielsweise besteht das Kapital der Stiftung ‚Bürgerspital zum Heiligen Geist' in Würzburg unter anderem aus 110 ha Weinbauflächen, was die Stiftung zum achtgrößten Weingut Deutschlands macht. Ein Wechsel in andere Assetklassen nach Maßgabe der Marktentwicklung liegt hier nicht auf der Hand.[187]

Die Studie extrahierte 200 Stiftungen, die über nennenswertes fungibles Kapital verfügen: ein Viertel über ein Kapital von über 89 Millionen Euro, die nächsten 100 Stiftungen über 42 Millionen Euro, bis hin zur 150. Stiftung bei der das Kapital bei 26 Millionen Euro lag, wo die Forscher dann auch die Grenze zogen.[188]

Bemerkenswert in Hinblick auf die Kommunikation ist, dass 41 Prozent dieser Stiftungen – ungeachtet ihrer Größe – angaben, ihre Jahresrechnungen nicht regelmäßig zu veröffentlichen. Ebenfalls wichtig ist die widerspruchsfreie Kommunikation in Bezug auf Zweckverwirklichung und Anlagelogik. Die Studie macht dies an einem plastischen Beispiel aus den USA deutlich, das exemplarisch für viele ähnliche Situationen im Stiftungsmanagement gelten kann:

> Im Jahr 2007 deckte die Los Angeles Times auf, dass die Gates Foundation 218 Millionen US$ in die Polio-Forschung und entsprechende Immunisierungskampagnen investierte. Die Impfkampagnen fanden auch im Niger-Delta statt. Zur gleichen Zeit jedoch, zu der die Stiftung Impfungen gefördert hatte, um die öffentliche Gesundheit positiv zu beeinflussen, waren 423 Millionen US$ des Anlagevermögens in Firmen wie die Royal Dutch Shell und Total aus Frankreich angelegt. Diese Firmen sind jedoch laut LA Times maßgeblich dafür verantwortlich, dass es im Niger-Delta zu einer Umweltverschmutzung kam, die weit jenseits sämtlicher aus den USA oder Europa bekannter Grenzwerte liegt – und zu starken gesundheitlichen Beeinträchtigungen der Bevölkerung vor Ort geführt haben soll (Piller, Sanders & Dixon 2007). Der Artikel zwang die Gates Foundation zur öffentlichen Rechtfertigung und zur Umschichtung ihrer Investitionen. Die Perspektive des Mission Investing würde Stiftungen helfen, solche Widersprüche von vornherein zu vermeiden.[189]

Unter den Stichworten Mission Investing und Programm-Related Investments, wie in den USA beispielsweise zinslose Darlehen an junge Unternehmen mit zweckkonformen Zielen bezeichnet werden, finden sich zwei Formen des normativen Umgangs mit Stiftungskapital,

---

187   Then, Volker/ Münscher, Robert/ Stahlschmidt, Stephan/ Eggersglüss, Carsten/ Knust,Rüdiger. (2012): *Anlageverhalten der kapitalstärksten deutschen Stiftungen*. Studie des Centre for Social Investment. Heidelberg, 14.

188   Vgl. Then, Volker/ Münscher, Robert et al. (2012), 18.

189   Then, Volker/ Münscher, Robert et al. (2012), 54.

die hierzulande zunehmend in den Blick geraten und nur zögerlich Einzug in das Stiftungsmanagement halten:

> Während einige Stiftungen Mission Investing als Anlageform grundsätzlich ablehnen (6 Prozent) und Mission
> Investing ‚ganz sicher' aufgreifen wollen (11 Prozent), steht der Großteil der Stiftungen Mission Investing le-
> diglich leicht positiv (33 Prozent), leicht negativ (31 Prozent) oder neutral (19 Prozent) gegenüber. Für die zu-
> künftige Entwicklung und im Gegensatz zur heutigen Situation könnte man daher zwar von einem leichten An-
> stieg dieser Anlageform ausgehen, eine sehr deutliche Tendenz können wir auf Basis unserer Daten jedoch
> nicht erkennen.[190]

Neben diesen Einblicken in Fragen des Finanzmanagements von Stiftungen erklärt ein Blick
in die derzeitige Praxis des Stiftungswesens, warum diese Debatte so und nicht anders geführt wird. Es sind die großen und mittlerweile auch kleineren Banken, die in den letzten
Jahren Abteilungen für Stiftungsberatung aufgebaut haben. Ihre Mitarbeitenden besuchen zu
einem nicht unerheblichen Teil die Fortbildungsangebote der Akademien für Stiftungsberater
und -manager, um für ihre Kunden neben dem Asset-Management auch die gesamte Stif-
tungsverwaltung professionell übernehmen zu können. Wie sehr das Abwägen von profitab-
len gegenüber ethisch ‚sauberen' Anlageformen im Rahmen der Beratungen stattfindet, ist
nach Aussage von Vertretern der Finanzbranche an die Vorlieben und Nachfragen der Kunden gebunden. Bedenkt man den hohen Anteil von ehrenamtlich Tätigen, oder auch im Bereich der Kirchen, Klöster und Orden das oftmals wenig geschulte Personal, das beachtliche
Summen der Stiftungen zu verwalten hat, so läge hier auch eine große Verantwortung bei
den beratenden Banken. Da diese aber immer vor allem Eigeninteressen bei der Geldanlage
verfolgen, wäre es hier wohl sinnvoll, eine gesetzgeberische Regulierung zu prüfen.

## 2.3.2    Aspekte des Stiftungsmanagements

Es sind meist die weichen Faktoren, die eher nicht messbaren Parameter in der Unternehmung, die in einem Atemzug mit der Kommunikation genannt werden. Praktiker berichten in
den letzten Jahren jedoch, dass sich die Haltung bei Unternehmensführungen in diesem
Punkt langsam ändere und in Nonprofit-Organisationen ein Prozess des Umdenkens zu beobachten sei.
    Aus Sicht der Forschung geht auch Miriam Meckel von dieser Entwicklung aus und
folgert daraus:

> Wenn Kommunikationsaspekte nun auch zunehmend Eingang in die Strategiefindung und -entwicklung von
> Unternehmen finden, dann zeugt das von der Relevanz der Kommunikation für die Positionierung und Perfor-
> manz von Unternehmen.[191]

Im Folgenden finden sich deshalb die wichtigsten Parameter im Kontext der Kommunikation, die von der Führung einer Unternehmung berücksichtigt werden müssen und deren Relevanz bei genauerer Betrachtung evident ist.

---

190   Then, Volker/ Münscher, Robert et al. (2012),56.
191   Meckel, Miriam (2008), 480.

### 2.3.3    Corporate Governance

Der Begriff der Governance hat seinen Ursprung in der antiken Seefahrt, wo einst der Gubernator, der Steuermann, dafür zuständig war, das Schiff zu lenken.[192] Die Lenkung von Unternehmen ist heute mehr denn je mit Fragen der Transparenz, der Wirksamkeit und der ,checks and balances‘, also dem ausgewogenen Verhältnis von Führung und Kontrolle innerhalb der Organisation, verbunden. Somit ist die ursprünglich auf die Regierung (Government) bezogene Betrachtung der Governance seit den 90er Jahren um die Privatwirtschaft, die Kirche, die Diakonie und den sogenannten ,Dritten Sektor‘ mit seinen besonderen Strukturen und institutionellen Ausprägungen erweitert worden.[193] In dem umfassenden Band zur Unternehmenskommunikation, der das Kommunikationsmanagement aus Sicht der Unternehmensführung auf Basis des neuen St. Galler Management-Modells beleuchtet, beschreiben Beat F. Schmid und Boris Lyczek Corporate Governance als Definition der Führungs- und Leitungsgrundsätze der Unternehmung. „Sie beschreibt Werte, nach denen sich das unternehmerische Handeln richtet, die Handlungsprinzipien, denen sich das Unternehmen unterwirft."[194]

Für Nonprofit-Organisationen ist nicht zuletzt durch das Bekanntwerden von Missmanagement, Veruntreuungen oder intransparente Stellenbesetzungen eine intensive Auseinandersetzung mit diesen Fragen notwendig geworden.[195]

Auch gesamtgesellschaftlich ist ein Umdenken spürbar, das – unterstützt von zahlreichen technischen Neuerungen in der Kommunikation – rasante Entwicklungen nach sich zieht. Verspätete Reaktion auf Kundenanfragen, Nicht-Reagieren auf Beschwerden oder das Ignorieren von Nutzerwünschen werden heute unmittelbar über verschiedene elektronische Kanäle und Social Media Plattformen verbreitet und erreichen in kürzester Zeit den Status von Massenbewegungen.

---

192   Aus diesem lateinischen Begriff leitet sich auch das französische Wort ,gouverneur‘ und das englische ,governor‘ ab.

193   Governance ist in der Forschung ursprünglich ein Begriff aus der Politikwissenschaft, die unterschiedliche normative und deskriptive Ansätze verfolgt. In der Ökonomik basieren die meisten Forschungen auf den Annahmen der Neuen Institutionenökonomik, die auf der Basis des homo oeconomicus von einer beschränkten Rationalität der Akteure ausgeht, die sich opportunistisch verhalten. Zudem wird von unterschiedlichen Wissensständen ausgegangen, den sogenannten ,Informationsasymmetrien‘, und den sich jeweils aus den Verträgen ergebenden Kosten, den sogenannten ,Transaktionskosten‘. Da nicht alles bis ins Detail geregelt werden kann (Unvollständigkeit der Verträge), wird davon ausgegangen, dass der offenbleibende Spielraum von den beteiligten Akteuren jeweils zum eigenen Vorteil genutzt wird.

194   Meckel, Miriam/ Schmid, Beat F. (Hgg.) (²2008): *Unternehmenskommunikation: Kommunikationsmanagement aus Sicht der Unternehmensführung*. Wiesbaden, 107.

195   Der Skandal 2007 um das Kinderhilfswerk Unicef zählt zu den einschneidenden Ereignissen der letzten Jahre, die den gesamten NPO-Sektor betroffen haben. Dem Hilfswerk wurde in einem Pressebericht vorgeworfen, Spendengelder veruntreut, Aufträge ohne Verträge vergeben und überhöhte Honorare gezahlt zu haben. Folgen des immensen Reputationsschadens waren der komplette Einbruch des Spendenaufkommens, Rücktritt der Vorsitzenden Heide Simonis und des gesamten Vorstandes sowie die Aberkennung des Spendensiegels durch das Deutsche Zentralinstitut für Soziale Fragen DZI. Bereits fünf Monate später reagierte im April 2008 der Deutsche Fundraising-Verband bei seinem jährlichen Kongress mit der Verabschiedung eines Ethik-Kodex. Vgl. Görtz, Franz Josef. *Wundenlecken nach dem Unicef-Schock*. In: Frankfurter Allgemeine Sonntagszeitung, 20. April 2008, 66; http://fundraisingverband.de/verband/ethische-grundsaetze/ethikregeln/ethikregeln-einzelmitglieder.html (Zugriff am 20.2.2015).

Die Zahl der Beispiele wächst stetig und die Auswirkungen für die Unternehmen werden zunehmend gravierender. Im Jahr 2010 musste die Firma Nestlé einlenken, nachdem Greenpeace mit einem schockierenden und aufrüttelnden Video[196] auf die Folgen der Rodungen von indonesischen Regenwäldern zur Gewinnung von Palmöl aufmerksam gemacht hatte. Dadurch wird den bedrohten Orang-Utans die Lebensgrundlage entzogen. In dem Film ist ein Geschäftsmann zu sehen, der beim vermeintlichen Biss in einen Kitkat-Riegel auf den Finger eines Orang-Utans beißt, dessen Blut dann über die Büroausstattung fließt. Greenpeace machte mit dem Film zum einen auf die umstrittenen Geschäftsmethoden der indonesischen Firma Sinar Mas aufmerksam, der man die Verletzung von internationalen Standards und indonesischem Recht vorwarf. Gleichzeitig wurde Nestlé an den Pranger gestellt, weil die Firma nicht wie andere, auf die Zulieferer achtete und ihren Verbrauch an Palmöl in den letzten drei Jahren mehr als verdoppelt hatte. Nach Verbreitung des Videos war die Firma zum Einlenken bereit.[197]

Im Rahmen dieser Arbeit führte es zu weit, diese Form der Kommunikation näher zu beleuchten und zu diskutieren. Vielmehr soll an einem weiteren Beispiel aufgezeigt werden, dass sich durch die neuen Medien das Tempo und die Form der öffentlichen Beteiligung in kürzester Zeit gravierend verändert haben und wohl noch weiter verändern werden.

In einer kritischen Dokumentation des WDR war es 2011 eine Umweltorganisation, der unter dem Titel ‚Der Pakt mit dem Panda‘ zu große Nähe zu umweltzerstörenden Wirtschaftsunternehmen vorgeworfen wurde. Der World Wildlife Fund (WWF) in Deutschland erlebte daraufhin, was ein sogenannter klassischer ‚Shitstorm‘ im Netz sein kann. Durch fehlerhafte Krisenkommunikation und fehlende Erfahrung mit einem Sturm der Entrüstung im Internet wurde der WWF nahezu überrollt.[198]

Vor solchen Anfechtungen, ausgelöst durch Tempo, Reichweite und Verbreitungsgrad der Social Media, eine breite, u. U. vorschnell agierende und negativ urteilende Öffentlichkeit in kürzester Zeit zu generieren, ist heute niemand mehr gefeit, und es hilft nur, sich professionell im Bereich der Kommunikation aufzustellen. Auch sind die Zeiten, in denen beispielsweise kirchlichen und diakonischen Unternehmen fehlende Professionalität im Umgang mit diesen Fragestellungen nachgesehen wurde, längst vorbei. Wer als bemerkenswerter und einflussreicher Player im gesellschaftlichen Gefüge Einfluss auf Strukturen nimmt, ökonomisches Gewicht hat und Sonderrechte, wie die Gemeinnützigkeit, für sich beansprucht, muss sich auch nach den Kriterien, die für andere gesellschaftliche Player gelten, messen lassen. Zudem ist die Öffentlichkeit inzwischen besonders sensibel, was die Dichotomie von normativen Forderungen, wie sie von wertegeleiteten Unternehmungen

---

196 Der Film ist auf youtube unter folgendem Link zu sehen: http://www.youtube.com/watch?v=1BCA8dQfGi0 (Zugriff am 29.8.2013).

197 Vgl. http://www.zeit.de/gesellschaft/zeitgeschehen/2010-03/nestle-regenwald; http://www.youtube.com/watch?v=efPQPMIjr3U (Zugriff am 29.8.2013).

198 1.700 Fragen wurden in den ersten zwei Tagen des Shitstorms gestellt. In den folgenden vier Wochen zählte der WWF Deutschland 4,6 Millionen Kontakte auf seiner Facebook-Seite, 839.000 Kontakte auf Twitter, 26.000 Views auf seinem Youtube-Kanal und 263.000 Besucher auf der Homepage. Vgl. Scheer, Ursula, *Suche Krisenmanager für Shitstorm*. In: FAZ vom 4.10.2012; http://www.faz.net/aktuell/beruf-chance/soziale-netzwerke-suche-krisenmanager-fuer-shitstorm-11906530.html (Zugriff am 29.8.2013).

häufig gestellt werden, und deren eigenen Bereitschaft, daran gemessen zu werden, betrifft.[199]

Gerade das Fehlen von Eigentümern oder Aktionären legt nahe, den Akteuren von Nonprofit-Organisationen wie Stiftungen Werkzeuge an die Hand zu geben, die sowohl das unbeabsichtigte Missmanagement verhindern als auch gegebenenfalls vorsätzlich begangene Fehler oder gar Straftaten aufdecken können.[200] Zur Notwendigkeit, eigene Governancestrukturen für Nonprofit-Organisationen zu entwickeln, haben einerseits die Strukturheterogenität von Stiftungen und Verbänden, die häufig auch Einrichtungsträger sind, beigetragen. Oftmals ist auch die Ehrenamtlichkeit von Vorständen und Aufsichtsgremien problematisch. Andererseits müssen auch ganz unterschiedliche Rechtsformen wie Vereine, gGmbHs und gAGs, die alle auf ihre Art sozialanwaltschaftliche Funktion für die verschiedensten Anspruchsgruppen der Unternehmungen erfüllen, professionell geführt werden. Gerade in normativ-weltanschaulich geprägten Unternehmungen fehlen oftmals bis heute klare Aufgabenzuordnungen, Verantwortlichkeiten und Verträge.

Mittlerweile gibt es viele unterschiedliche Formen von Richtlinien, Gesetzen, Siegeln und Governance-Kodizes als institutionenethische Instrumente. Für die Diakonie in Deutschland wurde im Oktober 2005 der Diakonische Corporate Governance Kodex (DGK) erstellt, mit dem Ziel, das deutsche Corporate Governance System auf den diakonischen Bereich transparent und nachvollziehbar zu übertragen. Hier wird ein hohes Maß an Verbindlichkeit innerhalb der Diakonie angestrebt und ein duales Leitungssystem gefordert.[201] 2008 hat auch die Vertreterversammlung des Diözesan-Caritasverbandes Rottenburg-Stuttgart einen Corporate Governance Kodex verabschiedet.[202]

Bemerkenswert ist in diesem Zusammenhang die Entwicklung in der Schweiz, die zwei Kodizes für den dritten Sektor hat: den Swiss Foundation Code[203] von 2005 und den Swiss NPO-Code[204]. Hier hat der Verein Swiss NPO-Code 2008 die Eigentümerschaft des bereits 2006 verabschiedeten Swiss-NPO-Codes übernommen, der dort für den gesamten NPO-

---

199   Die Forderung nach einer Mindestquote für die Einstellung von Menschen mit Behinderungen in den ersten Arbeitsmarkt, wie sie gerade von christlichen Institutionen immer wieder gestellt wird, muss aus Gründen der Glaubwürdigkeit beispielsweise auch bei diesen selbst Anwendung finden.

200   Die gesetzlichen Grundlagen der Corporate Governance liegen im Aktiengesetz, wie dem Gesetz zur Kontrolle und Transparenz im Unternehmensbereich (KonTraG, 1998), dem Gesetz zur weiteren Reform des Aktien- und Bilanzrechts, zur Transparenz und Publizität (TransPuG, 2002), dem Bilanzrechtsreformgesetz (BilReG, 2004) und dem Vorstandsvergütungs-Offenlegungsgesetz (VorstOG, 2005). Vgl. Bundesministerium der Justiz   http://www.bmj.de/DE/Buerger/wirtschaftHandel/GuteUnternehmensführung/corpGovenance_node.html (Zugriff am 17.8.2013).

201   Vgl. Diakonisches Werk der Evangelischen Kirche in Deutschland (Hg.) (2005): *Diakonischer Corporate Governance Kodex (DKG)*, Rummelsberg.

202   Vgl. Diözesan-Caritasverband Rottenburg-Stuttgart (2008): *CGK*, Stuttgart: http://www.caritas.de/cms/contents/caritasde/medien/dokumente/dcv-zentrale/vorstand/finanzvorstand/2008-04-05-corporate/080405_roth_corporate%20governance%20codex.pdf (Zugriff am 19.2.2013).

203   Er beinhaltet drei Grundsätze und 26 Empfehlungen für Förderstiftungen und wurde 2009 weiterentwickelt.

204   Eine hervorragend geeignete Definition liefert der Verein Swiss NPO-Code mit seinen Corporate Governance-Richtlinien für Nonprofit-Organisationen in der Schweiz: „Unter Corporate Governance sind alle Grundsätze zu verstehen, die — unter Wahrung der Entscheidungsfähigkeit und der Effizienz der Leitungsorgane — eine verantwortungsbewusste Führung, Kontrolle und Kommunikation der Nonprofit-Organisation sicherstellen." Verabschiedet am 31. März 2006. Siehe auch: www.economiesuisse.ch

Sektor entwickelt wurde. Dieser hat wiederum die Stiftung ZEWO[205] mit dem Mandat betraut, als unabhängige Prüfstelle zu agieren. Die hier beschriebenen Grundsätze der Nonprofit-Governance lauten dort wie folgt:

Grundsätze der Nonprofit-Governance
- Gewaltenteilung: Die leitenden Organe gewährleisten im Rahmen von Gesetz und Statuten eine klare Trennung der Verantwortlichkeiten bei Aufsicht, Leitung und Vollzug. Sie sorgen für ein ausgewogenes Verhältnis von Steuerung, Führung und Kontrolle (checks and balances).
- Verantwortung und Effizienz: Die leitenden Organe führen die Organisation verantwortungsbewusst, effizient und nachhaltig. Insbesondere berücksichtigen sie die der Organisation zugrunde liegenden Werte.
- Transparenz: Die leitenden Organe legen die Informationspolitik fest. Sie sorgen für eine zeitgerechte, transparente interne und externe Information über die Struktur und Tätigkeiten der Organisation sowie die Verwendung ihrer Mittel.
- Wahrung der Interessen von Mitgliedern, Gönnern und Freiwilligen: Die leitenden Organe wahren die Interessen und Rechte von Mitgliedern, Gönnerinnen und Gönnern. Sie gewährleisten eine wirksame Zusammenarbeit von ehrenamtlichen, freiwilligen und entlöhnten Mitarbeitenden.
- Wahrung der Interessen von Spenderinnen und Spendern: Die leitenden Organe wahren die Anliegen von Spenderinnen und Spendern. Insbesondere verantworten sie die faire Beschaffung von Mitteln und deren bestimmungsgemässe Verwendung.[206]

Wichtig ist es also generell, den Stellenwert der Governance für die eigene Unternehmung in den Blick zu nehmen. Es geht weder darum, mit ‚detektivischen' Methoden nach Fehltritten zu fahnden, noch darum, nur pro forma das Thema zu bedienen, sondern das Denken und Handeln des Managements in Richtung Transparenz, Wirksamkeit und Professionalisierung zu öffnen und somit sukzessive die Unternehmenskultur zu verändern.

In einer Studie von Judith Dittmer und Hartmut Kopf wurde ein Gesamtmodell entwickelt, indem zunächst die wichtigsten Elemente der Nonprofit-Governance in einer Gegenüberstellung aus den Definitionen des Diakonischen Governance Kodex, des Swiss NPO-Codes, den Arbeiten von Voggensperger und Thaler, Schuhen und der Dissertation von Renz an der Universität St. Gallen als entscheidende Elemente extrahiert wurden. Diese sind:

- Definition der Führungs- und Kontrollstrukturen
- Sicherstellung von effektiver und effizienter Arbeit
- Transparente Kommunikation
- Ausgleich aller Stakeholder-Interessen
- Risikomanagement

Hieraus wurde das hier abgebildete Gesamtmodell[207] entwickelt, das unter anderem deutlich die zielführende Funktion einer transparenten Kommunikation aufzeigt.

---

205  ZEWO ist ein schweizer Lable, das seit 1942 gemeinnützige Gesellschaften im Hinblick auf deren Umgang mit Spendengeldern überprüft. Kriterien sind Zweckbestimmung, Wirksamkeit und Wirtschaftlichkeit. Vgl. www.zewo.ch

206  Vgl. Konferenz der Präsidentinnen und Präsidenten grosser Hilfswerke (Hgg.) (2006): *Swiss NPO-Code. Corporate Governance Richtlinien für Nonprofit-Organisationen in der Schweiz*, 4.

207  Dittmer, Judith/ Kopf, Hartmut (2011): *Effektiv arbeiten und transparent kommunizieren. Die zwei Kernaufgaben der Nonprofit Governance. Ein Vorschlag für ein Gesamtmodell*. In: Bangert, Kurt (Hg.): Handbuch Spendenwesen. Bessere Organisation, Transparenz, Kontrolle, Wirtschaftlichkeit und Wirksamkeit von Spendenwerken, Wiesbaden, 52. Nach Angaben der Autoren validiert durch den damaligen Leiter der Forschungsabteilung des Center for Social Investment (CSI) der Universität Heidelberg, Dr. Andreas Schröer.

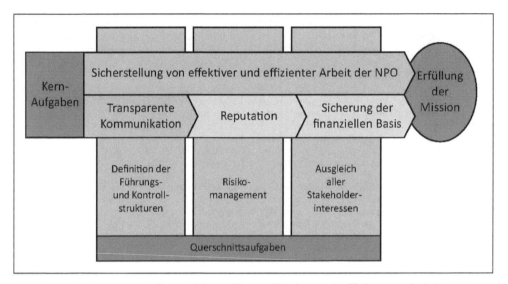

*Abbildung 10:* Gesamtmodell zur Sicherstellung effektiver und effizienter Arbeit in NPO nach Dittmer und Kopf.
Quelle: Dittmer Judith/ Kopf, Hartmut (2011), 52.

Sowohl die Programme als auch die Kommunikation sind nach Ansicht der Autoren die beiden entscheidenden Erfolgsfaktoren. Am Beispiel der Unicef-Krise habe sich zudem die große Bedeutung der Kommunikation für die Governance von Nonprofit-Organisationen gezeigt. Nicht das Fehlen von Governance-Regeln sei Unicef zum Verhängnis geworden, sondern der Umgang mit den Vorwürfen schlechter Governance.[208] In der Tat geht die Unicef-Krise, die den Nonprofit Sektor glücklicher Weise aufgerüttelt hat, in ihrer verhängnisvollen Schärfe eher auf das Konto schlechter Krisenkommunikation und weniger auf tatsächliche Managementfehler. „Diese Kommunikation der Pressestelle war während der Affäre konfus, widersprüchlich und trotzköpfig."[209]

Auch die Forscher Will, Bening und Meissner von der Universität in St. Gallen benennen einerseits klar den Zusammenhang zwischen der Unternehmenskommunikation und der Corporate Governance, um jedoch gleichzeitig einzuräumen, dass die immanente Forderung nach Transparenz unterbleibt.

> Corporate Governance ist daher als eine der Kernaufgaben der Corporate Communications, also des Kommunikationsmanagements der Unternehmung zu sehen. Bislang wird diese notwendige Verbindung zwischen Corporate Governance und Corporate Communications nicht thematisiert, obwohl die Transparenzforderung sozusagen die conditio sine qua non der Kodizes ist.[210]

---

208   Dittmer, Judith/ Kopf, Hartmut (2011), 56.
209   Thieme, Matthias (2011): *Der Fall Unicef. Oder: Was Hilfsorganisationen im Umgang mit kritischer Berichterstattung vermeiden sollten.* In: Bangert, Kurt (Hg.): Handbuch Spendenwesen. Bessere Organisation, Transparenz, Kontrolle, Wirtschaftlichkeit und Wirksamkeit von Spendenwerken, Wiesbaden, 196.
210   Will, Markus/ Bening, Catharina/ Meissner, Felix et.al. (2006): Corporate Governance als Herausforderung für die Corporate Communications. In: Will, Markus/ Bening, Catharina/ Meissner, Felix et al. (Hgg.): Innovative Wirtschaftskommunikation: interdisziplinäre Problemlösungen für die Wirtschaft. Wiesbaden, 8.

### 2.3.4 Deutsches Zentralinstitut für Soziale Fragen und Corporate Governance im Fundraising

Eng verknüpft mit den hier behandelten klassischen Themen des Unternehmensmanagements, die für die Kommunikation relevant sind, sind auch die besonderen Implikationen des Fundraisings. Das soll an dieser Stelle jedoch lediglich exkurshaft im Zusammenhang mit dem Deutschen Zentralinstitut für soziale Fragen (DZI) behandelt werden, da das Thema sonst zu weit vom Kern der vorliegenden Arbeit abschweifen würde. Die Organisation sammelt nach eigenen Angaben seit über 100 Jahren Informationen über soziale Arbeit in Deutschland. Seine große Fachbibliothek und Literaturdatenbank qualifizieren das DZI als wichtige Institution des Wissensmanagements zu sozialen Fragestellungen.[211]

Am meisten bekannt sein dürfte das DZI durch sein Qualitätssiegel für Spendensammelnde Organisationen. Es ist damit eine unabhängige Instanz, die zwischen Spendensammelnden und Spendern vermittelt.

In diesem Zusammenhang setzt sich das DZI auch für Vertrauen und Transparenz im deutschen Spendenwesen ein und fordert aussagekräftigere Jahresberichte sowie eine größere Transparenz in den Jahresabschlüssen. Es gibt einen Spenden-Almanach heraus, hat 2010 einen ‚Spendenbericht Deutschland‘ veröffentlicht und befasst sich mit Fragen der Stärkung von Landessammlungsgesetzen. Darüber hinaus bietet das DZI eine Diskussionsplattform für internationale Vorbilder, wie die Rechnungslegungsstandards und Publizitätspflichten in der Schweiz und Großbritannien.

Es darf an dieser Stelle nicht verschwiegen werden, dass besonders für zahlreiche kleine Stiftungen der finanzielle Aufwand für den Erhalt des Siegels sehr hoch ist. Allerdings gibt es auch NPO, für die dies kein Argument sein dürfte, die aber dennoch auf das DZI verzichten. Insofern kann das DZI-Siegel als Qualitätsmerkmal gelten, das in der Kommunikation als positives Merkmal für wertebasierten und nachhaltigen Umgang mit Spendengeldern genutzt werden kann.

### 2.3.5 Corporate Social Responsibility

Eine Vielzahl von unternehmerischen Tätigkeiten und Themenfelder wird mit dem Begriff der Corporate Social Responsibility (CSR) in Verbindung gebracht. Erschwert wird die Debatte häufig durch die Existenz sehr unterschiedlicher Definitionen. Hier soll im Folgenden ganz grundsätzlich CSR als ‚gesellschaftliche Verantwortung von Unternehmungen‘ verstanden werden.

1953 entwickelte der amerikanische Ökonom Howard R. Bowen das erste Konzept der CSR, das durch sein Grundsatzwerk ‚Social Responsibilities of the Businessman‘[212] bekannt wurde. Seither wurde die Grundidee der unternehmerischen Verantwortung vielfach angepasst, variiert und erweitert. Eine anschauliche Darstellung hat beispielsweise Archie B. Carroll mit seiner Pyramide der CSR im Jahre 1991 entwickelt. Auf der Basis der ökonomischen Verantwortung (Be profitable), liegen die gesetzlichen Verantwortlichkeiten (Obey the

---

211    Mehr Informationen dazu finden sich auf der Homepage http://www.dzi.de (Zugriff am 29.8.2013).
212    Bowen, Howard Rothmann (1953): *Social Responsibilities of the Businessman*. New York.

law), darauf die ethischen Komponenten (Be ethical) und an der Spitze schließlich die ‚Philanthropic Responsibilities' (Be a good corporate citizen).[213]

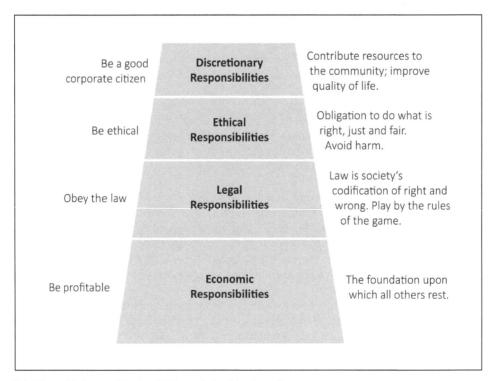

*Abbildung 11:* Pyramide der CSR nach Archie Carroll.
Quelle: Carroll, Archie B. (1991), 42.

Die schon damals erkannten Forderungen sind heute aktueller denn je, wie beispielhaft ein Blick auf den Aktionsplan 2011 bis 2014 der Europäischen Kommission verrät, die nun eine neue Strategie zur sozialen Verantwortung mit folgender Begründung vorlegt:

> Die Wirtschaftskrise und ihre sozialen Folgen haben das Vertrauen in die Wirtschaft bis zu einem gewissen Grad erschüttert. Dadurch wurde die Öffentlichkeit für die Leistungen der Unternehmen auf sozialem und ethischem Gebiet sensibilisiert. Die Kommission erneuert ihre Anstrengungen zur CSR-Förderung jetzt, um auf mittlere und lange Sicht günstige Bedingungen für nachhaltiges Wachstum, verantwortungsvolles unternehmerisches Verhalten und die Entstehung dauerhafter Arbeitsplätze zu schaffen.[214]
>
> Die Kommission legt, nach eigenen Angaben, auch eine neue Definition vor, wonach CSR die Verantwortung von Unternehmen für ihre Auswirkungen auf die Gesellschaft beschreibt. Ziel der neuen EU-Strategie sei es, den Unternehmen ein Verfahren an die Hand zu geben, mit dem soziale, ökologische und ethische Belange sowie Menschenrechtsfragen in enger Zusammenarbeit mit den Stakeholdern in die Betriebsführung und in ihre Kernstrategie integriert werden.

---

213   Vgl. Carroll, Archie B. (1991): *The pyramid of corporate social responsibility: toward the moral management of organizational stakeholders.* In: Business horizons, Bd. 34, Juli 1991, 42.

214   Mitteilung der Kommission an das Europäische Parlament, den Rat, den Europäischen Wirtschafts- und Sozialausschuss und den Ausschuss der Regionen, Eine neue EU-Strategie (2011–14) für die soziale Verantwortung der Unternehmen (CSR), KOM(2011) 681 endg., Brüssel, 25.10.2011, 5.

Tangiert werden vom Ansatz der CSR, sofern dies im Unternehmen gewünscht und zugelassen wird, praktisch alle Ebenen des Managements. Soll CSR in die strategische und operative Steuerung übernommen werden, wird damit theoretisch gleichzeitig eine Entscheidung zur langfristigen Planung gefällt. Bereits eingangs stellt sich dabei die Frage, wer alles zu den Stakeholdern zu zählen ist und wie zwischen diesen im Rahmen der CSR mit Interessenkonflikten umgegangen werden kann. Unabhängig, ob es dabei um Gewinnmaximierung, Verfügungsrechte oder Teilhabe geht, werden wohl immer auch normative Kriterien zu berücksichtigen sein. Dies erfordert vom Management, den Blick zu weiten und im Sinne des St. Galler Management-Modells auch die Folgen des unternehmerischen Handelns zu Lasten Dritter in die Betrachtung der Wertschöpfung mit einzubeziehen.

Wo schließlich im Unternehmen CSR verankert wird, wie die Verknüpfung mit den strategischen Instrumenten aussehen kann und wie die freiwillige Selbstbindung beispielsweise in Form von Codizes erfolgsversprechend zu gestalten ist, muss je individuell von der Unternehmungsleitung geklärt und dementsprechend auch von den Aufsichtsgremien überwacht werden.

Wird CSR als Instrument der Wohltätigkeit verstanden und äußert sich in Aktivitäten wie Spenden, Sponsoring oder Corporate Volunteering, stellt sich zwangsläufig die Frage nach einer ökonomischen oder einer altruistischen Absicht, oder eben kritisch nach einer ökonomischen Motivation im altruistischen Gewand.[215]

Auf der normativen, strategischen und operativen Ebene ist es wichtig, alle Aktivitäten der CSR sowie deren Nutzen und Einfluss auf die Unternehmenskommunikation zu berücksichtigen. Grundsätzlich gilt es dabei zu klären, ob die hier entstehenden Kosten ökonomisch sinnvoll sind und/oder sich durch ihre positive Wirkung in der Öffentlichkeit für die Unternehmung rechnen. „Insgesamt handelt es sich bei CSR sowohl um eine unternehmerische als auch eine ordnungspolitische und damit gesellschaftliche Herausforderung."[216]

Für Stiftungen ist CSR in verschiedener Hinsicht relevant. Zum einen bedürfen beispielsweise Stiftungskooperationen mit Unternehmen eines klaren normativen Rahmens, der sich unter anderem am Stiftungszweck und dem Leitbild orientieren sollte. Nur durch eine klare Wertebasiertheit kann verhindert werden, dass es zu Irritationen in der Öffentlichkeit kommt, die dem Ansehen und der Glaubwürdigkeit der Stiftung schaden könnten. Auch helfen klare Kriterien und Vorgaben, zu verhindern, dass Stiftungen oder andere gemeinnützige Institutionen mit ihrem positiven Image für die Aufwertung rein ökonomischer Zwecke von Unternehmen benutzt werden.

Die zahlreichen Stiftungsgründungen der letzten Jahre durch Banken, Sparkassen und Energieversorger sind ein beredtes Beispiel dafür, wie der positive Glanz des Stiftungswesens im Bereich des Marketings auch ein wenig auf den privatwirtschaftlichen Bereich abstrahlen soll.

Darüber hinaus gibt es sicher Stiftungen mit dem mehr oder weniger offen ausgesprochen Ziel der politischen Einflussnahme. Aus der Stifterstudie von Karsten Timmer geht hervor, dass 80 Prozent der Stifter der Meinung sind, dass Stiftungen effektiver als der Staat arbeiten. In der Bevölkerung hingegen teilen nur 40 Prozent diese Ansicht. Und 42,2 Prozent

---

215 In diesem Zusammenhang ist vor sogenannten Greenwashing-Aktivitäten zu warnen, also reinen PR-Aktionen zur positiven Selbstdarstellung des Unternehmens, die keine Entsprechung im tatsächlichen Management finden.

216 Vgl. Springer Gabler Verlag (Hg), Gabler Wirtschaftslexikon, Stichwort: Corporate Social Responsibility, online im Internet: http://wirtschaftslexikon.gabler.de/Archiv/5128/corporate-social-responsibility-v10.html (Zugriff am 20.2.2013).

der Stiftungen mit einem Budget von mehr als einer halben Million Euro wollen, so haben die empirischen Forschungen von Sandberg ergeben, gezielt politisch Einfluss nehmen.[217]

Inwieweit dies zugelassen werden sollte, für die Demokratie belebend oder einschränkend wirkt und welche Alternativen und Modelle denkbar wären, könnte ebenfalls Gegenstand eines längst überfälligen breiten Diskurses in Deutschland sein. Dass dieser bislang weitgehend unterbleibt, ist wohl erstens darauf zurückzuführen, dass erst langsam ein Bewusstsein für die Chancen und damit auch die Risiken des Einflusses der Stiftungen als politische Akteure entsteht.

Zum Zweiten ist die Zahl der großen und einflussreichen Stiftungen verglichen z. B. mit den USA hierzulande relativ gering. Dort haben einige dieser Stiftungen einerseits eine klare Thinktank-Funktion, andererseits sind sie auch schon seit den 60er Jahren zu einer weitaus größeren Transparenz verpflichtet. Da es einige große Stiftungen in den USA gibt, regulieren und kontrollieren diese sich auch gegenseitig.

Drittens kann das Fehlen eines kritischen Diskurses in Deutschland wohl auch dem ökonomische Einfluss der ‚Großen‘, die mit ihren Zuwendungen Forschungsarbeit und Entwicklungen stark befördern, zugeschrieben werden.

## 2.3.6    Transparenz

Führungskräften und Manager von Stiftungen loben diese immer wieder als effiziente, effektive und präzise Player für spezifische oder auch Nischen-Themen. Keine großartige Leistung, entgegnen hier jedoch die Kritiker des Stiftungswesens, müssen sie doch keinerlei Rechenschaft ablegen, genießen Steuerfreiheit und agieren für die Öffentlichkeit völlig intransparent. Nach Angaben des Bundesverbandes deutscher Stiftungen von Ende 2012 veröffentlichen in der Tat nur 13 Prozent der Stiftungen wirtschaftliche Angaben in Form eines gedruckten Jahresberichts, lediglich neun Prozent im Internet.

Mit dem Transparenz- und Publizitätsgesetz (TransPuG) hat man 2002 auch für Wirtschaftsunternehmen mit einer Reform des Aktien- und Bilanzrechts in Deutschland reagiert. Ziel war es, Einblick in unternehmerische Entscheidungen zu bekommen, Fehler in der Unternehmensleitung aufzudecken und damit Deutschland im internationalen Wettbewerb besser zu positionieren.

Das Thema Transparenz für Nonprofit Organisationen ist mit einer leicht zeitlichen Verzögerung nun auch stärker in das Bewusstsein gerückt. Kritiker monieren jedoch, dass die gestiegenen Erwartungen der Öffentlichkeit an eine Offenlegung der Zahlen und Aktivitäten nicht genügend beachtet werden. Verglichen mit Kapitalgesellschaften, wie gGmbHs oder gAGs, seien Vereine durch gesetzliche Bestimmungen noch wenig zu Transparenz verpflichtet. In diesem Zusammenhang wird unter anderem der Zugang zu einem zentralen, im Internet verfügbaren Vereinsregister gefordert. Auch die Anforderungen an eine kaufmännische Rechnungslegung oder aussagekräftige Jahresberichte zählen zu den Desideraten (siehe auch Anforderungen des DZI).

Besonders aber die Haltung gegenüber Anspruchsgruppen ist oft Gegenstand der Kritik, auch im Spendenwesen. Die Vorwürfe lauten, es werde versäumt, potentielle Spender durch ausreichende Informationen zu gewinnen, Mitarbeitende, auch Ehrenamtliche, würden nicht

---

217   Sandberg, Berit (2007), 78.

als wichtigste Multiplikatoren wahrgenommen und Führungs- und Aufsichtsgremien hielten sich häufig nicht an die guten Grundsätze der NPO-Geschäftsführung.

Der geschäftsführende Direktor des CSI in Heidelberg, Dr. Volker Then, hat dies in einem Interview wie folgt auf den Punkt gebracht:

> Die Führungsanforderungen an gemeinnützige Organisationen steigen. Ein wachsendes öffentliches Interesse an wirkungsvoller Arbeit des zivilgesellschaftlichen Sektors führt bei Stiftern, Spendern, zeitlich Engagierten, aber auch bei den Leistungsempfängern, der Politik und in der Öffentlichkeit dazu, dass nach den Erfolgsvoraussetzungen in den Organisationen selbst gefragt wird. Teilweise wirken sich auch Diskussionen, die Wirtschaftsunternehmen und ihre Verantwortung in der Gesellschaft betreffen, auf gemeinnütziges Handeln aus. Es lohnt also, sich mit Good Governance in einem wachsenden gemeinnützigen Sektor zu beschäftigen.[218]

Auch der Deutsche Bundestag beschäftigt sich immer wieder mit dem Transparenzverhalten gemeinnütziger Organisationen. So wurde beispielsweise im Zusammenhang mit den Vorwürfen gegenüber dem Kinderhilfswerk Unicef 2008 eine ,Kleine Anfrage' im Deutschen Bundestag zur Rechnungslegung und Transparenz im Gemeinnützigkeitssektor gestellt. Auf die Frage nach den Möglichkeiten, den Verwaltungsaufwand für kleine und mittlere Stiftungen sowie Vereine für den Fall der Verabschiedung eines Rechnungslegungs- und Publizitätsgesetzes dennoch überschaubar zu halten, lautete die Antwort:

> Die Bundesregierung ist in erster Linie der Auffassung, dass es gerade auch wegen des in der Frage genannten Verwaltungsaufwandes sachgerecht erscheint, kleinere und mittlere Stiftungen nicht mit zusätzlichen Rechnungslegungspflichten zu belasten. Sollte sich diese Auffassung künftig ändern, können Schwellenwerte als Differenzierungskriterium grundsätzlich in Betracht kommen.[219]

Und auf die Frage, ob die Bundesregierung beabsichtige, Spendensammelnde Organisationen zu ermutigen, sich auf standardisierte und überprüfbare Informationen, beispielsweise in Form eines Corporate-Governance-Kodex zu einigen, lautete die Antwort kurz und bündig „Ja".[220] Daran lässt sich ablesen, dass die Bundesregierung offenbar derzeit keinen weiteren gesetzgeberischen Handlungsbedarf sieht. Man zählt vielmehr auf die Gestaltungskraft der Selbstregulierung sowie die freiwillige Kontrolle durch Dritte.

Ein Beispiel hierfür sind die Aktivitäten des Vereins Transparency International Deutschland e.V., der mit Partnern aus dem gemeinnützigen Sektor die Initiative ,Transparente Zivilgesellschaft' begründet hat. Ziel ist es, einen einheitlichen Mindeststandard im Dritten Sektor zu etablieren. Diese Offenlegung der Informationen nicht nur für Stiftungsaufsicht oder Finanzamt geht über die rechtlich verpflichtenden Auskünfte hinaus. Es handelt sich um eine Selbstverpflichtung, die auf der Basis von zehn Fragen Informationen zu der Satzung, den Namen der wesentlichen Entscheidungsträger, Angaben zur Mittelherkunft, Mittelverwendung und Personalstruktur enthält. Eine Liste aller unterzeichnenden Organisationen wurde im Internet veröffentlicht.[221] Zudem wurde ein Trägerkreis gebildet, um den

218 Das ganze Interview ist zu finden unter: http://www.pwc.de/de/corporate-responsibility/die-erwartungen-an-gemeinnuetzige-organisationen-steigen.jhtml (Zugriff am 30.8.2013)

219 Deutscher Bundestag (2008): *Antwort der Bundesregierung auf die Kleine Anfrage der Abgeordneten Mechthild Dyckmans, Sibylle Laurischk, Dr. Karl Addicks, weiterer Abgeordneter und der Fraktion der FDP.* Drucksache 16/8325.2.

220 Deutscher Bundestag (2008), 3.

221 Transparency Deutschland, Unterzeichner der Initiative Transparente Zivilgesellschaft, Online unter http://www.transparency.de/Die-Unterzeichner.2050.0.html (Zugriff am 30.8.2013)

gesamten Dritten Sektor abzudecken,[222] dessen Mitglieder sich zu konkreten Maßnahmen für die Verbreitung, Kontrolle und Weiterentwicklung der Initiative verpflichtet haben.

Auch der Verband Entwicklungspolitik der Nichtregierungsorganisationen (VENRO) hat im Dezember 2008 einen Kodex zu Transparenz, Organisationsführung und Kontrolle verabschiedet. Unter anderem wird darin festgelegt, dass Verwaltungs- und Werbekosten gemeinsam genannt werden müssen. Hintergrund ist der in Teilen ad absurdum geführte Versuch von Nonprofit-Organisationen, ihre Ausgaben quasi gegen Null zu rechnen, um damit Spendern zu imponieren. Hierzu zählen die Betriebskosten, die Marketing- oder Fundraisingkosten und die Kosten für Presse und Öffentlichkeitsarbeit, die Bildungs- und Lobbyarbeit einschließen.

Vor diesem Hintergrund spricht sich neben vielen anderen auch Christian Osterhaus, der auf jahrelange Erfahrung bei der Welthungerhilfe und der Christoffel-Blindenmission zurückblickt, für eine öffentliche und standardisierte Berichterstattung mit einem klaren, vergleichbaren Kriterien-Raster und Kategorien aus.[223] Mit dem Transparenzpreis des Wirtschaftsberatungsunternehmens Pricewaterhouse-Coopers AG (PwC), das auch Spendenwerke prüft, wurde 2005 ein weiterer Schritt in diese Richtung realisiert.

Insgesamt 55 gemeinnützige Organisationen nahmen 2012 am Transparenzpreis teil, den PwC auslobt. Ausgezeichnet werden gemeinnützige Organisationen, die eine vorbildliche und transparente Informationspolitik gegenüber ihren Ressourcengebern und der Öffentlichkeit verfolgen. Gewinner des Wettbewerbs war 2012 Plan International Deutschland e. V. Die Organisation überzeugte die Jury durch eine erstklassige Berichterstattung im Hinblick auf Ziele, Strategie, Mittelverwendung und Erfolg ihrer Projekte.

PwC möchte, nach eigenen Angaben, damit die im europäischen Vergleich fehlenden gesetzlichen Vorgaben für Deutschland aufzeigen und eine Alternative anbieten. Der Kriterienkatalog umfasst Fragen aus folgenden Bereichen, die alle im Kommunikationsmanagement zu verorten sind:

- Allgemeine Angaben zur Organisation
- Verfügbarkeit und Kommunikationswert der Berichterstattung
- Informationen über Ziele, Strategie und Tätigkeit der Organisation
- Finanzielle Berichterstattung der Organisation
- Governance der Organisation
- Informationen über Planungen und Perspektiven der Organisation.[224]

Eine weitere wichtige Transparenzinitiative geht von den beiden großen kirchlichen Wohlfahrtsverbänden aus. Unter dem Titel ‚Transparenzstandards von Caritas und Diakonie' wurde 2010 den Vereinen aus dem Bereich der Caritas und Diakonie die Erstellung eines Transparenzberichtes empfohlen. Zur Begründung heißt es im Vorwort, dass es grundsätzlich um die Akzeptanz der kirchlichen Wohlfahrtsverbände und der ihnen angeschlossenen Rechtsträger bei Nutzern, Spendern und der allgemeinen Öffentlichkeit gehe. Auch wird

---

222  Unter anderem gehören der Deutsche Fundraising Verband, der Deutsche Kulturrat, der Deutsche Spendenrat, der Verband Entwicklungspolitik Deutscher Nichtregierungsorganisationen VENRO und der Deutsche Naturschutzring dazu.

223  Vgl. Osterhaus, Christian (2011): *Transparenz in Marketing und Kommunikation*. In: Bangert, Kurt (Hg.): Handbuch Spendenwesen. Bessere Organisation, Transparenz, Kontrolle, Wirtschaftlichkeit und Wirksamkeit von Spendenwerken, Wiesbaden, 109.

224  Der ausführliche Kriterienkatalog für 2012 findet sich im Internet unter http://www.pwc.de/de/engagement/assets/pwc-kriterienkatalog-lang-2012.pdf (Zugriff am 30.8.2013).

auf die Belegungen von Einrichtungen sowie die Höhe von Zuwendungen und Spenden verwiesen.

Unter der Rubrik ‚Soll' finden sich Strukturdaten, Leistungsbericht, Wirtschaftsbericht und Spendenbericht. Als ‚Kann'-Option werden Ehrenamtsbericht, Sozialbericht und Umweltbericht vorgeschlagen, die durch folgende Kriterien ergänzt werden können: Wissensbilanz, Hinweise zur Vermeidung von Korruption, sozialrechtlicher/ leistungsrechtlicher Rahmen, besondere Vorkommnisse und Aktivitäten sowie Datenschutz-Audit nach den entsprechenden kirchlichen Regelungen.[225] Diese Selbstverpflichtung soll nicht nur das Vertrauen der Öffentlichkeit in die Arbeit der kirchlichen Wohlfahrtsverbände, sondern auch deren Wettbewerbsfähigkeit stärken.

### 2.3.7    Grundsätze guter Stiftungspraxis

Die Grundsätze guter Stiftungspraxis[226] wurden 2006 von der Mitgliederversammlung des Bundesverbandes Deutscher Stiftungen verabschiedet und werden seither weiterentwickelt. Es handelt sich um einen Orientierungsrahmen für effektives und uneigennütziges Stiftungshandeln und soll für alle gemeinwohlorientierten Stiftungen gelten, unabhängig von deren Rechtsform. Die Grundsätze richten sich vornehmlich an Stiftungsorgane, Stiftungsverwalter und Mitarbeitende. Diese Selbstverpflichtungen wurden mittlerweile auch von einzelnen Stiftungen, die nicht dem Verband angehören, entweder übernommen oder für den eigenen Bedarf modifiziert, wie die 20 Prinzipien guter Stiftungspraxis der VolkswagenStiftung[227].

Sie enthalten unter anderem Ausführungen zur Transparenz, zur Rolle der Stiftungsverantwortlichen als Treuhänder des Stiftungszweckes, zur Vermeidung von Interessenkonflikten sowie zur Effizienz des Stiftungshandelns.

Auch die verschiedenen Arbeitskreise beim Bundesverband Deutscher Stiftungen haben sich zu diesem Thema verständigt und teilweise auf die Stiftungszwecke bezogene Grundsätze verfasst, wie beispielsweise die ‚Grundsätze guter kirchlicher Stiftungspraxis'.[228] Nun gilt es, diese Absichtserklärungen mit Leben zu füllen, stets fortzuschreiben und damit einen entscheidenden Beitrag zur Glaubwürdigkeit des Stiftungswesens insgesamt beizutragen.

### 2.3.8    Der KOMPASS für hervorragende Öffentlichkeitsarbeit

Der ‚KOMPASS für hervorragende Öffentlichkeitsarbeit' wurde vom Bundesverband Deutscher Stiftungen 2006 ins Leben gerufen. Die Initialzündung zu diesem Schritt gaben die im selben Jahr dort verabschiedeten ‚Grundsätze guter Stiftungspraxis' (siehe auch Kap. 2.4.4). Die Beurteilungskriterien für die Preisvergabe sind:

- ▪   Qualität,

---

225   Deutscher Caritas Verband e.V./ Diakonisches Werk der Evangelischen Kirche in Deutschland e. V. (Hgg.): *Transparenzstandards für Caritas und Diakonie*, Freiburg i. Br. – Stuttgart 2010.

226   Vgl. http://www.stiftungen.org/de/news-wissen/grundsaetze-guter-stiftungspraxis.html (Zugriff am 30.8.2013).

227   http://www.volkswagenstiftung.de/stiftung/governance.html (Zugriff am 20.2.2015).

228   Auf den Seiten des Bundesverbandes Deutscher Stiftungen herunterzuladen unter:
       http://www.stiftungen.org/fileadmin/bvds/de/Publikationen/Downloads/Grundsaetze_guter_kirchlicher__Stift
       ungspraxis.pdf (Zugriff am 30.8.2013).

- Effektivität,
- Strategie,
- Resonanz,
- Originalität,
- Transparenz.

Ausgezeichnet wird erfolgreiche Kommunikation, die richtungsweisend für den Stiftungssektor ist. Die Ziele des Preises sind die weitere Professionalisierung der Stiftungskommunikation, Bekanntmachung von Best-Practice-Beispielen und die Stärkung des Stiftungsgedankens in der Öffentlichkeit. Die Teilnahme ist für Stiftungen aller Rechtsformen möglich.[229]

Obwohl es sich um eine undotierte Auszeichnung handelt, gibt es immer mehr Stiftungen, die sich bewerben, ihre Kommunikationsaktivitäten vorstellen und bewerten lassen möchten. Der Nutzen für die Stiftungen insgesamt ist sehr groß, da von diesen Beispielen und im Austausch mit den Preisträgern einerseits gegenseitig viel gelernt werden kann und andererseits eine geeignete Plattform für die Vernetzung der Kommunikationsverantwortlichen auf diese Weise möglich wird.

Die für den Preis von einer Jury nominierten Stiftungen und die ausgezeichneten Preisträger dienen im weiteren Verlauf dieser Arbeit bei der Entwicklung von Kriterien für das Kommunikationsmanagement von Stiftungen als Praxisbeispiele.

Die Tatsache, dass ein Preis im deutschen Stiftungswesen explizit für den Bereich der Kommunikation geschaffen wurde, zeigt deren große Bedeutung für die Stiftungsarbeit insgesamt. Gerade weil es hier noch viel Nachholbedarf gibt, sind damit Aufmerksamkeit und Würdigung von Erfolgen gleichermaßen gewährleistet und regen zur Nachahmung an.

### 2.3.9    Fazit: Stiftungen und ihre Herausforderungen wachsen

Die politische und gesellschaftliche Haltung gegenüber Stiftungen in Deutschland kann als weitgehend aufgeschlossen und positiv beschrieben werden. Gleichwohl gibt es kritische Anfragen, die sich meist um die Themen Steuerbefreiung von gemeinnützigen Stiftungen und Transparenzverhalten ranken. Beide Themenkomplexe sind eng mit dem Kommunikationsmanagement von Stiftungen verbunden. Zum einen, weil es um Haltungsfragen gegenüber Anspruchsgruppen und die gesellschaftliche Verantwortung im Sinn der CSR von Stiftungen geht. Zum anderen, weil Transparenz unter anderem die Themen Professionalität, Effektivität, Effizienz, Nachhaltigkeit und nach vorne gerichtetes Management berührt, was das Stiftungshandeln nahezu vollumfänglich tangiert.

Wachsender Einfluss durch Neugründungen und auch größer werdende finanzielle Volumina bei einzelnen Stiftungen sowie ein steigender Professionalisierungsgrad im Bereich der Projekte und Programme, erfordert ein Mitwachsen der Kommunikations-Bereitschaft und -Professionalität. Dieses ist jedoch nur zu erreichen, wenn Stiftungskommunikation nicht länger als ein Abarbeiten von operativen Maßnahmen verstanden wird, sondern als eine im Management fest verankerte Aufgabe.

---

229  Beyer, Cordula/ Pätsch, Anke (2012): *Leuchttürme der Stiftungskommunikation. Der Kompass würdigt hervorragende Öffentlichkeitsarbeit von Stiftungen*. In: Stiftung und Sponsoring. Das Magazin für Nonprofit-Management und -Marketing Nr. 6, 18.; Bundesverband Deutscher Stiftungen (Hg.) (2012): *Stiftungskommunikation? Ausgezeichnet! Kompass 2012*. Berlin.

# 3. Kommunikation als Managementaufgabe

Stiftungskommunikation ist ebenso wie Unternehmenskommunikation eine zentrale Managementaufgabe. Das neue St. Galler Management-Modell integriert die für Stiftungen wichtige normative Dimension, weshalb die darauf basierende Kommunikationsforschung hier Grundlage der Betrachtung darstellt.

In der Fülle der wissenschaftlichen und praktischen Ansätze zu den Bereichen, die als Öffentlichkeitsarbeit, Corporate Communications oder Unternehmenskommunikation[230] bezeichnet werden, fällt auf, dass diese, entweder als in sich logische, aber geschlossene Unternehmenseinheit verstanden wurden oder als eine Art Toolbox für eine oft einseitige Top-Down-Führungskräftekommunikation lediglich in unterstützender Funktion wahrgenommen wurden. Hier spiegelt sich historisch bedingt eine Haltung wider, die Jahrzehnte lang in weiten Teilen die Rolle der Kommunikation in deutschen Unternehmungen, besonders auch in Nonprofit-Organisationen, dominiert hat. Sofern es überhaupt Kommunikationsverantwortliche gab, waren diese in ihrer Funktion oft stark eingeschränkt. Die Public-Relations-Aufgaben waren oft darauf reduziert, lediglich reaktiv auf Medienanfragen zu antworten oder intern Jubiläen und Feste für die Jahresberichte zu bebildern und zu dokumentieren. Der ökonomische Nutzen und klare Wertgenerierung, die Kommunikation mit Stakeholdern auf Augenhöhe ermöglicht oder gar die Rolle der Kommunikation als Tool des Arbeitgeber-Brandings waren längst nicht im Blick. Weder die Haltung, das Verständnis, noch die technischen Möglichkeiten waren dafür vorhanden. Vielmehr stand Öffentlichkeitsarbeit oftmals als unterstellt überflüssiger Kostenfaktor immer wieder zur Disposition.

In den 90er Jahren setzten sich verstärkt Theorien zum Marketing-Mix (siehe auch Kap. 1.1.2) durch, die PR hier als einen untergeordneten Teilbereich verstanden, was in der Regel aber in der Praxis scheiterte. Diese internen Auseinandersetzungen in den Unternehmen ebneten schließlich den Weg zu einem neuen Ansatz. Es galt der Wichtigkeit der Abstimmung aller Kommunikationsprozesse Rechnung zu tragen, was in der Theorie zum Modell der Integrierten Kommunikation führte. Die Vorzüge dieses Modells sind nach Lars Rademacher erstens klare Strukturvorgaben, mit welchen Instrumenten welche Kommunikationsziele zu verfolgen sind, zweitens die Integration widerstrebender Machtansprüche in Bezug auf die Unternehmenskommunikation.[231]

In der wissenschaftlichen Betrachtung der Unternehmenskommunikation haben sich eine Vielzahl unterschiedlicher Ansätze nicht zuletzt auch innerhalb der verschiedenen Fakultäten entwickelt, die häufig ex post versucht haben, Realitäten aus dem Unternehmenszusammenhang zu beschreiben. Claudia Mast hebt hervor, dass die Theorien in der Regel entweder eher aus einer wirtschaftswissenschaftlichen, vom klassischen Marketing gepräg-

---

230  Der Pionier der deutschen „Öffentlichkeitsarbeit", die als Synonym für die amerikanische PR eingeführt wurde, gilt Albert Oeckl. Er schuf in den fünfziger Jahren das ‚Taschenbuch des öffentlichen Lebens', wodurch er bekannt wurde. ‚Der Oeckl' diente vor dem Internet lange Zeit als Quelle und Nachschlagewerk für Organisationen, Wirtschaft und Politik.

231  Vgl. Rademacher, Lars (2011), 4.

ten Sichtweise, oder aber aus einer sozialwissenschaftlichen Perspektive dominiert werden. Die Bezugspunkte der Marketingkommunikation sind im ersten Fall auf die Bedürfnisbe-friedigung der Stakeholder bezogen, im zweiten Fall stehen die Austauschbeziehungen im Fokus. Public Relations (PR) wird hier meist als ein Instrument von vielen in der Kommuni-kationspolitik eines Unternehmens subsummiert. In der eher sozialwissenschaftlich ausge-richteten PR geht es hingegen stärker um Beziehungsqualitäten, Fragen des Images und der Reputation.[232] Die Debatte wird bis heute auf der Basis sehr unterschiedlicher Ansätze der Betriebswirtschaft und Managementlehre sowie der in sich zergliederten Kommunikations-wissenschaft mit ihren unterschiedlichen Theorien der PR-Forschung geführt.[233] Meckel und Lyczek vom Institut für Medien- und Kommunikationsmanagement der Universität St. Gal-lenleiten aus dieser Situation folgende Forderung ab:

> Weiterer Erkenntnisfortschritt erfordert nun vor allem interdisziplinäre Anstrengungen: Bislang nehmen die managementwissenschaftliche Forschung zu Corporate Identity und Corporate Marketing (Balmer/Greyser 2003) die betriebswirtschaftliche Marketingwissenschaft (Esch 2006), das ‚Stakeholder Management‘ (Freeman 2004) und die kommunikationswissenschaftliche PR-Forschung (Bentele 1999) zu ihrem allseitigen Nachteil voneinander zu wenig Notiz.[234]

In Zukunft könnten sich weitere Schritte realisieren lassen, auch in der wissenschaftlichen Betrachtung das Management der Unternehmenskommunikation in Bezug zu Management-Modellen zu setzen. Einen der wenigen, schon bestehenden Ansätze für diesen Anpassungs-prozess, bietet das neue St. Galler Management-Modell, das im Laufe seiner Entwicklung den Aspekt der Kommunikation zunehmend mit einbezogen hat und aufgrund seiner Struk-tur der organisationalen Weiterentwicklungen diesbezüglich einen offenen Orientierungs-rahmen bildet.

Wenn Markus Will von der Universität St. Gallen vor diesem Hintergrund die Funktio-nen der Unternehmenskommunikation selbstverständlich wie folgt zusammenfasst, darf dies jedoch nicht darüber hinwegtäuschen, dass hier zwar bereits 2007 für den Bereich weitrei-chende Aussagen gemacht wurden, die jedoch immer noch weit von der Realität der meisten Unternehmungen entfernt sind:

> Kommunikationsmanagement muss klar und offen erklären, wie man die besten Mitarbeiter findet beziehungs-weise hält und was man für ihre Weiterbildung tut. Es muss erklären, wie kluge Ingenieure aus der Forschung mit den Vertriebsleuten am Kundenende gemeinsam neue Produkte entwickeln. Oder es muss dem Investor klar machen, dass vielleicht nicht kurzfristig der schnelle Euro, aber langfristig eine sehr stabile und auskömmliche Rendite erzielt wird. Dann ist es wertorientiert.[235]

Auch wenn hier der Fokus auf der profitorientierten Unternehmung liegt, so ist dennoch zu bedenken, dass diese Forderungen nicht weniger für den Nonprofit-Bereich und insbesonde-re für Stiftungen gelten. Der allseits beklagte Fachkräftemangel, der Rückgang an langfristi-

---

232  Vgl. Mast, Claudia ([4]2010): *Unternehmenskommunikation: Ein Leitfaden.* Stuttgart, 10ff.
233  In Deutschland ist das Institut für Kommunikations- und Medienwissenschaft der Universität Leipzig einer der bedeutenden Thinktanks, von dem wichtige Impulse für eine weitere interdisziplinäre Forschung ausge-hen. Allerdings zeigt sich in den Forschungsarbeiten der Professoren Günter Bentele und Ansgar Zerfaß wie-derholt, dass in vielen Unternehmen das Potential eines ganzheitlichen Managements bislang nicht erkannt wurde und demzufolge auch die dafür notwendigen Strukturen immer noch nicht geschaffen wurden.
234  Lyczek, Boris/ Meckel, Miriam (2008), 9.
235  Will, Markus (2007b): *Endlich wertvoll!* Universität St. Gallen. Institut für Medien- und Kommunikations-management. Jahresbericht, 40.

gem und verlässlichem ehrenamtlichen Engagement sowie die weitreichenden Herausforderungen des demografischen Wandels sind gesamtgesellschaftlich spürbar und verlangen nach
Antworten im gesamten Management, auch oder gerade bei sozialen Dienstleistern wie es
Stiftungen z. B. als Betreiber von diakonischen Unternehmen sein können. Zudem sind wertegeleitete Unternehmungen noch viel mehr auf intrinsisch motivierte Mitarbeitende angewiesen und haben meist kaum ökonomisch motivierte Anreizsysteme anzubieten.

Im folgenden Kapitel wird nun zunächst auf die grundlegenden Komponenten der Unternehmenskommunikation eingegangen. Anschließend erfolgt eine kurze Einführung in das
neue St. Galler Management-Modell und eine Vorstellung der drei aktuellen Kommunikationsmodelle, die derzeit den dortigen Stand der Forschung repräsentieren.

## 3.1      Grundlegende Komponenten der Unternehmungskommunikation

Um über Unternehmenskommunikation sprechen zu können, bedarf es zunächst einer Einführung in deren wichtigste Komponenten und ihre Terminologie. Diese Ausführungen bieten damit die Basis für die darauf aufbauenden Betrachtungen des Kommunikationsmanagements in den anschließenden Kapiteln.

### 3.1.1    Corporate Identity

Die Identität einer Unternehmung zählt wohl zu den am meisten überinterpretierten und
zugleich unterschätzten Größen der Unternehmenskommunikation. Insofern ist es hilfreich,
diesen Terminus zunächst als rein materielle Erscheinungsform zu betrachten, wie es Paul A.
Argenti und Janis Forman in ihrem Grundsatzwerk zur Corporate Communications getan
haben:

> In concrete terms, identity is conveyed by an organization's logos, products, services, buildings, stationery, uni-
> forms, and any other tangible bit of evidence created by your organization to communicate with a variety of
> constituencies.[236]

Doch diese visuellen Manifestationen allein würden zu kurz greifen, da sie nur Ausdruck,
nicht aber das ‚Selbstverständnis' einer Unternehmung sind. Schon früh haben Peter Ulrich
und Edgar Fluri auf den Zusammenhang der visuellen Kommunikation und ihre Bedeutung
für die Identität des Unternehmens in ihren neun Leitgedanken zur Öffentlichkeitsarbeit
hingewiesen:

> Die Konsistenz des ‚Erscheinungsbildes' der Firma in der Öffentlichkeit setzt die durchgängige Orientierung
> ihrer praktizierten Unternehmenspolitik an einer bruchlosen und klar erkennbaren Unternehmensidentität (Cor-
> porate Identity) voraus. […] Man spricht statt von der Unternehmensidentität auch von der ‚Firmenpersönlich-
> keit'.[237]

In der Praxis erweist es sich für Stiftungen oft hilfreich, in der Analyse und in Entwick-
lungsprozessen eine Art Lebenslauf oder auch Steckbrief für die eigene Unternehmung zu

---

236   Argenti, Paul/ Forman, Janis (2002): *The Power of Corporate Communication: Crafting the Voice and Image
      of Your Business.* New York – Chicago – San Francisco – Lisbon, 70f.
237   Ulrich, Peter/ Fluri, Edgar ([7]1995), 91.

erstellen. Was macht unsere Stiftung aus? Welche besonderen Merkmale hat sie? Ist sie eher männlich oder weiblich? Jung oder alt? Sobald bei der Auswertung dieser individuellen, von den Mitarbeitenden einzeln zu erstellenden Antworten, große Diskrepanzen sichtbar werden, treten Identitätsdefizite klar zu Tage. Bleiben sie hingegen unentdeckt und prägen latent die Kultur und das Corporate Behavior der Stiftung, so können fehlende Akzeptanz und Glaubwürdigkeit in der Öffentlichkeit hier ihre Ursache haben. Für die Stakeholder dieser Stiftung wird es dann in der Regel schwer sein, sich ein konsistentes Bild zu machen und damit Vertrauen aufzubauen. Die Folgen können geringeres Spendenaufkommen, schlechtere Konditionen bei Geschäftspartnern oder weniger Kooperationsmöglichkeiten sein.

Damit all diese Stakeholderkontakte gut gelingen können, ist die Rolle der Corporate Identity von großer Bedeutung. Marco Casanova, dessen Forschungsarbeit an anderer Stelle noch ausführlich besprochen werden (siehe auch Kap. 3.3.2), hat dies klar zusammengefasst: „Die Corporate Identity steuert als zentrale Kommunikationsstrategie das Image des Unternehmens und orchestriert somit sämtliche Kommunikationsaktivitäten des Unternehmens."[238]

## 3.1.2    Corporate Branding

> „Markenware hat eine heraldische Funktion, die – wie bei mittelalterlichen Wappen – den Status ihrer Träger öffentlich bekannt gibt. Bei Wahl und Kauf von Markenartikeln geht es deshalb nicht nur um deren Leistungsumfang, praktische Nützlichkeit oder technische Vorzüge, sondern vor allem um Lebensgefühle."[239]

Mit dieser Aussage gelingt es Werner Wunderlich die angeblich so aktuelle und moderne Debatte um Markenführung kulturhistorisch auf ihren angestammten Platz zu rücken. Gleichzeitig ist sein Verweis auf die emotionale Bedeutung zentral für das Verständnis von Marken. Grundsätzlich sind Marken, wie sie der Markenexperte Heribert Meffert vielfach beschrieben hat, fest verankerte und unverwechselbare Vorstellungsbilder in den Köpfen der der Stakeholder.[240]

---

238  Casanova, Marco (2005): *Public Relations als strategisches Führungsinstrument. Vom St. Galler Modell des ganzheitlichen Managements zum Modell des ganzheitlichen Kommunikationsmanagements.* In: Rademacher, Lars (Hg.): Distinktion und Deutungsmacht: Studien zu Theorie und Pragmatik der Public Relations. Wiesbaden, 95–108.

239  Wunderlich, Werner (2004): *Kultur als Ordnungsmoment.* In: Dubs, Rolf/ Euler, Dieter/ Rüegg-Stürm, Johannes (Hgg.): Einführung in die Managementlehre Bd. 1, Bern – Stuttgart – Wien, 464.

240  Interessanter Weise ist zur Würdigung und Fortführung des Werks von Meffert mittlerweile eine eigene Stiftung gegründet worden. Auf der Homepage der Westfälischen Wilhelms-Universität Münster heißt es dazu: „Prof. Dr. Dr. h. c. mult. Heribert Meffert hat als Hochschullehrer und Gründer des ersten Instituts für Marketing an einer deutschen Universität maßgeblich zur Entwicklung und Etablierung der Marketingdisziplin in Wissenschaft und Praxis beigetragen. Es geht ihm vor allem darum, ein integriertes Verständnis des Marketings als Unternehmensphilosophie für die marktorientierte Unternehmensführung zu fördern und zu stärken. Dieses Ziel wird in den Aktivitäten der Heribert Meffert Stiftung weiterverfolgt, die 1999 auf Anregung von Freunden und Förderern des Instituts für Marketing in Münster gegründet wurde. Zentraler Zweck der Stiftung ist die Förderung von Wissenschaft, Forschung und Lehre auf dem Gebiet des Marketing und der marktorientierten Unternehmensführung." http://www.marketingcenter.de/ifm/organisation/meffert.html. (Zugriff am 11.3.2013).

Im Markengesetz (MarkenG) ist eine Marke wie folgt definiert:

§ 3 Als Marke schutzfähige Zeichen

(1) Als Marke können alle Zeichen, insbesondere Wörter einschließlich Personennamen, Abbildungen, Buchstaben, Zahlen, Hörzeichen, dreidimensionale Gestaltungen einschließlich der Form einer Ware oder ihrer Verpackung sowie sonstige Aufmachungen einschließlich Farben und Farbzusammenstellungen geschützt werden, die geeignet sind, Waren oder Dienstleistungen eines Unternehmens von denjenigen anderer Unternehmen zu unterscheiden.[241]

Marken sind heute in fast allen Produkt- und Dienstleistungsbereichen etabliert. Das Ziel einer ausgefeilten Markenführung ist es, dem Kunden Orientierung in der Fülle der Angebote zu geben, Verkaufsentscheidungen zu beeinflussen, für Vertrauen zu werben und ein Identifikationsangebot zu schaffen. Wer sich mit bestimmten Produkten, wie Autos oder Markenkleidung umgibt, macht damit bewusst oder unbewusst Aussagen zur eignen Person, indem gleichsam Teile der Markenidentität auf ihn rückwirken. Auch die gezielte Abgrenzung zu Marken und von manchen Verbrauchern vollmundig bekannte Immunität gegenüber derartigen Beeinflussungen, ist in der Psychologie vielfach als ein weiteres Merkmal der omnipräsenten Markenmacht identifiziert worden. Der Markenwert einer Unternehmung kann über 50 Prozent des Unternehmenswertes ausmachen.

Ein wesentlicher Unterschied zwischen Profitunternehmen und Stiftungen in Bezug auf ihre Markenführung ist, dass

die Art der Transaktionsbeziehungen zu den relevanten Anspruchsgruppen [sich, U. P.] erheblich von einem reinen Austausch von Produkt bzw. Dienstleistung und finanzieller Gegenleistung [unterscheidet, U. P.]. Der Kunde als Destinatär der erbrachten Leistung stellt zwar die raison d'étre für die Stiftung dar, nimmt jedoch nicht eine derartig zentrale Stellung im System der Anspruchsgruppen ein wie im Profit-Sektor.[242]

Auch muss erwähnt werden, dass viele Stiftungen, die zwar sonst dem Kommunikationsgedanken gegenüber aufgeschlossen sind, sich äußerst skeptisch gegenüber dem Markenbegriff zeigen. Zu nah scheint hier der Bezug zu dem Gedankengut des Profit-Marketing und der Werbung zu sein, als dass man glaubte, dies mit den eigenen Vorstellungen von der Verwirklichung normativer Ansprüchen und Zielsetzungen vereinbaren zu können.

Auch intern wirken starke Marken, indem sich Mitarbeitende besser mit ihrer Unternehmung identifizieren können, gerne als deren Multiplikatoren auftreten und damit unter anderem einen wichtigen Teilaspekt des Personalmarketings übernehmen. Intern und extern geht es im Kommunikationsprozess und der gelungenen Markenführung darum, „Einfluss auf die Vertrauenswürdigkeit einer Organisation in deren öffentlichen Beziehungen zu nehmen"[243].

Exkurs: Bedeutung der Marke für das Fundraising

Viele Nonprofit-Organisationen haben mittlerweile ein ausgeprägtes Profil sowie eine hohe Wiedererkennbar- und Unverwechselbarkeit in ihrem Auftritt entwickelt. Besonders für

---

241 Vgl. MarkenG, Online zugänglich unter: http://www.gesetze-im-internet.de/markeng/__3.html (Zugriff am 11.3.2013).
242 Meffert, Heribert/ Dettmers, Sebastian (2008): *Markenführung von Stiftungen*. In: Meffert, Heribert/ Bruhn, Manfred (Hgg.): Dienstleistungsmarketing, Wiesbaden, 451.
243 Szyszka, Peter (2005), 90.

spendensammelnde Organisationen ist dies unverzichtbar und lässt sich an den Erhebungen
zur Bekanntheit hervorragend ablesen. Bei gestützten Umfragen wurden als die fünf bekann-
testen Spenden sammelnden Organisationen des deutschen Spendenmarktes ermittelt: Deutsches Rotes Kreuz (98 Prozent), Aktion Mensch (95 Prozent), SOS-Kinderdörfer
(94 Prozent), Deutsche Krebshilfe (93 Prozent) und Brot für die Welt (93 Prozent). Diese
starken Marken generieren in der Regel auch die größten Spendenvolumen. 2007 erzielten
die höchsten Spendenaufkommen der Hermann-Gmeiner-Fonds mit 116,8 Millionen Euro,
gefolgt von SOS Kinderdorf e.V. mit 115,5 Millionen Euro, Unicef mit 85,5 Millionen Euro
vor der Johanniter Unfallhilfe (82,9 Millionen Euro) und der Deutschen Krebshilfe (81,9
Millionen Euro).[244]

Nach Angaben des DZI von 2008 sind in Deutschland rund 570.000 Organisationen auf
Spendengelder angewiesen. Dass hier also ein heftiger Verdrängungswettbewerb[245] herrscht,
in dem professionelle Markenführung mit dem Bestreben um Alleinstellungsmerkmale zentrale Bedeutung hat, erklärt sich angesichts dieser Zahlen von selbst. Neben den klassischen
Zielen des Fundraising ist unbestritten auch der Wettbewerb um ehrenamtliche Zeit-Spender,
Sponsoren, Medien und die breite Öffentlichkeit entbrannt, die es gilt durch gezielten Mar-
kenaufbau[246] und -pflege langfristig zu überzeugen und zu binden.

## 3.1.3    Corporate Image

Das Image[247] einer Unternehmung ist einem ständigen Wandel unterworfen. Dies zu erkennen, zu akzeptieren und im Management zu berücksichtigen, fällt besonders denjenigen
Organisationen schwer, die – wie Stiftungen oder Kirchen – dem Ewigkeitsgedanken nahe
sind. Das mag auch die eine oder andere Schwerfälligkeit bei Prozessen im Rahmen des
Change-Managements, der Organisationsentwicklung oder – mit schwerwiegenden Folgen
bei verschleppter – Krisenkommunikation erklären. Das Bild der Stakeholder jedoch „entsteht durch viele Eindrücke, die eine Person von einem Unternehmen erhält, und vor allem
durch Kommunikation über das Unternehmen und seine Produkte"[248]. Das Image definiert
also die Fremdsicht auf die Unternehmung und wird häufig mit dem Bild eines Schattens
verglichen, wobei er nach Mast in diesem Fall ein Eigenleben entwickeln kann.[249] Dann
nimmt das Image eine Gestalt an, die weder gezielt von der Unternehmenskommunikation

---

244  Alle Angaben wurden der Website fundraising & socialmarketing entnommen: http://www.online-
     fundraising.org/index.php?/spendenmarkt-brd.html (Zugriff am 11.3.2013)
245  Nach Angaben der Website fundraising & socialmarketing sind derzeit folgende Zahlen in Umlauf: „Von den
     im Frühjahr 2001 544.701 eingetragenen Vereinen sind laut Bundesregierung 240.000 bis 280.000 gemein-
     nützige Organisationen. Die Angaben über die tatsächliche Anzahl der um Spenden werbenden Organisatio-
     nen schwanken zwischen 14.000 und 80.000. Nach Schätzungen des Deutschen Zentralinstituts für soziale
     Fragen (DZI), betreiben ca. 20.000 gemeinnützige Organisationen aktiv Fundraising, hiervon treten 10 %
     durch überregionale Spendenaufrufe in Erscheinung, 250–300 davon sind bundesweit profiliert."
     http://www.online-fundraising.org/index.php?/spendenmarkt-brd.html (Zugriff am 10.4.2013).
246  Ein gelungenes Beispiel aus dem NPO-Bereich ist der Re-Branding-Prozess der „Aktion Sorgenkind" in
     „Aktion Mensch", der bei Marken-Award 2001 des Deutschen Marketing-Verbands und der Zeitschrift ab-
     satzwirtschaft einen Sonderpreis erhielt.
247  Der Begriff stammt von dem lateinischen Wort ‚Imago': Bild, Bildnis.
248  Meckel, Miriam/ Schmid, Beat F. (²2008), 90.
249  Vgl. dazu auch Mast, Claudia (⁴2010), 54.

intendiert wurde, noch durch sie verhindert oder beeinflusst werden kann. Diese Entwicklung ist seit der Etablierung der Social Media[250] verstärkt zu beobachten und bringt gerade jene Unternehmungen in große Schwierigkeiten, die sich hier entweder noch nicht oder noch unsicher bewegen. Schon Ulrich und Fluri hatten in ihren neun Leitgedanken zur Öffentlichkeitsarbeit, längst bevor es Social Media überhaupt gab, auf die Bedeutung von ‚unternehmenspolitischen Verständigungspotentialen' hingewiesen und gefordert: „Öffentlichkeitsarbeit ist deshalb nicht als monologische Information, sondern grundsätzlich als dialogischer Prozess zu gestalten."[251] Dies hat durch die rasante Entwicklung der technischen Entwicklung der Medienlandschaft in den letzten Jahren enorme Bedeutung bekommen. So kann heute quasi über Nacht durch eine Diskussion in der Blogosphäre[252] die Aufbauarbeit eines guten Images komplett zerstört werden.

Neben dem so unterschiedlich ausgelegten und schillernden Image-Begriff ist die eher wissenschaftliche Diskussion und Definition der eng verwandten ‚Reputation'[253] von Bedeutung. Schmid und Lyczek folgen beide einer Unterscheidung der individuellen und der kollektiven Betrachtung, wonach ‚Image' das bezeichnet, was *ich* von der Unternehmung denke und ‚Reputation' ist das, was *man* denkt, also die Summe dessen, was die Anderen davon halten.[254]

Der breite wissenschaftliche Diskurs zum Verhältnis und zur Unterscheidung von Image und Reputation ist im Rahmen dieser Arbeit nicht abzubilden. Vielmehr soll die prägnante Darstellung von Schmid und Lyczek an dieser Stelle genügen:

> Die Beziehung der sozialen Reputation zum individuellen Image ist somit eine zweifache und reflexive: Zum einen ergibt sich Reputation aus der Summe der Images der Mitglieder einer Gemeinschaft und kann als solche gemessen werden. Zum anderen fließt Reputation als perzipierter Ruf innerhalb einer Gemeinschaft ein in die Bildung des einzelnen persönlichen Images.[255]

Der Zusammenhang zwischen Corporate Reputation und der Wertsteigerung eines Unternehmens ist nach Aussage von Rademacher bislang noch nicht hinreichend erforscht.[256] Für

---

250  Vgl. Das Wirtschaftslexikon von Gabler definiert den Begriff folgendermaßen:
„Soziale Medien dienen der – häufig profilbasierten – Vernetzung von Benutzern und deren Kommunikation und Kooperation über das Internet. Das Attribut kann im Sinne der menschlichen Gemeinschaft oder eines selbstlosen und gerechten Umgangs verstanden werden." Springer Gabler Verlag (Hg), Gabler Wirtschaftslexikon, Stichwort: Soziale Medien, online im Internet http://wirtschaftslexikon.gabler.de/Definition/soziale-medien.html (Zugriff am 28.8.2013)

251  Ulrich, Peter/ Fluri, Edgar (1995), 91.

252  Die Blogosphäre ist die Welt der Web-Tagbücher, die sich Blogger – also die Nutzer dieser Blogs – für ihre Web-Tagbücher geschaffen haben. Die Blog-Welt reicht weit über die Einträge an Weblogs hinaus und wird gleichermaßen als journalistisches und publizistisches Konzept und als Kommunikations- und Vermarktungsstrategie angesehen. http://www.itwissen.info/definition/lexikon/Blogosphaere-blogosphere.html (Zugriff am 11.4.2013).

253  Zur Unterscheidung verschiedener Ansätze zu Image und Reputation kann man zusammenfassend festhalten, dass Image tendenziell eher den individuellen, flüchtigen Ersteindruck bezeichnet, während die Reputation langfristig auf eine nachhaltige Wertigkeit der Unternehmung abzielt. Vgl. auch Eisenegger, Mark (2005): Reputation in der Mediengesellschaft. Konstitution – Issues Monitoring – Issues Management. Wiesbaden.

254  Schmid, Beat F./ Lyczek Boris (2008): Die Rolle der Kommunikation in der Wert-schöpfung der Unternehmung. In: Meckel, Miriam/ Schmid, Beat F. (Hgg) (²2008): Unternehmenskommunikation. Unternehmenskommunikation aus Sicht der Unternehmensführung. Wiesbaden, 89.

255  Schmid, Beat F./ Lyczek Boris (2008), 89.

256  Rademacher, Lars (2011), 10f.

den Kommunikationswissenschaftler Klaus Merten hat der Begriff ‚Reputation' mehrere
ältere Wurzeln, wie ‚Ruf' oder ‚Prestige', die alle auf der Erzeugung von Differenz basieren.
Differenz durch

1.  Information: Sie verschafft dem ‚Besitzer' Beachtung.
2.  Sozialen Status: Wertschätzung durch Reichtum, Macht etc.
3.  Erfolg: Excellenz und Auszeichnung[257]

Erst in der Abgrenzung gegenüber anderen ist es demnach möglich, die eigene Reputation zu
definieren.

   An dieser Stelle sei noch kurz auf den wichtigen Zusammenhang zwischen Vertrauen
und Organisationskommunikation hingewiesen. Diesen hat, besonders im Hinblick auf Identität, Marke, Image und Reputation, Nikodemus Herger in seiner Forschungsarbeit aufgezeigt.[258] Bemerkenswerter Weise kommt er beim Vergleich von verschiedenen Forschungs-
modellen zur sogenannten ‚Vertrauenskonstruktion' zu der Erkenntnis, dass allen die
‚Unterscheidung zwischen den normativen und strategisch-operativen Elementen' fehlt.
Normative Elemente wie Identität, Werte oder Kultur würden zwar erwähnt, aber mit anderen zusammen undifferenziert behandelt. Er schlägt vor, in Anlehnung an Rüegg-Stürm, den
normativen Ordnungsrahmen als Grundlage für die strategische Positionierung zu verstehen,
um somit die „Frage nach der Normverträglichkeit der strategischen Entscheide"[259] stellen zu
können. Hier scheint ein weiteres Forschungsdesiderat vorzuliegen, das auf Basis des neuen
St. Galler Management-Modells grundlegend aufgearbeitet werden könnte. Erstaunlich, dass
dies offenbar noch nicht geschehen ist, bedenkt man, dass Ulrich und Fluri in ihrem ersten
Leitgedanken zur Öffentlichkeitsarbeit bereits den Zusammenhang von PR, Image, Vertrau-
en und Glaubwürdigkeit wie folgt herausgearbeitet haben:

> Eine bloß reaktive PR-Kampagne, die erst beginnt, nachdem ein „Imageproblem" aufgetaucht ist, reicht zur
> Wiederherstellung der Glaubwürdigkeit nicht aus, da sie offenkundig auf Symptombekämpfung zielt. Es
> kommt demgegenüber darauf an, Öffentlichkeitsarbeit als in voraus und langfristig angelegten Aufbau von Ver-
> trauens- und Glaubwürdigkeitspotentialen der Unternehmung zu verstehen und zu konzipieren.[260]


## Exkurs: Krisenkommunikation

Besonders wertorientierte Unternehmungen werden von der in letzter Zeit sehr viel kritischer werdenden Öffentlichkeit auf die Inkonsistenz zwischen proklamiertem Anspruch und
gelebten Werten überprüft. Die Literatur zu wirkungsvollem Kommunikationsmanagement
in Krisensituationen ist vielfältig und wird zunehmend um die bereits erwähnten Besonderheiten im Umgang mit Social Media erweitert.

   Entscheidend für die betroffenen Unternehmungen ist, dass bereits vor der ersten Krise
ein Masterplan vorliegt und Abläufe festgelegt sowie Verantwortlichkeiten definiert werden
sollten. Fragt man Stiftungen und andere Nonprofit-Organisationen, ob sie darüber verfügen,

---

257   Merten, Klaus (2012): *Image und Reputation*. In: Bentele, Günter/ Piwinger, Manfred/ Schönborn, Gregor
      (Hgg.) Kommunikationsmanagement. Strategien, Wissen, Lösungen. Köln, 8.49, 11.
258   In seiner Studie legt er einen Vergleich der verschiedenen Modelle zur Vertrauenskonstruktion von Meyer,
      Davies, Birkig/ Stadler, Meffert, Melewar/ Woolridge und Fombrun vor.
259   Herger, Nikodemus (2006): *Vertrauen und Organisationskommunikation: Identität – Marke – Image – Repu-
      tation*. Wiesbaden, 83.
260   Ulrich, Peter/ Fluri, Edgar (1995), 90.

so erstaunt es nicht, dass in der Regel nur diejenigen vorgesorgt haben, die bereits einmal unvorbereitet in eine Krise geraten sind. Bei den meisten anderen ist die Hoffnung, verschont zu bleiben, handlungsleitend.

Es würde an dieser Stelle zu weit führen, auf dieses kommunikative Spezialgebiet näher einzugehen. Nur so viel sei zur Veranschaulichung dargelegt, wie Argenti und Forman als Empfehlungen auflisten. Sie machen deutlich, wie hier widergegeben, dass Krisenmanagement durch strategische Planung und operative Maßnahmen handhabbar ist:

- Define the problem
- Gather the relevant information
- Centralize communications
- Communicate early and often
- Get inside the media's head
- Communicate direcly with affected constituencies
- Keep the business running
- Make plans immediately after the crisis to avoid another crisis.[261]

### 3.1.4    Corporate Vision

Eng verknüpft mit dem Verständnis der eigenen Identität, der Marke und ihren Werten ist der in der Unternehmenskommunikation zentrale Begriff der Vision. Paul Argenti und Janis Forman formulieren das so:

„Most central to your corporate identity, however, is the vision that encompasses your company's core values, philosophies, standards, and goals."[262] Darin wird zugleich eine weitere, oft unterschätzte oder gar negierte Funktion der Unternehmenskommunikation mit aufgegriffen, nämlich die ‚richtigen‘ und manchmal auch ungeklärten Fragen zu stellen. In diesem Fall: Welche Rolle möchten wir (in Zukunft) in unserem Umfeld einnehmen? „Die Corporate Vision ist ein auf die Zukunft gerichtetes Selbstbild der Unternehmung. Sie stellt den Ausgangpunkt des unternehmerischen Strategieprozesses dar, der Handeln und Kommunikation verbindlich ausrichtet."[263] Zu den mittlerweile auch in Nonprofit-Organisationen in einem Leitbild verankerten normativen Grundsätzen, müssen auch die Aspekte des Fremdbildes und seiner Werte hinzutreten. Nach Schmid und Lyczek findet sich hier die Verknüpfung zur Unternehmensstrategie, die aus der „Corporate Vision konkrete Unternehmensziele und die wichtigsten Maßnahmen" ableitet, um zu einem „Sollbild"[264] zu gelangen.

Noch grundsätzlicher hat Knut Bleicher in seinen Überlegungen zur ‚Metaintegration‘ durch eine Management-Philosophie den breit angelegten Zusammenhang zwischen Umwelt, Wertehaltung und Sinnfragen in einem Bezugsgeflecht auf eine – aus der Unternehmensphilosophie abgeleiteten – Vision entwickelt:

Eine Managementphilosophie wirft grundsätzliche Fragen der Rolle des Managements im sozialen Kooperationszusammenhang der Unternehmung im Hinblick auf das zugrunde gelegte Menschenbild und die verfolgten Wertstrukturen auf. Damit verbinden sich Fragen der Sinnfindung für wesentliche Bezugsgruppen im Umgang mit der Unternehmung. Aus ihnen leiten sich in der Unternehmungsphilosophie Vorstellungen über eine zu-

---

261    Argenti, Paul/ Forman, Janis (2002), 262.
262    Argenti, Paul/ Forman, Janis (2002), 71.
263    Schmid, Beat F./ Lyczek Boris (2008), 107.
264    Schmid, Beat F./ Lyczek Boris (2008), 108f.

künftige Positionierung der Unternehmung in Wirtschaft und Gesellschaft durch die Bereitstellung eines Nutzens für wesentliche Bezugsgruppen ab, die ihren Niederschlag in einer Vision finden.[265]

Diese Zusammenhänge sind sowohl in normativer Hinsicht – bezogen auf extern und intern
relevante Managementprozesse der Stiftungen – interessant, als auch in Bezug auf deren
Visionsbegabung, wie in den Kriterien erfolgreicher Stiftungskommunikation (siehe auch
Kap. 4.2.7) deutlich werden wird.


## 3.1.5    Corporate Mission

„A mission statement has to focus on what the institution really tries to do and then do it so
that everybody in the organization can say, this is my contribution to the goal."[266] Mit dieser
Definition trifft Peter F. Drucker genau den Kern und Institutionen dürften damit keine großen Schwierigkeiten haben, ihre Mission zunächst klar zu formulieren. Entscheidend sind
nach Drucker dabei zwei Komponenten. Erstens die Frage: ‚Was machen wir?' oder auch
‚Was ist unsere (Kern-) Aufgabe?' Und zweitens die Antwort darauf, die so schlicht und
einleuchtend sein muss, dass jeder in der Unternehmung – ungeachtet der Hierarchieebene –
sie beantworten können sollte.

Amerikanische Unternehmungen haben interessanter Weise oft weniger Schwierigkeiten mit eher schlichten und eingängigen Aussagen als deutsche. Auch die vergleichende
Werbung ist etabliert und blickt dort auf eine lange Tradition zurück. Deutsche Unternehmungen haben das inzwischen teilweise adaptiert, was hier nicht bewertet werden soll.

Nonprofit-Organisationen hingegen fallen oft die auf ihre Essenz reduzierten Aussagen
zu ihrem Auftrag und ihren Fähigkeiten sehr schwer. Zum einen mag der Grund dafür sein,
dass es dem Selbstverständnis widerspricht, ‚werblich knapp' aufzutreten. Oder die Organisation ist sehr komplex, beispielsweise mit einem breiten Portfolio an Hilfeangeboten und
daher schwer zu beschreiben. Zum anderen sind überkomplexe Entscheidungsstrukturen
oder fehlendes Knowhow in der Kommunikationsarbeit die Ursachen dafür und gerade in
konfessionell geprägten Häusern steht manches Mal die ‚Macht des Wortes' knappen Aussagen entgegen. Dann fällt es entsprechend schwer nach dem bekannten KISS-Prinzip des
Marketing zu agieren: ‚Keep it short and simple'. Fast scheint es, als würde befürchtet, beim
Gegenüber den Fehlschluss auszulösen, dass einfach formulierbare Aufgaben eben auch
keiner komplexen Aufgabenstellung bezüglich ihres Managements bedürften. Dabei wäre
hier Peter Druckers Ansatz so viel zielführender, wenn er schreibt: „The task of the nonprofit manager is to try to convert the organization's mission statement into specifics. [...]
The mission is forever and may be divinely ordained; the goals are temporary."[267]

Welche Rolle kommt in diesem Zusammenhang nun der Unternehmenskommunikation
zu? Sie „entwirft ein Bild der Firma und ihrer Mission und gestaltet die Kommunikationsbeziehungen zu den Medien, um dieses Bild der Öffentlichkeit zu vermitteln. Sie kommuni-
ziert die Firmenanliegen auf anderen Kanälen zu weiteren wichtigen Stakeholdern, wie Be-

---

265   Bleicher Knut (⁷2004): *Das Konzept integriertes Management. Visionen, Missionen, Programm.* Frankfurt –
        New York, 79.
266   Drucker, Peter F. (1990): *Managing the Nonprofit Organization. Prinziples and practices.* New York – Lon-
        don – Toronto – Sydney, 4.
267   Drucker, Peter F. (1990), 5.

hörden oder Aktionären."[268] Dieses Zitat von Beat Schmid wird so manche Unternehmens-
oder Stiftungsleitung zum Widerspruch herausfordern, die eben nicht bereit sind, ihre Kom-
munikationsabteilung ein Bild der Firma entwerfen zu lassen, und sie haben Recht. Fehlendes integriertes Management zwischen Unternehmungsleitung und Kommunikationsverantwortlichen birgt die Gefahr, ein Bild in der Öffentlichkeit zu zeichnen, das immer
weniger der Unternehmung und ihrer Realität entspricht. Neben fehlender interner Kommunikation oder einem Managementverständnis, das die Kommunikation außen vor lässt, kann
der Grund auch fehlendes oder falsches Bewusstsein der Unternehmensführung von den
relevanten Kommunikationsaufgaben sein. Die Folge ist dann oftmals ein Alleingang der
Kommunikationsverantwortlichen, die – nach eigenen Aussagen – versuchen, eine rück-
wärtsgewandte und weltverschlossene Führung zu umgehen. In beiden Fällen schadet die
fehlende Integrationsleistung im Management der Stiftung intern und extern.

Ebenfalls schädlich für das Stiftungswesen insgesamt ist eine Haltung, die Kenneth
Prewitt treffend beschreibt. Zwar spiegelten sich in der Mission der Stiftung die Präferenzen
des Stifters wider, aber es sei auch in den Blick zu nehmen, dass sie ebenfalls Interessen des
Staates antizipierten und darüber hinaus auf Signale der Gesamtgesellschaft reagierten. Ohne
Aktionäre oder Wähler hätten Stiftungen zwar völlige Freiheit, ihre Mission festzulegen, wie
häufig behauptet werde, aber ihre Steuerfreiheit werde ihnen nur solange gehören, „wie die
Öffentlichkeit und ihr Instrument, der Staat, die Arrangements tolerieren, denen sie ihre
Existenz zu verdanken haben"[269]. In diesem Sinne würden Stiftungen ihre Mission gestalten,
meint der Autor abschließend und es bleibt offen, ob dies eine Feststellung oder Hoffnung
ausdrückt.

### 3.1.6 Corporate Behavior

Corporte Behavior ist ein Teil der Corporate Identity und geht von der Vorstellung eines
‚Verhaltens' der Unternehmung aus. Meist werden dabei drei Ebenen unterschieden:

1. Das Verhalten der Mitarbeiter im gegenseitigen Umgang und gegenüber externen Stakeholdern
2. Pressearbeit oder Werbung und ihre Tools werden zum gesamten ‚Verhalten' der Unternehmenskommunikation in Beziehung gesetzt
3. Kriterien des Qualitäts- und insbesondere des Beschwerde-Managements werden betrachtet.

Auch hier ist das konsistente und in sich widerspruchsfreie Auftreten der Unternehmung
durch ihre Repräsentanten maßgeblich für die Faktoren Glaubwürdigkeit und Image. Diskrepanzen in der Kommunikation, oder wie sie beispielsweise zwischen der proklamierten
Wertehaltung einer Stiftung und dem Auftreten ihrer Multiplikatoren entstehen können,
verhindern den Aufbau eines guten Images und zerstören womöglich eine vorhandene gute
Reputation. Sie wirken sich damit unmittelbar auf Faktoren wie Spendenerträge oder Koope-

---

268  Schmid, Beat, F. (2008): *Medien- und Kommunikationsmanagement*. In: Meckel, Miriam/ Schmid, Beat F.
(Hgg.): Kommunikationsmanagement im Wandel. Beiträge aus 10 Jahren =mcm institute, Wiesbaden, 36.

269  Prewitt, Kenneth (²2003): *Auftrag und Zielsetzung einer Stiftung: Stifterwille, Stiftungspraxis und gesellschaftlicher Wandel*. In: Bertelsmann Stiftung (Hg.): Handbuch Stiftungen: Ziele – Projekte – Management –
Rechtliche Gestaltung. Wiesbaden, 347f.

rationen aus. Eingeschüchterte Mitarbeitende, Missachtung von Kriterien des Gender-Mainstreaming oder Nichteinhaltung von Führungsgrundsätzen werden intern und extern in der Regel mehr wahrgenommen, als ‚das Management' oftmals annimmt oder annehmen möchte. Wertegeleitete Unternehmungen werden von ihren Stakeholdern in Bezug auf ihr Verhalten sogar noch kritischer betrachtet und bewertet.

### 3.1.7    Corporate Culture

Die Unternehmenskultur wird stark von der Philosophie geprägt, die einer Unternehmung inhärent ist. Dabei sind Werte, Normen sowie Paradigmen die Grundlagen, die praktisch alle Prozesse – auch wenn das unbewusst geschieht – durchziehen. Werner Wunderlich hat dies im Zusammenhang mit dem St. Galler Management-Modell wie folgt formuliert:

> Jede Unternehmung ist in einem kulturellen Biotop angesiedelt und lässt sich als Mikrokosmos einer ganzheit-lich begriffenen Kultur und deren Subkulturen beschreiben. Unabhängig davon entwickeln Unternehmungen aber auch spezifische Ordnungen, unverwechselbare Leitvorstellungen, typische Verhaltensweisen und beson-dere Kommunikationsformen.[270]

In der Regel sind es neue Mitarbeitende oder externe Stakeholder, die auf ganz verschiede-nen Kanälen höchst sensibel die multiplen Botschaften empfangen. Kognitiv und affektiv, visuell und auditiv werden zahlreiche Informationen aufgenommen, bewertet und gespei-chert. Nicht zuletzt die ganz archaischen Muster von Vorsicht oder Neugier, die zu Verhar-ren, Angriff oder Flucht führen, greifen in diesem Zusammenhang und sind meist in den Erstbegegnungen am stärksten.[271]

Im St. Galler Management-Modell findet sich die Unternehmenskultur auf einer Ebene mit den Strategien und Strukturen. Bezogen auf den eben beschriebenen Prozess der Wahr-nehmung durch Stakeholder schlägt Johannes Rüegg-Stürm eine bemerkenswerte Brücke, wenn er schreibt:

> Diese Beobachtungsarbeit beschränkt sich somit keineswegs auf die einsame innerpsychische Verarbeitung von Ereignissen in den Gehirnen der beobachtenden Menschen. Vielmehr vollzieht sie sich vor allem in den alltäg-lichen Beziehungs- und Kommunikationsprozessen. […] Menschen möchten wissen, was andere über diese Sachverhalte denken, und erst in der kollektiven, gemeinsamen kommunikativen Interpretationsarbeit destillie-ren sich allmählich privilegierte, aus der Sicht des lokalen Kontext sinnhafte Beschreibungen (Interpretationen) heraus …[272]

Auf die eigene Wahrnehmung folgt also der Austausch mit anderen, quasi als Regulativ, um dann in eine ‚kollektive Wahrheit' überführt zu werden. Diese findet ihren Niederschlag in der Geschichte und den Geschichten der Unternehmung und in der Art, wie diese vermittelt werden.[273]

---

270  Wunderlich, Werner (2004), 459.

271  Vgl. hierzu auch Kommunikationstraining nach Birkenbihl: Birkenbihl, Vera F. (2011): *Kommunikationstrai-ning: zwischenmenschliche Beziehungen erfolgreich gestalten*. München.

272  Rüegg-Stürm, Johannes (2005): *Das neue St. Galler Management-Modell*. Bern, 57f.

273  In der Praxis konnte man diesen Vorgang in diakonischen Einrichtungen seit den 90er Jahren beobachten, als vielerorts der Wechsel von patriarchalen Leitungsstrukturen hin zu einem breiter aufgestellten Management vollzogen wurde. Hier blühte geradezu die Erzählkultur der Nostalgie um den ‚alten' Vorstand, der wenigs-

Auch das Leitbild spielt im Kontext der Unternehmenskultur eine sehr große Rolle. Ist der Prozess der Entstehung kein Top-Down-Modell, sondern breit aufgestellt und durch die Teilnahme von zahlreichen Mitarbeitenden geprägt, wie beispielsweise in der Diakonischen Stiftung Wittekindshof, ist das Ergebnis tiefgreifend. Dann wird formuliert und in Sprache gegossen, was sowohl auf der bewussten, als auch auf der unbewussten Ebene der Unternehmung eine Rolle spielt, wie es Edgar H. Schein mit seinem bekannten ‚Eisbergmodell' der sichtbaren und unsichtbaren Ebenen der Unternehmung gezeigt hat.[274]

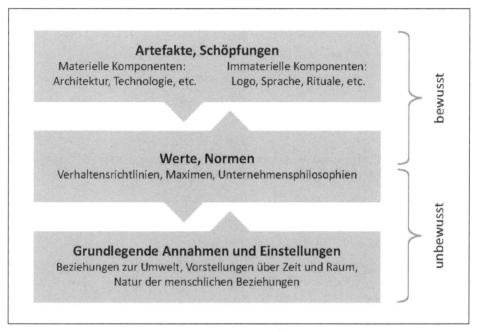

*Abbildung 12:* Kultur-Ebenen-Modell nach Edgar Schein.
Quelle: Eigene Darstellung nach Edgar Schein.

Die Formulierung von Leitbildern besonders in Nonprofit-Unternehmungen, wie in Einrichtungen der Diakonie, geht dort auf einen Boom in den frühen 90er Jahren zurück. Nach Alfred Jäger war diese Entwicklung für die Unternehmungen im Ganzen von großer Bedeutung. „Im Zug derartiger Leitbildprozesse wurden wie von selbst zahlreiche weitere Management-Instrumentarien ins Spiel gebracht, deren Auswirkungen in der alltäglichen Unternehmenspolitik rasch wirksam werden konnten."[275] Stichprobenhafte Nachfragen im Stiftungsbereich zeigen hingegen, dass hier Leitbilder offenbar (noch) nicht so verbreitet sind wie im diakonischen Kontext.

---

tens, wie kolportiert wurde, noch greifbar und vor Ort präsent sich durch sein ‚Management by walking around' für die Belange der Mitarbeitenden interessiert hatte.

274   Vgl. Schein, Edgar H. (⁴2010): *Organizational Culture and Leadership,* San Francisco.
275   Jäger, Alfred (2005): *Führung als Lenkung und Gestaltung im diakonischen Unternehmen.* In: Ruddat, Günter/ Schäfer, Gerhard K. (Hgg.): Diakonisches Kompendium. Bd. XIII. Göttingen, 275.

Ulrich und Fluri sehen Leitbilder als einen ‚unternehmenspolitischen Willensbildungs-
prozess‘, der in erster Linie die Gesamtheit der politischen Leitsätze darstellt, und zu dessen
Verwirklichung das Management gleichsam legitimiert und verpflichtet ist.[276]

Mag auch sonst die Rolle der Unternehmenskommunikation in der Managementlitera-
tur am Ende des vergangenen Jahrtausends keine hervorgehobene Rolle gespielt haben, so
fällt auf, dass bei diesen beiden Autoren sogar Funktion und Anforderungen des Leitbilds für
die Öffentlichkeitsarbeit formuliert wurden: „Durch Bekanntgabe eines Leitbilds nach außen
wird es interessierten Gruppen und der Öffentlichkeit ermöglicht, sich ein konkretes Bild
über die definierte Unternehmungsidentität zu verschaffen.“[277]

Und zu den Anforderungen, die dies ermöglichen heißt es:

- Sie [i. e. die Unternehmenspolitik, U. P.] muss knapp und prägnant formuliert sein.
- Sie muss so operational wie nur möglich sein.
- Zielkonflikte sollen nicht verschleiert, sondern bewusstgemacht werden, damit sie realistisch beurteilt •
  und vorausgesehen werden können.
- Zu zentralen Problemen der Gesellschaft muss sie klar und ehrlich Stellung nehmen […]
- Sie soll keine unerfüllbaren Forderungen enthalten (z. B. nach gleichzeitiger Maximierung konkurrie•
  render Zielgrößen).[278]

Ein Leitbildprozess, der diesen wichtigen Anforderungen genügt und sich positiv auf das
Unternehmen auswirkt, bedarf weitreichender Voraussetzungen, wie der

- Bereitstellung von Ressourcen (z. B. ökonomisch, zeitlich),
- Bereitschaft von Führungskräften und Mitarbeitenden,
- Integration in unternehmerische Abläufe,
- Kommunikation von Meilensteinen und Ergebnissen.

Und auch nach erfolgreichem Abschluss des Prozesses geht es darum, die kontinuierliche
Fortschreibung des Leitbildes und die Integration sowohl in die strategischen, also auch in
die operativen Prozesse zu gewährleisten.

Ein Beispiel ist die Diakonische Stiftung Wittekindshof, die 2009 einen umfangreichen
Leitbildprozess abgeschlossen hat.[279] Auffällig ist, neben der intensiven Einbeziehung der
Mitarbeitenden, dass es sich nicht um eine normative Festschreibung des Status Quo handelt,[280] sondern dass zukünftige gesellschaftliche Perspektiven mitgedacht wurden. Im Vorwort wird eine klare in die Zukunft ausgerichtete Position formuliert:

Das handlungsleitende Bild entwickelt einen weiten Spannungsbogen von heute vorhandenen Angeboten bis
zur Vision einer inklusiven Gesellschaft, die Menschen mit Behinderungen die Teilhabe an allen Institutionen
und Aktivitäten ermöglicht. Hierbei sollen richtungsgebende Orientierungen für Entwicklungsschritte der Diakonischen Stiftung Wittekindshof selbst und aller Mitarbeitenden aufgezeigt werden.[281]

---

276  Ulrich, Peter/ Fluri, Edgar (⁷1995), 93.
277  Ulrich, Peter/ Fluri, Edgar (71995), 93.
278  Ulrich, Peter/ Fluri, Edgar (71995), 93.
279  Nach Angaben der Stiftung wurden 115 Workshops mit 2.050 Beteiligten durchgeführt, die zu 9.100 Rück-
     meldungen führten. Diese wurden schließlich bei der Erstellung des handlungsleitenden Bildes berücksich-
     tigt.
280  Dies ist eines der häufig sichtbaren Probleme bei Leitbildern, dass sie entweder so allgemein gehalten waren,
     dass sie beliebig wirken oder starr und unflexibel sind.
281  Diakonische Stiftung Wittekindshof (Hg.) (2009): Handlungsleitendes Bild der Mitarbeitenden der Diakoni-
     schen Stiftung Wittekindshof. Wittekindshof, 2.

### 3.1.8 Corporate Design

Die Gestaltung des Erscheinungsbildes einer Unternehmung wird im Rahmen des Corporate Designs geplant, entworfen, entschieden und schließlich auf alle Bereiche ausgerollt. Angefangen bei der Geschäftsausstattung, wie Briefbogen und Visitenkarten, der Beschilderung, den Printmedien, wie Flyern oder Geschäftsberichte, über Messestände oder den Fuhrpark ist hier das ganze Unternehmen betroffen. Über die Gestaltungselemente wie das Farbklima, die Bildsprache, die Typografie und das Logo entsteht ein visueller Gesamteindruck, der seine Wirkung nach innen und außen entfaltet.

Eine erfolgreiche Markenentwicklung mit Wiedererkennbarkeit, emotionaler Verankerung bei den Kunden bis hin zu einem verständlichen Markenversprechen mit konativen Zielen, ist ohne eine konsistente, widerspruchsfreie Form- und Farbgebung nicht möglich. Wirtschaftsunternehmen, deren Existenz auf den Absatz von Produkten oder Dienstleistungen angewiesen sind, investieren in diesen Bereich enorme Summen. Die Bedeutung für Märkte, Erträge und Wettbewerbsfähigkeit auf der einen Seite sowie Employer-Branding und Prozesse der internen Kommunikation auf der anderen, stehen dort außer Frage.

Und genau hier zeigt sich ein erstaunliches Phänomen. Zwar haben Nonprofit-Organisationen im Bewusstsein um diese wichtigen Faktoren der visuellen Kommunikation in den letzten zwei Jahrzehnten beachtlich aufgeholt, aber noch immer scheinen diese nicht voll anerkannt zu werden. Kommunikationsverantwortliche beklagen, dass das Corporate Design noch viel zu oft von Führungskräften als Nebensächlichkeit abgetan werde. Die Inhalte der Arbeit, die Haltung, der religiöse Hintergrund, die ‚gute Tat‘ und nicht zuletzt die Fachlichkeit werden gleichsam in einen Konkurrenzkampf mit dem ‚bloßen Augenschein‘ geschickt.

Warum Unternehmungen, die an anderer Stelle hochprofessionell aufgestellt sind, hier weit zurückfallen, lässt sich häufig aus deren Historie und normativer Basis ableiten. ‚Das Licht unter den Scheffel zu stellen‘, bescheiden, gar unscheinbar aufzutreten, nicht mehr scheinen wollen als tatsächlich zu sein, sich nicht der Form, sondern den Inhalten zu widmen, sind tief verankerte, manches Mal biblisch hinterlegte und lange gelernte Verhaltensmuster von hohem Anerkennungsgrad in der internen Kultur. Diese Werte, auch in guter christlicher Tradition, kombiniert mit dem Paradigma der unbedingten Notwendigkeit, sparsam mit Ressourcen umzugehen, verdrängt bis heute oft die adäquate Debatte um professionelles Corporate Design.

Die Bedeutung und Wirkung von Farbpsychologie, ist eine der wichtigen Komponenten des Corporate Designs. Daraus generiert sich das Farbklima einer Unternehmung, also die Palette an Farben, die der Hauptfarbe unterstützend zur Seite gestellt werden. Neben Printprodukten ist das Farbklima besonders in der Fotografie relevant und bestimmt die Anmutung und Stimmung, die hier vermittelt wird. Stereotype Zuordnungen, wie Herbstlaub in der Hospizarbeit oder viele Hände, die Zusammenhalt demonstrieren sollen, spiegeln tradierte Haltungsmuster der Institutionen und ihren Wertekanon ebenso wider, wie die Moden in der Fotografiegeschichte und gehören immer wieder professionell auf den Prüfstand gestellt. Es geht um die Entscheidung des Managements, welche Botschaften bezüglich Tradition und Zukunftsvisionen, zwischen Bewahrung und Erneuerung, ausgesendet werden sollen. All dies sind keine individuellen Geschmacksfragen, sondern Aufgaben für Experten, und damit ein Spiegel für klare strategische Ausrichtungen und visuelle Positionierung des Unternehmens in seinem Umfeld.

## 3.2    Das neue St. Galler Management-Modell als Bezugsrahmen

Die Nützlichkeit eines Management-Modells, gerade wenn es um die ganzheitliche Betrachtung des Unternehmens auch unter Einbeziehung normativer Aspekte geht, beschreibt Rolf Dubs klar und deutlich:

> Die Orientierung an Werten und das vernetzte Denken lassen sich aber nur verwirklichen, wenn die Unternehmung und ihre Umwelt umfassend umschrieben werden. Am einfachsten geschieht dies in der Form des Management-Modells, das als Bezugsrahmen für die gedankliche Einordung aller Fragestellungen und Herausforderungen im Kontext des Managements dient.[282]

Vor diesem Hintergrund lag es nahe, bei der Annäherung an wertegeleitete Unternehmungen, wie gemeinnützige Stiftungen es beanspruchen zu sein, ein Management-Modell zu wählen, das diese Komplexität berücksichtigt und abzubilden in der Lage ist. Die vorangegangenen Ausführungen haben bereits gezeigt, dass Stiftungen aufgrund ihrer Legitimationsanforderungen und damit verknüpften Herausforderungen an die Kommunikation mit ihren Stakeholdern komplexe Managementaufgaben zu bewältigen haben. Es galt demnach ein Management-Modell heranzuziehen, das zum einen befähigt, diese besonderen Fragestellungen greifbar zu machen und zu strukturieren. Zum anderen ging es darum, Forschungsansätze nutzen zu können, die in Bezug auf die Kommunikation von Unternehmungen im Rahmen dieses Modells bereits vorlagen. Im Fall des neuen St. Galler Management-Modells waren diese Voraussetzungen erfüllt und es bot eine hervorragenden Grundlage für die weitergehende Forschung zur Stiftungskommunikation.

Im Folgenden soll eine kurze Einführung in das neue St. Galler Management-Modell gegeben werden. Da anschließend drei Forschungsansätze aus St. Gallen in Bezug auf die Kommunikation vorgestellt werden, die tieferen Einblick geben, ist dieser Abschnitt bewusst knapp gehalten.

## 3.3    Kurze Einführung in das neue St. Galler Management-Modell

Das neue St. Galler Management-Modell geht von der Unternehmung als einem komplexen System aus, wobei dieses als geordnete Ganzheit von Elementen definiert wird. Die angenommene Komplexität ergibt sich aus der Interaktion dieser Elemente, die außerdem in einer spezifischen, dynamischen Beziehung stehen.[283]

In dem System werden sechs Grundkategorien unterschieden:

- Umweltsphären, dazu zählen Gesellschaft, Natur, Technologie und Wirtschaft,
- Anspruchsgruppen oder Stakeholder,
- Interaktionsthemen, alles, was Anspruchsgruppen an das Unternehmen herantragen, immateriell und materiell, also Anliegen und Interessen, Normen und Werte, aber auch objektgebundene Ressourcen,

---

282   Dubs, Rolf (2009): *Anforderungen an die unternehmerische Tätigkeit und an die Führung von Unternehmen.* In: Dubs, Rolf/ Euler, Dieter/ Rüegg-Stürm, Johannes/ Wyss, Christina, E.(Hgg.): Einführung in die Managementlehre. Bd.1, Bern – Stuttgart – Wien, 41.

283   Rüegg-Stürm, Johannes (2009): *Das neue St. Galler Management-Modell.* In: Dubs, Rolf/ Euler, Dieter/ Rüegg-Stürm, Johannes/ Wyss, Christina, E.(Hgg.), Einführung in die Managementlehre 1, 65–141. Bern – Stuttgart – Wien.

- Ordnungsmomente, gliedern sich in Strategie, Strukturen und Kultur,
- Prozesse, wobei Management-, Geschäfts- und Unterstützungs-Prozesse unterschieden werden, die alle der Wertschöpfung dienen,
- Entwicklungsmodi, wobei zwischen Erneuerung und Optimierung unterschieden wird.

Wichtig ist bei diesem Ansatz die Tatsache, dass Management nicht etwa als eine Gruppe von Führungskräften verstanden wird, die die Geschicke einer Unternehmung lenken. Vielmehr geht es, in Anlehnung an Hans Ulrich – der die Grundlagen einer systemorientierten Managementlehre für das vorausgegangene St. Galler Management-Modell formuliert hat – um das Verständnis von Management als einem System von Aufgaben wie das Gestalten, Lenken und Weiterentwickeln zweckorientierter soziotechnischer Organisationen.[284]

Das folgende Schaubild gibt das Modell in seiner ganzen Komplexität wider und soll helfen, die anschließenden grundsätzlichen Ausführungen sowie im Besonderen diejenigen bezüglich der Unternehmenskommunikation behandelten Teilaspekte jeweils zuordnen zu können. Auf eine weiter ausdifferenzierte Darstellung des Modells kann hier aufgrund des Hauptthemas der Arbeit verzichtet und auf die weiterführende Literatur verwiesen werden.[285]

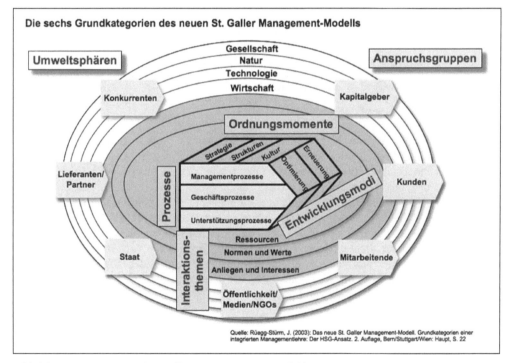

*Abbildung 13:* Das neue St. Galler Management-Modell.
Quelle: Rüegg-Stürm, Johannes (²2003): *Das neue St. Galler Management-Modell. Grundkategorien einer integrierten Managementlehre: Der HSG-Ansatz.* Bern – Stuttgart – Wien, 22.

---

284    Vgl. Ulrich, Hans/ Probst, Gilbert (1984): *Management.* Bern – Stuttgart.
285    Rüegg-Stürm, Johannes (2009).

Die Managementprozesse des neuen St. Galler Management-Modells gliedern sich in die drei Ebenen:

1.  Normative Orientierungsprozesse
2.  Strategische Entwicklungsprozesse
3.  Operative Führungsprozesse

Das Verständnis von Kommunikationsmanagement als integraler Bestandteil der Managementprozesse in der Unternehmung, das dieser Arbeit zugrunde liegt, geht weit über die verbreitet Ansicht hinaus, dass besonders im Bereich der Interaktionsthemen die Inhalte für die Kommunikation mit den Anspruchsgruppen zu finden seien. Richtiger wäre nach Ansicht der Autorin vielmehr die Feststellung, dass sich in diesen Bereichen der Kommunikationsbedarf relativ zwangsläufig erschließt und leicht sichtbar wird. Dies trifft auch auf den Bereich der Kultur zu, der einerseits Elemente der Interaktionsthemen enthält und andererseits als Ordnungsmoment die Kommunikation im Unternehmen beeinflusst. Folgende zentrale Elemente einer Unternehmenskultur zählt Johannes Rüegg-Stürm beispielhaft auf: Normen und Werte; Einstellungen und Haltungen; Geschichten und Mythen; Denk-, Argumentations- und Interpretationsmuster; Sprachregelungen und kollektive Erwartungen und Hintergrundüberzeugungen.[286] Bezogen auf die interne Kommunikation beschreibt er daraus folgend eindrücklich die Interdependenz von Kommunikation und Kultur:

> In einer Unternehmung wird das Alltagsgeschehen laufend beobachtet, d. h. es finden andauernd Prozesse der Wahrnehmung und der Interpretation statt. Wir sprechen deshalb auch von mitlaufender Beobachtung. Bei ihrer laufenden ‚Beobachtungsarbeit' greifen die Menschen in einer Unternehmung bestimmte Ereignisse aus dem laufenden Ereignisstrom heraus, stellen zwischen diesen Beziehungen her und fertigen daraus schließlich sinnhafte Beschreibungen oder Erzählungen an.[287]

Grundsätzlich geht der Ansatz des St. Galler Management-Modells davon aus, dass zwischen einer Unternehmung und ihren Anspruchsgruppen vielfältige Austauschbeziehungen stattfinden. Die Themenfelder (Issues), die dort (kommunikativ) behandelt werden, können sehr unterschiedlicher Natur sein.[288]

In Bezug auf die Interaktionsthemen macht Johannes Rüegg-Stürm deutlich, dass hier Anliegen unterschieden werden, die einerseits eher verallgemeinerungsfähige Ziele ausdrücken, und andererseits Interessen, die dem unmittelbaren Eigennutz zugeordnet werden. Werte hingegen seien wichtige Bezugspunkte für die Legitimation von Anliegen, Interessen und Verhaltensweisen. Normen schließlich definiert er als „grundlegende, allgemein anerkannte, wertbasierte Verhaltensmaximen und Verhaltensregeln"[289] in Bezug auf das, was erstrebenswert sei, geboten oder verboten.

Ein Blick auf die sieben Anspruchsgruppen (Stakeholder) gibt einen weiteren Eindruck, wie vielfältig die Beziehungen der Unternehmung zur Öffentlichkeit, zu den Mitarbeitenden oder zum Staat sein können und machen deutlich, wie ausgefeilt das Kommunikationssystem der Unternehmung und das Kommunikationsmanagement idealer Weise sein sollten.

Die Bedeutung der Kommunikation für Unternehmungen hat vermutlich auch deshalb in der Forschung an der Universität St. Gallen in den zurückliegenden Jahren beachtlich zugenommen und gestaltet sich zunehmend ausdifferenziert. Gefragt nach dem Wandel der

---

286  Rüegg-Stürm, Johannes (2009), 99.
287  Rüegg-Stürm, Johannes (2009), 101.
288  Vgl. Rüegg-Stürm, Johannes (2009), 77.
289  Rüegg-Stürm, Johannes (2009), 78.

Bedeutung der Kommunikation im St. Galler-Managementmodell, antwortete Rolf Dubs im Rahmen des 8. Forums Diakoniewissenschaft[290] in Bielefeld 2011, dass sich die Zurückhaltung der Gründerväter bei diesem Thema wohl hauptsächlich aus dem Zeitgeist der Entstehung des Modells in den 70er Jahren erklären lasse. Insgesamt habe die Unternehmenskommunikation nicht annähernd den Stellenwert gehabt, wie er sich seither zunehmend etabliert habe. Heute formulieren Beat Schmid und Boris Lyczek die Rolle der Kommunikation in der Wertschöpfung der Unternehmung so: „Die Unternehmenskommunikation unterstützt den gesamten auf die Leistungserstellung des Unternehmens ausgerichteten Managementprozess."[291]

Wie sich die wachsende Bedeutung des Kommunikationsmanagements derzeit in der Kommunikations-Forschung in St. Gallen abbildet, wird im folgenden Kapitel deutlich.

### 3.3.1    *Kommunikation im neuen St. Galler Management-Modell*

Das Institut für Medien- und Kommunikationsmanagement an der Universität St. Gallen gilt bis heute als eines der wenigen, das sich auf nationaler und internationaler Ebene mit der Kommunikation von Organisationen aus Sicht des Managements befasst. Deren Funktion für die strategische Positionierung wird hier nicht nur nicht in Frage gestellt, sondern gleichsam als zentrale Grundannahme vorausgesetzt. Auch bezüglich der operativen und normativen Dimension hat Kommunikation einen klaren Platz, wenn Miriam Meckel schreibt:

> Kommunikation ist eine anerkannte Führungs- und Gestaltungsfunktion in Wirtschaft, Politik und Gesellschaft. Über Kommunikation etablieren, lenken und entwickeln Unternehmen, Organisationen, Parteien und andere gesellschaftliche Akteure ihre öffentliche Wahrnehmung und Reputation. Professionelle Kommunikation ist nicht nur Aufgabe modernen Managements, sondern Teil einer wertorientierten Unternehmensführung in Wirtschaft und Gesellschaft.[292]

Im Bereich ihrer Professur für Corporate Communications wird intensiv zu den Themenfeldern ‚Kommunikationsmanagement' und ‚Unternehmenskommunikation' geforscht. Meckel fasst das wie folgt zusammen:

> Darunter verstehen wir die Gestaltung, Lenkung und Entwicklung eines Unternehmens über strategisch ausgerichtete, konzeptionell gestützte und operativ abgestimmte Kommunikationsprozesse innerhalb des Unternehmens sowie zwischen dem Unternehmen und seiner Umwelt (Stakeholder) mit dem Ziel des Aufbaus kommunikativen Kapitals als Wertbeitrag zur Unternehmung.[293]

Die folgenden vorgestellten drei Forschungsansätze von Marco Casanova, Markus Will, und Miriam Meckel mit Boris Lyczek repräsentieren den derzeitigen Stand der Kommunikationsforschung auf dem Gebiet der Unternehmenskommunikation in Verbindung mit dem neuen St. Galler Management-Modell. Sie schlagen damit zum einen die Brücke zwischen den vorangegangenen Ausführungen in der vorliegenden Arbeit zwischen den grundlegenden Komponenten der Unternehmenskommunikation (Vgl. Kap. 3) und der aktuellen Forschung

---

290    Die Stiftung Alfred Jäger für Diakonie und das Institut für Diakoniewissenschaft und DiakonieManagement (IDM) der kirchlichen Hochschule Wuppertal/Bethel in Bielefeld verlieh im Rahmen des Forums den Wichernpreis an den Emeritus Prof. emeritus Dr. Dres.h.c. Rolf Dubs.

291    Schmid, Beat F./ Lyczek Boris (2008), 26.

292    Meckel, Miriam (2008), 478.

293    Meckel, Miriam (2008), 479.

im Kontext eines Managementmodells. Zum anderen wird deutlich, wie die wissenschaftliche Verknüpfung zwischen dem neuen St. Galler Management-Modell und Aspekten des Kommunikationsmanagements derzeit vorangetrieben wird.

### 3.3.2    Ganzheitliches Kommunikationsmanagement nach Marco Casanova

Wenn Marco Casanova den Bogen vom ganzheitlichen Management zum ganzheitlichen Kommunikationsmanagement schlägt, geschieht nach seiner Aussage hier ein bislang noch fehlender Anschluss. „Das Modell des ganzheitlichen Kommunikationsmanagements beleuchtet sämtliche wesentlichen Fragestellungen des Corporate Brand Management durch die Optik der Interdependenzen."[294] Auf diese Weise, so Casanova, sei es Führungskräften möglich „die Ganzheitlichkeit der kommunikativen Aktivitäten zu erkennen, zu steuern und so die von ihnen erwartete kommunikative Performance zu erbringen"[295], die wiederum Einfluss auf den Unternehmenserfolg habe. Ziel sei es, durch Markenführung und Markenkommunikation starke und damit wertvolle Marken aufzubauen. Da Stakeholder im gesellschaftlichen Kontext gleichzeitig ganz unterschiedliche Rollen und Positionen einnehmen können, wie z. B. Aktionär, Konsument und Umweltschützer, ist es Aufgabe der ganzheitlichen Kommunikationsstrategie bei allen internen und externen Anspruchsgruppen ein unverwechselbares und kohärentes Unternehmensprofil aufzubauen.

> Da nun diese Gestaltung der Beziehungen zu den Stakeholdern eine strategische Kernaufgabe des Managements darstellt, wird das Corporate Branding – das strategische Management der Unternehmensmarke – in vielen Vorstandsetagen richtigerweise bereits heute zusammen mit der Kommunikation als strategische Führungskonzeption begriffen.[296]

Die Wettbewerbsfaktoren des Corporate Brand Management sind:

* Vertrauensbasis zwischen Unternehmen und Stakeholdern,
* Krisensituationen durch Vertrauen und Glaubwürdigkeit leichter zu überwinden,
* Attraktivität des Unternehmens als Arbeitgeber,
* Gesamtmarken-Architektur orchestrieren,
* Preise am Absatzmarkt stabil zu halten,
* Unternehmenswert am Kapitalmarkt zu beeinflussen.[297]

Bezogen auf den Teil des Normativen Managements im St. Galler Management-Modell legt Casanova dar, dass die Formulierung von ‚Normativen Leitbildern' sowie bindende Aussagen zu Corporate Mission[298] (siehe auch Kap. 3.1.5), Corporate Governance und Corporate

---

294   Casanova, Marco (2005), 95.

295   Casanova, Marco (2005), 95.

296   Casanova, Marco (2005), 97.

297   Vgl. Casanova, Marco (2005), 98.

298   Aussagen zur Corporate Misson, also das ‚mission statement', findet sich online definiert im Business Dictionary.com: „A written declaration of an organization's core purpose and focus that normally remains unchanged over time. Properly crafted mission statements (1) serve as filters to separate what is important from what is not, (2) clearly state which markets will be served and how, and (3) communicate a sense of intended direction to the entire organization." http://www.businessdictionary.com/definition/mission-statement.html#ixzz2KJO2OqIE (Zugriff am 8.2.2013).

Social Responsibility (siehe auch Kap. 2.3.3. und 2.3.5) auf dieser Ebene stattfinden.[299] Unter Einbeziehung der beiden anderen Ebenen, dem strategischen und dem operativen Management des St. Galler Management-Modells, entwickelt Casanova ein ganzheitliches, systemorientiertes Kommunikationsmanagement, wie das Schaubild verdeutlicht.

*Abbildung 14:* Das ganzheitliche, systemorientierte Kommunikationsmanagement mit den vernetzten Ebenen: Corporate Mission, Brand Mission, Impression Management, Corporate Identity und Integrierte Kommunikation.
Quelle: Casanova, Marco (2005), 99.

### 3.3.2.1 Corporate Mission

Casanova verwendet den Begriff Corporate Mission synonym zum Unternehmensleitbild, das Aussagen zu der Vision und der Identität des Unternehmens trifft. Es gehe darum, das „Selbstwertgefühl des Markenverwenders" zu steigern um auf diese Weise eine sinnstiftende Funktion für diesen zu erbringen. Daraus leitet er die Frage ab: „Welches ist die emotionale Leistung der Marke für die Stakeholder?"[300]

299  Casanova, Marco (2005), 98.
300  Casanova, Marco (2005), 99.

## 3.3.2.2    Brand Mission

Das Markenleitbild, hier synonym für Brand Mission, sollte von allen Stakeholdern möglichst kongruent wahrgenommen werden. „Selbstbild und Fremdbild der Marke müssen in
größtmöglicher Übereinstimmung sein."[301] Um dies zu gewährleisten, schlägt Casanova vor,
regelmäßig die Wahrnehmung der Marke, d. h. die Relation ihrer Ist- und Soll-
Positionierung, zu überprüfen. Die dafür erforderlichen Kriterien basieren auf dem Unternehmensleitbild und den daraus abgeleiteten Markenkernwerten. „Hier ist die reputationsori-
entierte Markenführung gefordert."[302]

## 3.3.2.3    Impressionsmanagement

Das Impressionsmanagement beschreibt zum einen Prozesse der gesteuerten Imagebildung
und Selbstdarstellung, zum anderen legt es den Prozess offen, wie man den Eindruck, den
die Marke vermittelt, beeinflussen, steuern und letztlich kontrollieren kann.[303] In seiner Erklärung greift er hier bereits auf die Ebenen 4 (Corporate Identity) und 5 (Integrierte Kommunikation) des Schaubildes vor, denen er steuernde und realisierende Funktionen zu-
schreibt. Interessanter Weise bedient Casanova sich im Anschluss des klassischen,
kommunikationswissenschaftlichen Sender-Empfänger-Schemas, wenn er den ‚psychischen
Vorgang' beim Empfänger wie folgt beschreibt:

> Emotionale Prozesse (gefühlsmässige Antriebskräfte) lösen die Aktivierung aus, diese beeinflusst dann die
> kognitiven Prozesse (gedankliche Informationsverarbeitung) und diese steuert die Einstellung und das Verhal-
> ten des Individuums. Das heißt, dass Informationen, damit sie bewusst aufgenommen werden und lange präsent
> bleiben, erlebbar sein müssen und dadurch zu emotionalisieren sind. Fakten liefern demnach die Informationen,
> Emotionen liefern die Interpretation dazu.[304]

Das Produkt oder die Dienstleistung mag also rein objektiv von außen betrachtet unverändert
bestehen, sie wird aber erst durch die emotionale Aufladung im Rahmen einer reputationsge-
steuerten Markenführung die Unverwechselbarkeit erlangen, die zu einer tieferen Kunden-
bindung führt. Die Entscheidungen, die dieser Markenpositionierung zugrunde liegen, fasst
Casanova wie folgt zusammen:
    Die Markenpositionierung muss:

1.    zum Image und zur Strategie des Unternehmens passen,
2.    zur Selbstwahrnehmung der relevanten Anspruchsgruppen passen,
3.    zur Abgrenzung von Wettbewerbsmarken beitragen.

Bezogen auf die Stakeholder sind die Eigenschaften relevant, die zur Positionierung herangezogen werden. Die Positionierung muss dann längerfristig haltbar sein und Kontinuität
aufweisen. Darüber hinaus sollte man sich jedoch auf wenige Eigenschaften beschränken,
damit das Markenbild nicht diffus wird.[305]

---

301    Casanova, Marco (2005), 100.
302    Casanova, Marco (2005), 100.
303    Casanova, Marco (2005), 102.
304    Casanova, Marco (2005), 102.
305    Vgl. Casanova, Marco (2005), 103.

### 3.3.2.4   Corporate Identity

Wie bereits schon früher erwähnt, sieht Cassanova die Rolle der Corporate Identity darin begründet, dass hier eine zentrale Kommunikationsstrategie das Image des Unternehmens steuert und sämtliche Kommunikationsaktivitäten lenkt. In dieser Schlüsselrolle, die die Unternehmensidentität für die Kommunikation des ganzen Unternehmens einnimmt, liege auch begründet, warum sie schlüssig und glaubwürdig von den Stakeholdern wahrgenommen werden muss. Daraus leitet sich wiederum die Bedeutung der drei Bereiche Corporate Design (Erscheinungsbild), Corporate Communication (Unternehmenskommunikation) und Corporate Behavior (Verhalten) ab. Diese sind Komponenten der Unternehmensidentität, die miteinander verzahnt und strategisch auszurichten sind (siehe auch Kap. 3.1).

### 3.3.2.5   Integrierte Kommunikation

Den praktischen Anforderung an sein Modell des ganzheitlichen, systemorientierten Kommunikationsmanagements könne man am ehesten gerecht werden, wenn die Ebenen zwei bis fünf im Unternehmen in einer Funktion des Corporate Communications Officers (Leiter/ in Unternehmenskommunikation) zusammengefasst werden, schlägt Casanova vor. Wenn diese Position der erweiterten Geschäftsleitung angehört, sei auch die Durchdringung und der Einfluss auf die Ebene eins (Corporate Mission) gewährleistet. Auf diese Weise kann man davon ausgehen, dass zumindest intern die Prozesse auch im Hinblick auf ihre Relevanz für die Kommunikation bearbeitet werden und die Forderung nach der ‚Kommunikation aus einem Guss‘ realisierbar wird. Kommunikation lässt sich so glaubwürdig und verlässlich gestalten. „Das Ergebnis dieses Vertrauens sind ein hohes Unternehmensimage und erfahrungsgemäß auch eine höhere Unternehmensbewertung.“[306]
    Bestechend an diesem Ansatz ist die Tatsache, dass er die besonderen Kommunikationsanforderungen einer wertegeleiteten Unternehmung in den Blick nimmt und daher für das Kommunikationsmanagement von Stiftungen von großer Relevanz ist (siehe auch Kap. 4).

### 3.3.3   *Wertorientiertes Kommunikationsmanagement nach Markus Will*

Ein weiteres für diese Arbeit relevantes Modell ist das „Wertorientierte Kommunikationsmanagement“ nach Markus Will. In seiner gleichnamigen Habilitationsschrift konstatiert er eine unzureichende Ausdifferenzierung der Führungsfunktion und der Unterstützungsfunktion des Kommunikationsmanagements in der Managementlehre. Seine Forschungsfrage lautete: Wie kann Kommunikationsmanagement als Führungsfunktion und Unterstützungsfunktion wertorientiert in das neue St. Galler Management-Modell integriert und für die Unternehmensführung nutzbar gemacht werden?
    Will beleuchtet den Wertbeitrag der Unternehmenskommunikation streng betriebswirtschaftlich. Seine Arbeit ist eine Weiterführung des Forschungsansatzes im Sinne Hans Ulrichs, der 1968 die kommunikative Dimension neben der sozialen, wertbezogenen und mate-

---

306   Casanova, Marco (2005), 106.

riellen im St. Galler Management-Modell einen Platz gab. Neu ist seine Betrachtung der Unternehmung als Kommunikationssystem.

Es geht ihm in seinem Ansatz einerseits darum, eine „Anbindung an die Wertorientierung zu schaffen, andererseits aber auch den Wert der Kommunikationsorientierung an sich zu eröffnen."[307] Immer komplexer werdende Kommunikationsbeziehungen muss man, nach Will, mit ganzheitlicheren Betrachtungen der Unternehmungen und deren Beziehungen zur Umwelt begegnen.

Daraus ergibt sich die folgende Definition des Kommunikationsmanagements:

> Kommunikationsmanagement entwickelt, gestaltet und lenkt sämtliche externen und internen dialogischen Kommunikationsbeziehungen des Systems Unternehmung mit seinen Anspruchsgruppen unter Einsatz der entsprechenden Kommunikationsinstrumente.
> Kommunikationsmanagement ist auf den inhaltlichen und organisatorischen Austausch von Informationen ausgerichtet. Bezugsgröße ist die Unternehmung selbst, so dass sämtliche Ausprägungen in Bezug auf den Bestand, die Weiterentwicklung sowie die strategische Positionierung der Unternehmung als Ganzes definiert werden können.[308]

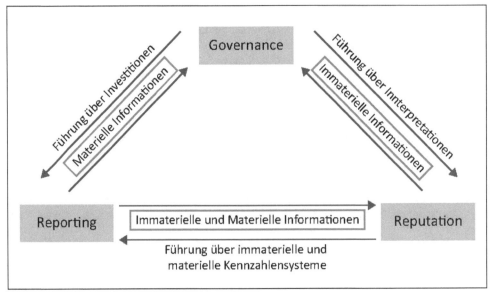

*Abbildung 15:* Das Dreieck der Interdependenzen von Corporate-Governance, -Reporting und -Communications nach Markus Will.
Quelle: Will, Markus (2007a): *Wertorientiertes Kommunikationsmanagement.* Stuttgart, 94.

Anhand der Grafik lässt sich deutlich das ‚Dreieck' der Interdependenzen von Corporate Governance, Corporate Reporting und Corporate Communications, den drei Bestandteilen des ‚Wertorientierten Kommunikationsmanagements', ablesen. Insgesamt sei das Ziel, Beziehungen zu strukturieren, Inhalte darzustellen und Kommunikationsprozesse zu bewerten. Im Rahmen der Corporate Governance gehe es um gute Unternehmensführung, um Transpa-

---

307   Will, Markus (2007a), 24.
308   Will, Markus (2007a), 25.

renz, sowie darum, den fairen, von Mitarbeitenden geschaffenen Wert gengenüber allen Anspruchsgruppen (Stakeholder) zu berichten.[309]

Will integriert zum einen eine neue Kommunikationsperspektive in das neue St. Galler Management-Modell, die Communications View. Diese bezeichnet er auch als „konsequente Kommunikationsperspektive der Unternehmensführung"[310]. Zum anderen ergänzt er die sieben Kategorien der Schmalenbachgesellschaft, die zusammen das „Intellektuelle Kapital" einer Unternehmung definieren, um eine weitere Komponente: Zu Investor-, Human-, Customer-, Supplier-, Innovation-, Process- und Location-Capital, fügt Will das Communication-Capital hinzu. Zusammen mit den finanziellen Ressourcen der Unternehmung liege hier der Schlüssel zu guter Unternehmensführung. Er begründet die Einführung des Begriffs außerdem mit den erforderlichen, bislang völlig fehlenden Standards für die Messbarkeit von Kommunikation. Vergleichbar mit den International Reporting Standards (IFRS) für die Rechnungslegung plädiert er für die Einführung der Kategorie ‚Communications Capital', die dann, zusammen zu einer kommunikationsorientierten Rechnungslegung, in die sogenannte Intellectual Capital Communication Standards ICCS münden sollten.[311]

Zusammenfassend lässt sich sagen, dass der Kommunikationsansatz nach Will sowohl eine inhaltliche, als auch eine organisatorische Ebene hat.

In der Nomenklatur des neuen St. Galler Management-Modells heisst das: Der neue Ansatz behandelt die Kategorien der Interaktionsthemen, der Ordnungsmomente und Prozesse mit Blick auf die Anspruchsgruppen unter Berücksichtigung der Umweltsphären und auf Basis des entsprechenden Entwicklungsmodus einer Unternehmung.[312]

In einer kommunikativ immer komplexer werdenden Umwelt soll dieses Modell schließlich zur Legitimation des unternehmerischen Handelns im Austausch mit den Anspruchsgruppen dienen.[313]

### 3.3.4 Meckel und Lyczek zur neuen Rolle der Kommunikationsfunktionen

Miriam Meckel und Boris Lyczek fordern aufgrund der stark gewachsenen Bedeutung der Kommunikation interdisziplinäre Anstrengungen auf diesem Gebiet. Gründe in dem Bedeutungszuwachs sehen die Forscher in der Unternehmensumwelt und beschreiben diesbezüglich besonders drei Entwicklungen.

Erstens sähen sich Unternehmen mit wachsenden gesellschaftlichen Erwartungen konfrontiert, wie sie in Corporate Citizenship und Corporate Responsibility zum Ausdruck kämen. „Unternehmen stehen fortwährend vor der Herausforderung, Motive und Begleiter-

---

309   Will, Markus (2007b), 39-40.
310   Will, Markus (2007a), 311.
311   2008 kündigte Will die Fortführung dieses Grundkonzept des ‚Wertorientierten Kommunikationsmanagements' und durch die gemeinsame Lehr- und Forschungstätigkeit mit dem Institut für Accounting, Controlling und Auditing (Prof. Dr. Thomas Berndt, Universität St. Gallen) unter dem Titel ‚Financial Governance' an. Alle unternehmerischen Fragestellungen sollten einmal aus der Perspektive der Rechnungslegung und einmal aus der Perspektive der Kommunikationsorientierung betrachtet werden. Hier wird erneut deutlich, wie sehr ein zugrundeliegendes gemeinsames Managementmodell der interdisziplinären Forschung einen geeigneten Rahmen für vergleichende zukunftsweisende Forschung bieten kann.
312   Will, Markus (2007a), 313.
313   Vgl. Will, Markus (2007a), 320.

scheinungen ihres Handelns zu legitimieren und um Vertrauen zu werben."[314] Zweitens würden Image und Reputation zunehmend an Wert für die Unternehmung gewinnen. Der ‚kommunikative Mehrwert' als Ergebnis eines kommunikativen Wertschöpfungsprozesses werde so zu „einem Auswahlkriterium für mögliche Zulieferer und Kooperationspartner."[315] Drittens müsse man erst noch lernen, mit der veränderten Rolle der klassischen Kommunikationsinstrumente und der schwindenden Aufmerksamkeit für Werbung umzugehen. Das Kommunikationsmanagement verändere sich dadurch „weg von einer ehemals exklusiven Sprecherrolle für das Unternehmen, hin zur Organisation, Lenkung und Kontrolle vieler einzelner Kommunikationsflüsse."[316]

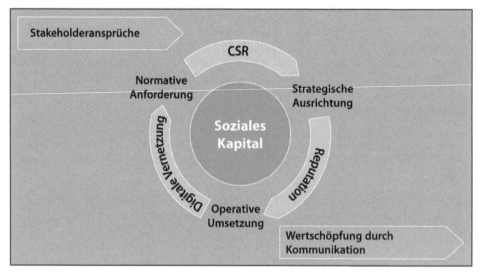

*Abbildung 16:* Prozess des Integrierten Kommunikationsmanagements.
Quelle: Lyczek, Boris/ Meckel, Miriam (2008), 11.

Besonders bemerkenswert ist die Feststellung der Wissenschaftler, dass „Kommunikation als Unterstützungsprozess modelliert, nicht erfolgreich sein kann."[317] Unternehmenshandeln und Kommunikation bedürften vielmehr der engen Abstimmung, damit das Unternehmen Vertrauen und Reputation aufbauen könne.

Bezogen auf die normative, strategische und operative Ebene des St. Galler Management-Modells werden folgende noch anstehende Entwicklungsaufgaben benannt:

### 3.3.4.1 Normative Ebene

Corporate Communications muss die ‚intime Kenntnis' der Stakeholderinteressen einbringen. Dabei gehe es nicht nur darum, bestehende Leitbilder in den Blick zu nehmen, sondern

---

314  Lyczek, Boris/ Meckel, Miriam (2008), 10.
315  Lyczek, Boris/ Meckel, Miriam (2008), 10.
316  Lyczek, Boris/ Meckel, Miriam (2008), 10.
317  Lyczek, Boris/ Meckel, Miriam (2008), 11.

auch – um den sich geänderten Erwartungen der Gesellschaft Rechnung zu tragen – die „Visionsfindung, die Sinnsetzung und die Wertediskussion der Unternehmung"[318] zu moderieren. Besonders die strategischen und reputativen Potentiale von CSR-Maßnahmen könnten auf diese Weise sinnvoll genutzt werden.

### 3.3.4.2  Strategische Ebene

Die Einbindung der Kommunikationsmaßnahmen in die strategischen Unternehmensziele kann beispielsweise über deren Integration in ein Balance-Scorecard-System erfolgen. Lyzcek und Meckel schlagen in diesem Zusammenhang vor, Zahlen zur Bekanntheit und Sympathie zu erheben, um damit die Entwicklung des Image-Kapitals beschreiben zu können. „Diese Einbindung von kommunikativen Zielgrößen in die Strategiekontrolle erscheint für die Entwicklung der Unternehmenskommunikation wesentlich wichtiger zu sein als die lange diskutierte monetäre Quantifizierung von Kommunikationsergebnissen."[319]

### 3.3.4.3  Operative Ebene

Die zeitliche, formale und inhaltliche Abstimmung der kommunikativen Kontaktpunkte mit den Stakeholdern ist auch heute noch unumstrittenes Kommunikationsziel. Allerdings gehe es neben den klassischen Massenmedien auch darum, die zahlreichen Möglichkeiten im Internet zu nutzen.

> Für die Unternehmenskommunikatoren bedeutet das einen zweifachen Paradigmenwechsel: Sie müssen sich von der noch immer beliebten Sender-Empfänger-Logik der Kommunikation verabschieden und sich auf die dialogische Kommunikation einstellen. Und sie müssen das lieb gewonnene Denken in Zielgruppen aufgeben.[320]

Über die Grenzen der einzelnen Medien hinweg, also cross-medial, müssen die Informationsflüsse gesteuert werden. Um nicht von inhaltlichen Entwicklungen in Foren oder Blogs überrascht und rechtzeitig gewarnt zu werden, werden technische Hilfsmittel empfohlen, um den Überblick zu behalten.

Bemerkenswert ist an dieser grundlegenden Arbeit zur Unternehmenskommunikation, dass alte Kommunikationsmodelle, wie das des Senders und Empfängers, klar zur Disposition gestellt werden, und überdies konkrete Anregungen im Umgang mit modernen Medien angesprochen werden. Aktuelle Forschung am Puls der Zeit bedarf neben Innovationsmut eben auch des nötigen Knowhows für die Anwendung moderner Kommunikationsinstrumente.

---

318  Lyczek, Boris/ Meckel, Miriam (2008), 11.
319  Lyczek, Boris/ Meckel, Miriam (2008), 12.
320  Lyczek, Boris/ Meckel, Miriam (2008), 12.

## 3.4     Fazit: Kommunikationsfunktionen aus wissenschaftlicher Perspektive

Der hier gegebene Überblick über die im wissenschaftlichen Diskurs als wesentliche Aspekte des Kommunikationsmanagements im neuen St. Galler Management-Modell beschriebenen Komponenten, liefert wichtige Hinweise für die Stiftungskommunikation. So wird in der Darstellung von Casanova die Rolle der Führungskräfte im Hinblick auf den Aufbau eines Corporate Branding als strategische Führungsaufgabe verstanden. Es geht also hier im Kommunikationsmanagement darum, die ‚richtigen Dinge‘ zu tun und effektiv zu sein. In seinen Ausführungen zur Corporate Mission wird zudem die Bedeutung einer reputationsorientierten Markenführung deutlich, die u. a. die Komponenten Vision und Identität betrifft und damit Fragen der Werte- und Zukunftsorientierung tangiert. Und nicht zuletzt der Ansatz der Integrierten Kommunikation, mit seinen Möglichkeiten der Konsistenz und Widerspruchsfreiheit, bietet auch Stiftungen die Möglichkeit, sich durch Vertrauen und ein gutes Image zu positionieren.

Mit der Einführung des Communications View als konsequente Kommunikationsperspektive der Unternehmensführung legt auch Markus Will einen deutlichen Fokus auf die Bedeutung des Managements für die Unternehmenskommunikation. Im Dreieck der Interdependenzen von Governance, Reporting und Reputation geht es ebenfalls um Führungsfragen und Professionalität. Sein Modell soll in einer immer komplexer werdenden Umwelt der Legitimation der Unternehmung im Austausch mit den Anspruchsgruppen dienen. Insofern zeigt das ‚Wertorientierte Kommunikationsmanagement‘ nach Will, wie wichtig jeweils Anspruchsgruppen, Umweltsphären, Prozesse, Entwicklungsmodi und Interaktionsthemen aus dem neuen St. Galler Management-Modell für die Gestaltung des Kommunikationsmanagements von Stiftungen sind.

Um die Legitimierung von unternehmerischem Handeln und das Werben um Vertrauen geht es in dem Ansatz von Meckel und Lyczek. Zudem weisen die Forscher auf die wachsende Bedeutung von Image und Reputation hin und erteilen der Reduktion der Kommunikation allein auf die Funktion eines Unterstützungsprozesses eine klare Absage. Sie betonen vielmehr den Mehrwert aus einem kommunikativen Wertschöpfungsprozess und nehmen die sich verändernde Rolle der Kommunikationsinstrumente in den Blick. In Bereich der normativen Ebene wird der Umgang mit den Stakeholdern als moderierend in Bezug zur Visionsfindung, Sinnsetzung und Wertediskussion beschrieben.

Die drei hier vorgestellten Ansätze liefern damit zentrale Aspekte für die Entwicklung von Kriterien für das Kommunikationsmanagement von Stiftungen.

# 4.    Kommunikation von Stiftungen

Die Stiftungskommunikation in Deutschland kann als divers bezeichnet werden. Die Besonderheiten und Anforderungen wie sie zum einen aus der Betrachtung der historischen Entwicklung und Phänomenologie abgeleitet werden konnten sowie zum anderen die Berücksichtigung wissenschaftlicher Grundlagen normativen Kommunikationsmanagements, führen zu den hier entwickelten sieben Kriterien guter Stiftungskommunikation.

Die Kommunikationsaktivitäten von Stiftungen sind in Deutschland sehr unterschiedlich ausgeprägt. Zwar kann man versuchen, beispielsweise von der Zahl der hauptamtlich Tätigen oder der Summe der Erträge, Rückschlüsse auf die Aktivitäten in diesem Bereich zu ziehen, es gibt jedoch keine eindeutigen Tendenzen, die empirisch abzusichern wären, wie die bereits eingangs erwähnte Stiftungsforscherin Gerit Sandberg belegt hat.

Insgesamt, so konnte im Vorangegangen dargelegt werden, haben gemeinnützige Stiftungen z. B. im Hinblick auf ihre Legitimation, ihre steuerlichen Privilegien oder ihre gesellschaftliche Einflussnahme eine ganz besondere Verpflichtung zu Transparenz und Offenlegung. Auch konnte gezeigt werden, dass die erst im Aufbau befindliche Stiftungsforschung in Bezug auf das Kommunikationsmanagement von Stiftungen eine Reihe von kritischen Anfragen stellt. Zudem wächst in der Praxis bei den Stakeholdern von NPO zunehmend die Erwartung, umfassend und transparent informiert zu werden, was besonders im Bereich des Fundraisings nachzuweisen ist. Gemessen an der Relevanz für den Stiftungssektor überrascht es, dass die Rolle der Kommunikation noch häufig der individuellen Einschätzung einzelner Führungskräfte überlassen bleibt.

Die geschäftsführende Direktorin am Institut für Medien- und Kommunikationsmanagement der Universität St. Gallen, Miriam Meckel, hat die insgesamt wachsende Bedeutung der Kommunikation in einem Interview klar fokussiert:

> Die wichtigste Erkenntnis meiner Beobachtung der Marktentwicklung über die vergangenen Jahre lautet aber: Kommunikationsverantwortliche, welcher Ausprägung auch immer, sitzen an den Schaltstellen des Erfolgs von Medien, Unternehmen und Institutionen. Kommunikation ist heute eine Einflussgröße, die über die öffentliche Wahrnehmung und auch über den Erfolg entscheidet.[321]

Bezogen auf den zukünftigen Erfolg des Stiftungswesens in Deutschland ist demnach ein Professionalisierungsprozess im Bereich der Kommunikation geboten. Um diesen jedoch voranzutreiben und zu etablieren, müssen zunächst Kriterien für das Kommunikationsmanagement von Stiftungen vorliegen.

Im Folgenden wird nun das Modell der ‚Integrierten Kommunikation‘ vorgestellt, das zum einen die Interdependenzen von Management und Kommunikation berücksichtigt, zum anderen in der Kommunikationsforschung im Rahmen des neuen St. Galler Management-Modells zum Tragen kommt (Vgl. auch Kap.3). Es bildet die Grundlage für die im Anschluss stehende Kriterienentwicklung für das Kommunikationsmanagement von Stiftungen.

---

321    Interview mit Meckel, Miriam (2007): Interview in: Flash extra 2007, 35.

## 4.1     Integrierte Kommunikation – ein Modell für Stiftungen

Einer der wenigen empirischen Forschungsarbeiten, wie der von Sandberg, verdanken wir eine zentrale Erkenntnis zur ‚Integrierten Kommunikation‘ in Bezug auf Stiftungen:

> Nur gut die Hälfte der Stiftungen, die sehr großen Wert auf Kommunikation legen, und ein Drittel derjenigen, denen sie wichtig ist, stimmen entsprechende Maßnahmen inhaltlich ab. Dies deutet darauf hin, dass Stiftungen Schwächen im Bereich integrierter Kommunikation haben.[322]

Da der Begriff der ‚Integrierten Kommunikation‘ allein in der Marketingforschung bereits drei verschiedene Grundannahmen unterscheidet, welchen wiederum einer Vielzahl von Definitionen zugrunden liegen,[323] ist es sinnvoll, sich zunächst die gemeinsamen Parameter zu vergegenwärtigen, wie sie in der folgenden Beschreibung enthalten sind: Unter Integrierter Unternehmenskommunikation versteht man die inhaltliche und formale Abstimmung aller Kommunikationsmaßnahmen eines Unternehmens.

Erste Ansätze reichen in die 90er Jahre zurück, als langsam ein Wandel von der ‚One-Way-Kommunikation‘ von Seiten der Unternehmen zu den Kunden durch eine differenziertere Vermittlung von vielfältigen Inhalten an verschiedene, ‚sprachfähige‘ Stakeholder abgelöst wurde.

Eine bemerkenswerte theoretische und empirische Bestandsaufnahme zur Integrierten Unternehmenskommunikation hat Karin Kirchner (2001) vorgelegt. Anhand der Ansätze von Bruhn, Zerfaß und Gronstedt zeigt sie auf, dass Integrierte Unternehmenskommunikation nicht nur als philosophisches Konzept verstanden werden darf, sondern einen Planungs-, Organisations- und Optimierungsprozess darstellt, der von der Unternehmensleitung unterstützt werden muss. Nicht eine Verschmelzung der Abteilungen, die mit Kommunikation betraut sind, sondern aktuellere Ansätze, bei welchen es um gemeinsame, koordinierte Prozesse der Planung, Implementierung und Evaluation von Kommunikationsprogrammen gehe, seien erstrebenswert.[324]

Für die intensivere Betrachtung dieses Ansatzes und seine Anwendung im Stiftungsbereich, wird nun eine Definition von der Kommunikationswissenschaftlerin Claudia Mast herangezogen, die damit eine wichtige Grundlage für die Betrachtung der Unternehmenskommunikation gelegt hat:

> Integrierte Unternehmenskommunikation umfasst das Management der Kommunikationsprozesse eines Unternehmens mit seinen internen und externen Umwelten und zielt darauf ab, bei den Zielgruppen ein inhaltlich, formal und zeitlich einheitliches Erscheinungsbild des Unternehmens zu erzeugen. Durch konsistente, integrierte Kommunikation kann sich ein Unternehmen strategisch positionieren und dies letztlich als Wettbewerbsvorteil im Kommunikationswettbewerb nutzen.[325]

Wird in einem weiteren Schritt das Management einer ‚Integrierten Kommunikation‘ als Baustein in das Management der gesamten Unternehmung eingebettet, könnte man quasi

---

322   Sandberg, Berit (2007), 72.
323   Manche Ansätze beziehen sich nur auf die externe Kommunikation, andere beziehen die interne mit ein und wieder andere fokussieren sich auf die Gestaltungs- und Wirkungsaspekte, während manche Fragestellungen organisatorischer, prozessualer und planerischer Art mit einbeziehen. Vgl. Esch, Franz-Rudolf (2006): *Wirkung integrierter Kommunikation: Ein verhaltenswissenschaftlicher Ansatz für die Werbung.* Wiesbaden, 25ff.
324   Vgl. Kirchner, Karin (2001): *Integrierte Unternehmenskommunikation. Theoretische und empirische Bestandsaufnahme und eine Analyse amerikanischer Großunternehmen.* 1. Aufl. Wiesbaden, 172f.
325   Mast, Claudia (⁴2010), 45.

von einem systemischen Ansatz der doppelten Integration sprechen. Markus Will formulierte es in seinem ‚Wertorientierten Kommunikationsmanagement' (siehe auch Kap. 3.3.3) so:

> Insofern bietet der wertorientierte Ansatz einen idealen Bezugsrahmen, wenn man Kommunikationsmanagement nicht nur als integrierte Kommunikationsanforderung, sondern gleichermassen auch als Gestaltungsmöglichkeit der Integration der Kommunikation in das Management einschätzt.[326]

Führt man diesen Gedankengang wiederum mit dem bereits vorgestellten Argumentationsansatz von Marco Casanova fort (siehe auch Kap. 3.3.2) wonach dieser fordert, die Kommunikation zielgruppengerecht, kohärent (zusammenhängend) und konvergent (übereinstimmend) mit den verschiedenen Ebenen des ganzheitlichen Kommunikationsmanagements in Einklang zu bringen, so schließt sich hier der Kreis einer ‚zusammengedachten' internen und externen Kommunikation im gesamten Managementprozess. Um jedoch einem so komplexen Gestaltungsprozess im Stiftungswesen gerecht werden zu können und eine gemeinsame Basis der Verständigung zu haben, müssen zunächst Kriterien guter Stiftungskommunikation definiert werden.

## 4.2      Kriterien guter Stiftungskommunikation

Stiftungen in Deutschland, das wurde im Vorangegangenen deutlich gemacht, haben aufgrund ihrer historischen Wurzeln und Entwicklung, aber auch durch die Diversität ihrer gegenwärtigen Erscheinungsformen besondere Anforderungen bezüglich ihres Kommunikationsmanagements zu bewältigen. Im Fokus steht deren Legitimität sowie die damit eng verbundenen Themen wie Corporate Governance, Wertefragen und Vertrauenskonstruktionen, Berücksichtigung der Stakeholder, oder auch Tradition und Zukunft. Darüber hinaus wurde deutlich, dass das Stiftungswesen einer Weiterentwicklung seines Managements bedarf, weshalb neben normativen Aspekten auch das Modell der Integrierten Kommunikation im Stiftungsmanagement zu verankern ist.

Gezeigt wurde auch, dass bisher Kriterien für das Kommunikationsmanagement von Stiftungen fehlten, wenngleich diese Forschungslücke sowohl für die weitere Forschung im Stiftungswesen, als auch für die Entwicklung und Professionalisierung der Stiftungspraxis dringend geschlossen werden musste. Es geht im Folgenden also darum, klare Kriterien für das Kommunikationsmanagement von Stiftungen zu entwickeln, um zukünftig einen standardisierten Bewertungsmaßstab zugrunde legen zu können.

Die Kriterien verstehen sich zum einen als grundlegender Beitrag zur wissenschaftlichen Systematisierung des Kommunikationsmanagements von Stiftungen. Zum anderen dienen sie als Empfehlung für Führungskräfte sowie Kommunikationsverantwortliche im Stiftungswesen und sind dementsprechend mit Beispielen aus der ‚Stiftungswirklichkeit' in Deutschland hinterlegt, wie sie sich derzeit darstellt. Dazu werden zur Veranschaulichung Stiftungen herangezogen, die für den KOMPASS für hervorragende Öffentlichkeitsarbeit nominiert oder damit ausgezeichnet wurden (siehe auch Kap. 2.3.8).[327]

---

326   Will, Markus (2007a), 26.

327   Die Porträts der Gewinner des Kommunikationspreises KOMPASS sind nachzulesen unter
        www.stiftungen.org/kompass. Die Autorin dankt dem Bundesverband Deutscher Stiftungen für die freundliche Abdruckgenehmigung.

Der KOMPASS, ein Preis mit dem der Bundesverband Deutscher Stiftungen ein Instrument zur Würdigung von gelungener Stiftungskommunikation etabliert hat, liefert anschauliche Beispiele aus der Praxis. Die erklärten Ziele mit dem Preis die Stiftungskommunikation zu professionalisieren, mit Best-Practice-Beispielen zur Nachahmung anzuregen sowie den Stiftungsgedanken in der Öffentlichkeit zu stärken geben einen Hinweis auf die offenbar wachsende Bedeutung, die diesem Bereich des Stiftungsmanagements aus Sicht des Verbands zugeschrieben wird.

## 4.2.1   Professionalität

Die wachsende Bedeutung professioneller Stiftungsarbeit, so wurde deutlich, ist für den Erfolg und das Wachstum des Stiftungssektors unabdingbar. Professionalität ist dabei in zweierlei Hinsicht gefordert: Zum einen auf der Ebene der Führungskräfte, die die Relevanz von Kommunikation im gesamten Managementprozess erkennen und umsetzen müssen, zum anderen in der Besetzung der Kommunikationspositionen durch ausgebildete Fachleute.

Der historische Hintergrund der Stiftungen in Deutschland (siehe Kap. 2.1) hat gezeigt, dass Stiftungen bereits seit ihren Anfängen stets in ihrem Bestehen gefährdet waren. Missmanagement, Eigeninteressen oder politische Gegebenheiten zählen zu den zahlreichen Gefahrenpotentialen, denen Stiftungen bis heute ausgesetzt sind. Hinzu kommen die besonderen Anforderungen an Stiftungsmanager durch gesellschaftliche Entwicklungen. So nimmt die Zahl der kritischen Stimmen in den verschiedenen Stakeholdergruppen deutlich zu. Hintergrund mag zum einen das wachsende bürgerschaftliche Engagement sein, zum anderen ist sicher der Einfluss der sozialen Netzwerke nicht zu unterschätzen. Dialogische Strukturen zwischen Kunden und Unternehmen, die vielen Möglichkeiten der eigenen Meinungsäußerung vor großem Publikum (Shitstorm) sowie die wachsende Bedeutung von CSR-Maßnahmen und Corporate Governance sind auch für Stiftungen höchst relevant.

Mit der wachsenden Wahrnehmung, wie sie das Stiftungswesen derzeit erfährt, ist also ein gleichzeitiges Wachstum der kommunikativen Kompetenz erforderlich. Die in Kapitel 2.2 beschriebenen Erscheinungsformen von Stiftungen zeigen deren Diversität. Die öffentliche Wahrnehmung und das Image des gesamten Sektors speisen sich indes weitgehend aus bruchstückhaften Informationen und ein Wissen um das Phänomen Stiftung kann nicht vorausgesetzt werden. Diverse Interessenslagen der Stifter und die damit verbundene Wahl der jeweiligen Organisationsform, die jedoch alle unter den Begriff ‚Stiftung‘ gefasst werden, wirken sich im Fall negativer Berichterstattung oder gar eines Skandals für das gesamte Stiftungswesen – auch für die gemeinnützigen Stiftungen – negativ aus. Hier sind Experten im Management und in der Kommunikation bereits im Vorhinein gefordert, ihre Stiftung, deren Arbeitsweisen und Ziele darzulegen.

Daraus ergibt sich als erstes Kriterium für gute Stiftungskommunikation als Teil des Stiftungsmanagements:

**Professionalität: Stiftungskommunikation gehört in die Hände von Experten.**

Professionelles Handeln im Sinne der Stiftung wird hier also sowohl von den Führungskräften im strategischen Bereich gefordert, als auch von den operativ tätigen Fachkräften. Stiftungen, deren Kommunikation in der Praxis positiv auffällt (siehe auch KOMPASS, Kap. 2.3.8), zeichnen sich entweder durch einen hohen Professionalisierungsgrad im Management, oder durch qualifizierte Mitarbeitende in diesem Bereich oder – im Idealfall – durch beide Faktoren aus.

Dabei muss es sich gar nicht ausschließlich um Festanstellungen handeln, denn auch verlässliche und kontinuierliche Mitarbeit von Ehrenamtlichen, seien sie geschult oder Experten aus dem Bereich, kann, zumindest bei kleineren Stiftungen, zu beachtlichen Ergebnissen führen.

In einer repräsentativen Umfrage des Bundesverbands Deutscher Stiftungen zusammen mit der KPMG AG Wirtschaftsprüfungsgesellschaft im Jahr 2010 zur Führung, Steuerung und Kontrolle in der Stiftungspraxis heißt es hierzu:

> Wie in anderen Organisationen und Wirtschaftsbetrieben kommt es auch bei Stiftungen auf die handelnden Personen an, die für die juristische Person tätig werden. Die Stiftungsaufgaben erfüllen vor allem ehrenamtliche Gremienmitglieder und Helfer, nur zu einem kleineren Teil festangestellte Mitarbeiter.[328]

Wichtig ist auch die Einbindung in die Strategien und Ziele des Stiftungsmanagements, um einen konsistenten und integrierten Gesamtauftritt zu erreichen. Insofern ist professionelle Kommunikationsarbeit in der Realität der deutschen Stiftungen noch immer keine selbstverständliche Komponente, sondern stark von der individuellen Einschätzung der Führungspersönlichkeiten abhängig.

Im Folgenden dient als Beispiel professionellen Kommunikationsmanagements die Stiftung Liebenau, die 2008 mit dem KOMPASS-Sonderpreis ‚Bester Jahresbericht‘ ausgezeichnet wurde. Bemerkenswert ist zum einen die Würdigung des Bildkonzepts, das Authentizität verleihe, sowie die Transparenz im Bericht des Vorstands und des Aufsichtsrates, urteilte die Jury. Bedenkt man die in Kapitel 2.2.11 aufgezeigten, öffentlichkeitsrelevanten juristischen Auseinandersetzungen um die Kirchenzugehörigkeit der Stiftung, wird hier deutlich, wie positiv unterstützend sich professionelle Kommunikationsarbeit auf das Image von Stiftungen auswirkt.

---

328  Falk, Hermann/ Kramer Andreas/ Zeidler, Susanne (2010): *StiftungsStudie. Führung, Steuerung und Kontrolle in der Stiftungspraxis.* Bundesverband Deutscher Stiftungen (Hg.). Berlin, 13.

*Professionalität*

*Kompass 2008*

## Sonderpreis „Bester Jahresbericht"
## Stiftung Liebenau

**D**ie Stiftung Liebenau ist ein Sozial-, Gesundheits- und Bildungsunternehmen. Sie ist Träger von rund 200 sozialen Angeboten und Diensten an fast 90 Standorten in Deutschland, Österreich, der Schweiz und Bulgarien. Fast 5.200 Mitarbeiter betreuen, unterstützen, beraten und begleiten mehr als 15.000 Menschen. Die Aufgaben der Stiftung Liebenau umfassen die Erziehung, Ausbildung, Beschäftigung, Betreuung und Pflege von behinderten, alten und kranken Menschen. Grundlage ihres Handelns ist der christliche Auftrag zur Selbst- und Nächstenliebe, ihr Leitsatz „In unserer Mitte - Der Mensch". Die Stiftung Liebenau bietet Hilfe zur Selbsthilfe, denn ihr Ziel ist es, dass Menschen trotz Behinderung oder anderem Hilfebedarf am normalen Leben teilhaben können. Wer dennoch dauerhaft Unterstützung benötigt, findet in den Einrichtungen der Stiftung Liebenau einen sicheren und würdigen Lebensraum. Dass die Stiftung diesem Anspruch gerecht wird, zeigt ihr Jahrbuch 2006.

Auffällig und besonders hervorzuheben ist nach Meinung der Jury das Bildkonzept, das dem Jahresbericht Authentizität verleiht und das Anliegen der Stiftung in besonderer Weise transportiert: Großformatige Aufnahmen zeigen die Menschen, denen sich die Stiftung Liebenau widmet, in Nahaufnahme, jedoch ohne dass der Betrachter ihnen zu nah kommt. „Der Bericht des Vorstandes und des Aufsichtsrats, Gesellschaftsrechtliche Beteiligungen inkl. Beteiligungsquote, die Beschreibung der einzelnen Arbeitsbereiche, mit Erfolgsrechnung und ausgewiesenen Kennzahlen - hier wurde an alles gedacht und Transparenz gelebt." so die Jury.

*Quelle: www.stiftungen.org/kompass*
*Bundesverband Deutscher Stiftungen*

*Professionalität*

*Kompass 2008*

## Sonderpreis „Bester Jahresbericht"
## Stiftung Liebenau

Jahresbericht 2006
Stiftung Liebenau

## 4.2.2    Effektivität

Den Begriff der Effektivität im St. Galler Management-Modell erklärt Knut Bleicher als Mitarbeiterverhalten im sozialen Zusammenhang. „Sie drückt sich vor allem in der Kooperation und vertikalen sowie horizontalen Kommunikation von sozial-relevanten Inhalten aus."[329] Und im Swiss Code of Best Practice for Corporate Governance wird erklärt, worum es den Nonprofit-Organisationen mittel- bis langfristig insgesamt gehen soll: „Mit verfügbaren Mitteln Erzielen einer möglichst grossen Wirkung; auch: die ‚richtigen' Dinge tun (Zweckmässigkeit); die von der NPO gesetzten Ziele sollen erreicht werden."[330]

Demnach ist Effektivität eindeutig im Verantwortungsbereich der Führungskräfte von Stiftungen und deren strategischer Planung anzusiedeln. Wie bereits im Zusammenhang der aktuellen Kommunikationsforschung dargelegt wurde (siehe auch Kap. 3.3.2), hat Marcus Will mit seiner Einführung des ‚Communications View', die er als konsequente Kommunikationsperspektive der Unternehmensführung bezeichnet, ein auch für das Stiftungsmanagement wichtiges Instrument beschrieben. Die ‚Communication View' ist damit auch die konsequente Fortführung der von Argenti und Forman als kommunikativ erfolgreich beschriebenen Haltung von Führungskräften:

> Successful CEO's who are themselves effective communicators set the tone for communications in their business and turn the communication experts within and outside their organizations to achieve major impact with key constituencies. Directors of corporate communications stand at the top of the list of experts from whom they seek counsel.[331]

Wie in den vorangegangen Kapiteln gezeigt wurde, stehen NPO unter einem enormen Professionalisierungsdruck und besonders Stiftungen sind zunehmend gefordert, ihre Maßnahmen zur Erreichung ihrer Stiftungszwecke plausibel darlegen zu können. So sind z. B. die Vorzüge der Steuerbefreiung gegenüber den Stakeholdern durch professionelle Planung im strategischen und normativen Management zu legitimieren und zu kommunizieren. Dazu gehören aber auch transparent kommunizierte Auswahlverfahren für Stipendiaten, nachvollziehbare Schwerpunktsetzung in Bezug auf die satzungsgemäßen Zwecke sowie innovative Vorhaben und nachhaltige Finanzplanung. Berührt werden darüber hinaus, wie in Kapitel 2.2 dargelegt, Fragen der Corporate Governance und der Transparenz.

Daraus ergibt sich als zweites Kriterium für gute Stiftungskommunikation als Teil des Stiftungsmanagements:

**Effektivität: Stiftungskommunikation, die sich auf der strategischen Ebene für die richtigen Dinge entscheidet, ist effektiv.**

---

329   Bleicher, Knut (⁷2004), 82ff.
330   Konferenz der Präsidentinnen und Präsidenten grosser Hilfswerke, (Hg.) (2006), 18.
331   Argenti, Paul/ Forman Janis (2002), 66.

Im Folgenden dient als Beispiel effektiven Kommunikationsmanagements die St. Dominikus Stiftung Speyer, die beim Kompass 2010 als Gewinnerin in der Kategorie Gesamtauftritt hervorging. Bemerkenswert ist hier das Zusammenspiel zwischen der Ausrichtung auf die dominikanischen Werte als wesentliches Ziel der Kommunikationsstrategie mit einem mehr-jährigen internen Identitätsprozess, dessen Ergebnisse in einem Handbuch festgeschrieben wurden. Auch würden die zwölf Einrichtungen durch klares Corporate Design und eine sensible Bildsprache einheitlich wahrgenommen, urteilte die Jury.

*Effektivität*

*Kompass 2010*

## Gewinner in der Kategorie Gesamtauftritt
## St. Dominikus Stiftung Speyer

Vor dem Hintergrund immer knapper werdender Mittel wurde 2003 die St. Dominikus Stiftung Speyer als Dach der damals zwölf Einrichtungen der Diözese Speyer errichtet. Es galt, dafür einen neuen Gesamtauftritt zu finden, der zu Schulen und Jugendhilfeeinrichtungen ebenso passt, wie zu Hospiz und Krankenhaus. Seit dem 19. Jahrhundert engagieren sich Dominikanerinnen in den zwölf Einrichtungen der Diözese Speyer, doch in den vergangenen Jahrzehnten haben nichtkirchliche Mitarbeiter die Ordensschwestern zunehmend ersetzt. Die dominikanischen Werte in der täglichen Arbeit lebendig zu halten, ist daher wesentliches Ziel der Kommunikationsstrategie. Die Stiftung setzt auf eine starke interne Kommunikation, um die gemeinsame Identität zu bestimmen und die Akzeptanz der Kommunikationsmaßnahmen zu erhöhen. Die KOMPASS-Jury beeindruckte diese Prozesshaftigkeit der Stiftungskommunikation: Mehr als 1.500 Mitarbeiter wurden in den mehrjährigen Identitätsprozess eingebunden und die Ergebnisse in einem Identitätshandbuch festgeschrieben, das die dominikanischen Werte Miteinander/Füreinander, Achtung der Menschenwürde, Dialogbereitschaft und Achtsamkeit in den Vordergrund stellt. Darüber hinaus führen ein klares Corporate Design und eine sensible Bildsprache heute zu einer einheitlichen Wahrnehmung aller Einrichtungen in der Öffentlichkeit. Im Laufe des geschilderten Prozesses haben die Einrichtungen fast 100 ehrenamtliche Helfer gewinnen können.

*Quelle: www.stiftungen.org/kompass*
*Bundesverband Deutscher Stiftungen*

*Effektivität*

*Kompass 2010*

# Gewinner in der Kategorie Gesamtauftritt
# St. Dominikus Stiftung Speyer

Website
St. Dominikus Stiftung Speyer

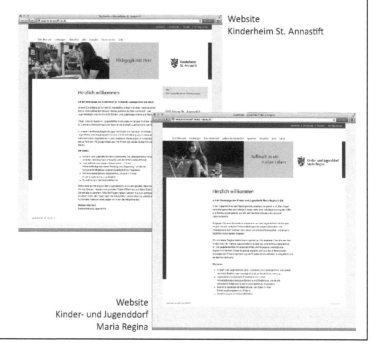

Website
Kinderheim St. Annastift

Website
Kinder- und Jugenddorf
Maria Regina

## 4.2.3    Effizienz

In seinem grundlegenden Text zum Verständnis des neuen St. Galler Management-Modells gibt Johannes Rüegg-Stürm eine eingängige Beschreibung zur Effizienz im Management:

> Mit Effizienzvorteilen bezeichnen wir das Phänomen, dass im Rahmen einer geschickten Arbeitsteilung (und Arbeitsorganisation), entsprechender Qualifizierung der arbeitenden Menschen und einer gewissen Standardisierung der Abläufe und Marktleistungen mit weniger Gesamtaufwand in weniger Zeit mehr Output erzeugt werden kann.[332]

Zur hier angesprochenen Qualifizierung der Menschen, die den Kommunikationsbereich der Unternehmung gestalten, wurden bereits unter dem ersten Punkt ‚Professionalität' Aussagen gemacht. Darüber hinaus hat der Blick auf die Aspekte des Stiftungsmanagements im Rahmen dieser Arbeit die Bedeutung von Effizienz im Zusammenhang mit Corporate Governance, Transparenz oder Gütesiegeln deutlich hervorgehoben (siehe auch Kap. 2.3). Auch im Swiss Code of Best Practice for Corporate Governance ist Effizienz in diesem Sinn definiert, wenn es dort heißt, Effizienz sei die „Realisierung des gewollten Ergebnisses mit den geringst möglichen Mitteln; auch: die Dinge ‚richtig' tun. Es soll ein bestmögliches Verhältnis zwischen den von der NPO erbrachten Leistungen (Output) und den dafür eingesetzten Mitteln (Input) angestrebt werden."[333]

Stiftungskommunikation lässt sich immer dann auf der operativen Ebene effizient gestalten, wenn es klar definierte Kommunikationsziele gibt. Diese müssen von den Gesamtzielen der Stiftung abgeleitet und fortlaufend angepasst werden. Häufig wechselnde Programme, sehr breite und divergierende Stiftungszwecke oder stark inhomogene Stakeholdergruppen bedürfen umso mehr einer eigenen Planungslogik und zeitlich-räumlichen Sinnhaftigkeit bei der Wahl der Kommunikationsmaßnahmen. Wie in den Ausführungen dieser Arbeit zur Unternehmenskommunikation vorgestellt wurde, sind nach Meckel und Lyczek die zeitliche, formale und inhaltliche Abstimmung der Kommunikation mit den Stakeholdern unumstrittenes Kommunikationsziel (siehe auch Kap. 3.3.4), jedoch ist heute darüber hinaus die cross-mediale Kommunikation – d. h. über die Grenzen der einzelnen Medien hinweg – auch unter dem Aspekt der Effizienz zu berücksichtigen.

Es wird in den kommenden Jahren für Stiftungen auch unter dem Aspekt des Wettbewerbs um Spender, hauptamtlich Mitarbeitende und Ehrenamtliche und andere Stakeholder immer wichtiger werden, ihren ressourcensparenden Umgang mit ihren Mittel sowie Spendengeldern transparent darzulegen.

Daraus ergibt sich als drittes Kriterium für gute Stiftungskommunikation als Teil des Stiftungsmanagements:

**Effizienz: Stiftungskommunikation ist effizient, wenn sie auf der operativen Ebene ihre zugeordneten Aufgaben ‚richtig' bearbeitet.**

Für Stiftungen, die ein effizientes Kommunikationsmanagement haben, bedeutet das klare Entscheidungen darüber, welche Zielgruppen, auf welchen Kanälen und mit welchen Informationen ‚bespielt' werden sollen. Diskontinuität bei der Verbreitung, veraltete Inhalte oder gar fehlende Resonanz im Social-Media-Bereich werden, wie gezeigt wurde, von der Öffent-

---

332  Rüegg-Stürm, Johannes (2009), 91.
333  Konferenz der Präsidentinnen und Präsidenten grosser Hilfswerke (Hg.) (2006), 18.

lichkeit peinlich genau registriert und schaden unter Umständen enorm dem Image der Stiftung.

Für den Kompass 2012 wurde die Hanns-Lilje-Stiftung nominiert, weil sie für einen klaren, informativen und geradlinigen Auftritt steht. Die Stiftung hat sich auf drei Förderschwerpunkte konzentriert, mit einem Newsletter fünfmal jährlich ihre Abonnenten beschickt sowie alle zwei Jahre ein Jahrbuch erstellt. Insofern ist sie ein gelungenes Beispiel für eine Stiftung mit einem überschaubaren und effizienten Kommunikationsmanagement.

*Effizienz*

*Nominierung Kompass 2012*

## Kategorie Gesamtauftritt: Hanns-Lilje-Stiftung, Hannover

Für einen klaren, informativen und geradlinigen Auftritt steht die Hanns-Lilje-Stiftung. In kluger Verbindung von sachlicher Information und ästhetischer Gestaltung wird das Anliegen eines Dialogs zwischen Kirche und Welt auf überzeugende Weise vermittelt. Die Stiftung setzt dabei die gesamte Palette kommunikativer Möglichkeiten professionell ein." (Jury)

Die kirchliche Hanns-Lilje-Stiftung baut Brücken innerhalb der Gesellschaft. Seit ihrer Gründung 1989 fördert sie laut Satzung „in evangelischer Verantwortung den beständigen Dialog von Kirche und Theologie mit Wissenschaft, Technik, Wirtschaft, Kunst und Politik". So wurden über 1.400 Projekte unterstützt. In den vergangenen drei Jahren hat sich die Stiftung auf drei Förderschwerpunkte konzentriert und ihr operatives Wirken intensiviert. Gleichzeitig zu dieser inhaltlichen Profilierung ist der Gesamtauftritt überarbeitet worden. Im weiterentwickelten Corporate Design erscheinen mittlerweile alle zwei Jahre ein Jahrbuch und regelmäßig thematische Flyer. Ein Newsletter informiert fünfmal jährlich rund 2.000 Abonnenten, und auch mittels ihrer Website und im Social Web pflegt die Stiftung den Kontakt mit der Öffentlichkeit. Die Presseresonanz belegt, dass sich die Stiftung medial erfolgreich gesellschaftlich relevanten Themen widmet. So konnten neue Kooperationspartner, Spender und Zustifter gewonnen und ein Freundeskreis gegründet werden.

*Quelle: www.stiftungen.org/kompass*
*Bundesverband Deutscher Stiftungen*

*Effizienz*

Nominierung Kompass 2012

## Kategorie Gesamtauftritt:
## Hanns-Lilje-Stiftung, Hannover

Jahresbericht 2013

Website

Auftritt bei Facebook

### 4.2.4    Anspruchsgruppen-Orientierung

„Dialoge ‚funktionieren' nur zwischen Gesprächspartnern, die sich gegenseitig als gleichberechtigt anerkennen"[334], ist eine Aussage von Ulrich und Fluri in ihrem achten Leitgedanken zur Öffentlichkeitsarbeit. Hier wird die Frage der Haltung in den Mittelpunkt der Kommunikation gestellt. In den Kapiteln zum Management und der Unternehmenskommunikation von Stiftungen wurde deutlich, dass das Modell der Intergierten Kommunikation für Stiftungen sinnvoll ist. Verstanden als Planungs-, Organisations- und Optimierungsprozess (Vgl. Kap. 4.1) ermöglicht dieser Ansatz eine konsistente und glaubwürdige Kommunikationsarbeit.

Wer aber zählt zu den Anspruchsgruppen einer Stiftung?

Niklas Lang und Peppi Schnieper haben diese in ihrer Forschungsarbeit in St. Gallen zum professionellen Management von Stiftungen wie folgt aufgelistet:

- Stifter/ Kapitalgeber
- Mitarbeitende
- Destinatäre
- Kritische Öffentlichkeit
- Kooperationspartner
- Staat und seine Behörden (Stiftungsaufsicht, Steuerverwaltung)
- Serviceprovider/ Dienstleister
- Andere Stiftungen oder Verbände, Hilfswerke etc.[335]

Darauf aufbauend empfehlen sie als Leitfragen bei der Konkretisierung der Kommunikation mit den Anspruchs- und Zielgruppen, diese zunächst zu definieren und dann die Form des inhaltlichen Austausches festzulegen. Zudem sei intern danach zu fragen, welche Kommunikationsmaßnahmen die Identifikation der Mitarbeitenden mit den Zielen der Stiftung stärken.[336]

Hier kann man deutlich eine viel praktizierte, aber dennoch inzwischen überkommene, vereinfachte Herangehensweise an Stiftungskommunikation erkennen, die den modernen Anforderungen nicht mehr gerecht wird. Zwar wird nach internen und externen Anforderungen unterschieden und auch werden inhaltlichen und formalen Kriterien differenziert, eine Integration in das gesamte Management der Stiftung bleibt jedoch ebenso aus, wie eine realistische Einschätzung der selektiven Zielgruppenorientierung. Diese ist nämlich im Zeitalter elektronischer Medien und deren Werkzeuge wie Blogs, Facebook und Twitter kaum noch im klassischen Sinn aufrecht zu erhalten. Nur einzelne Gruppen bei der Stiftungskommunikation in den Blick zu nehmen, ist längst zum Spezialfall geworden, wie etwa die selektive Einladung älterer Menschen zu Informationsveranstaltungen über Erbschaftsrecht und Testamentserstellung.

Insgesamt müssen die Inhalte heute stets so aufgebaut sein, dass sie auch bei anderen als der Kernzielgruppe, wie Medien oder Organmitgliedern der Stiftung, keine Irritationen oder Missverständnisse auslösen, da ihre Verbreitung über den ursprünglich vorgesehen Verteiler hinaus mehr als wahrscheinlich ist. Das heißt, die früher übliche Selektion von

---

334  Ulrich, Peter/ Fluri, Edgar (⁷1995), 92.
335  Lang, Niklas/ Schnieper, Peppi (2008): *Professionelles Management von Stiftungen: Ein Leitfaden für Stiftungspraktiker.* Basel, 164.
336  Lang, Niklas/ Schnieper, Peppi (2008), 165.

Inhalten und die Zuordnung von kommunikativen Distributionskanälen mit einem anzuneh-
menden Verbleib bei diesen Zielgruppen ist nicht länger ausreichend.

Vielmehr ist als Konsequenz beispielsweise eine sehr viel höhere Transparenz als noch
vor wenigen Jahren erforderlich, wie Sabine Einwiller und Markus Will beschreiben:

> The possibility for every stakeholder to access almost any information directed at other stakeholder groups –
> for example customers or activists accessing investor information – has lead to much greater transparency than
> ever before. [...] The consequences of these new possibilities are evident: Any contradiction in what is being
> communicated to different stakeholder groups can be unveiled without a person having to undertake great ef-
> forts.[337]

Daraus ergibt sich als viertes Kriterium für gute Stiftungskommunikation als Teil des Stiftungsmanagements:

**Anspruchsgruppen-Orientierung: Stiftungskommunikation dient dem konsistenten
und dialogischen Austausch mit allen Anspruchsgruppen.**

Eine gelungene Anspruchsgruppen-Orientierung im Kommunikationsmanagement ist bei der
Stiftung ZEIT FÜR MENSCHEN zu finden. Die Stiftung, die fünf Tochterstiftungen hat und
vornehmlich Zeitspenden durch Freiwillige organisiert, hat deren Zahl in wenigen Jahren
verdoppelt. Auch Geldspender und Prominente konnten im Rahmen des Beziehungsmarke-
tings gewonnen werden.

Mehr Informationen unter: http://www.stiftungen.org/de/verband/ehrungen-preise/kompass/
kompass-archiv/kompass-2009/preistraeger.html (Zugriff am 20.2.2015)

### 4.2.5    Wertebasiertheit

Gegenstand der Betrachtung im Rahmen dieser Arbeit sind die gemeinnützigen Stiftungen,
deren Aufgabe es ist, die Allgemeinheit auf materiellem, geistigem und sittlichem Gebiet
selbstlos, ausschließlich und unmittelbar zu fördern, wie es die Abgabenordnung vorschreibt
(siehe auch Kap. 1). Die normativ basierten Zwecke bilden dabei in der Regel den Werte-
kosmos des Stiftenden ab. Diese Zwecke beschreiben in der Regel die Entwicklung von
einem gegenwärtigen ,Ist' zu einem – durch die Aktivitäten der Stiftung beförderten – ,Soll-
Zustand' und müssen außerdem in Einklang mit den Gesetzen stehen. Der Stiftende selbst ist
demnach, geht man von einer Stiftung aus, die für die Ewigkeit angelegt wurde, post mortem
auf das stellvertretende und vergegenwärtigende Handeln Dritter angewiesen.

Im Gegensatz zu anderen Organisationformen sind die Zielerreichungen durch die satzungsgemäßen Zweckbestimmungen viel weniger veränderbar. Ihre vorsichtige und zeitge-
mäße Anpassung bildet daher gerade für sehr alte Stiftungen eine große Herausforderung für
das strategische und operative Stiftungsmanagement. Bedenkt man zudem, dass die in einer
Stiftung Beschäftigten, abgesehen von ihrer intrinsischen Motivation, ethischen Ausrichtung
und dem relativ geringen Einfluss der Stiftungsaufsicht, kein Regulativ für ihr Handeln haben, so wird die Besonderheit und Alleinstellung der Stiftung deutlich (siehe auch Kap. 2.2).

---

337  Einwiller, Sabine/ Will, Markus (2008): *Towards an Integrated Approach to Corporate Branding in Findings
from an Empirical Study*. In: Meckel, Miriam/ Schmidt, Beat (Hgg): Kommunikationsmanagement im Wandel. Beiträge aus 10 Jahren =mcm institute, Wiesbaden, 239.

Es wurde besonders im historischen Kontext (siehe auch Kap. 2.1.) aufgezeigt, dass das Stiftungsmanagement im Kern mit normativen Aspekten wie Vertrauen, Vergegenwärtigung aber auch mit der potenziellen Gefahr der Veruntreuung zu tun hat. Dies wirkt sich bis heute unmittelbar auf die Gestaltung des Kommunikationsmanagements von Stiftungen aus und bedarf der besonderen Berücksichtigung. Vor diesem Hintergrund dienten die Ausführungen zum Stand der Kommunikationsforschung im Rahmen des neuen St. Galler Management-Modells als Basis für die nicht nur strategischen und operativen Aspekte, sondern besonders für die normative Verankerung des Management-Handelns in Stiftungen.

Was Ulrich und Fluri allgemein zur Legitimation einer Unternehmung formuliert haben, ist aufgrund der oben genannten Parameter daher besonders für Stiftungen zutreffend:

> Als tragfähige Grundlage von Vertrauens- und Glaubwürdigkeit einer Unternehmung kommt letztendlich nur die echte unternehmensethische Legitimation ihres Handelns in Frage: Vordergründige ‚Akzeptanzsicherung‘ ohne tiefergehende Legitimation ‚funktioniert‘ nicht oder nur vorübergehend. […] nur wenn die Unternehmung die besseren Argumente auf ihrer Seite hat, wird sie vor einer kritischen Öffentlichkeit bestehen können.[338]

Daraus ergibt sich als fünftes Kriterium für gute Stiftungskommunikation als Teil des Stiftungsmanagements:

**Wertebasiertheit: Stiftungskommunikation ist wertebasiert, transparent und widerspruchsfrei.**

Stiftungen, die über ein wertebasiertes Kommunikationsmanagement verfügen, sind in der Praxis gut aufgestellt, wenn die Werte selbst explizit in der Kommunikation benannt werden. Ein Beispiel ist die KOMPASS-Auszeichnung 2007 für die Stiftung Deutsche Sporthilfe. In der Kategorie „Strategische Projekt-PR" erhielt sie die Auszeichnung für die Markenkampagne „Leistung. Faiplay. Miteinander." Die Stiftung machte mit der Kampagne deutlich, dass diese Werte des Sports das Zusammenleben in der Gesellschaft positiv beeinflussen.

Mehr Informationen unter:
http://www.stiftungen.org/de/verband/ehrungen-preise/kompass/kompass-archiv/kompass-2007/preistraeger.html (Zugriff am 20.2.2015)

### 4.2.6    Nachhaltigkeit

Der Begriff der Nachhaltigkeit entstammt ursprünglich der preußischen Forstwirtschaft des 18. Jahrhunderts und bezeichnete damals die vorausschauende Nutzung des Waldes, indem nur so viel abgeholzt wurde, wie nachwachsen konnte. So war für die eigene und kommende Generation das Auskommen gesichert.

Heute ist der Begriff der Nachhaltigkeit von den Entwicklungen in den frühen 80er Jahren geprägt. 1983 gründeten die Vereinten Nationen die Weltkommission für Umwelt und Entwicklung mit 19 Sachverständigen aus 18 Ländern und wählten die Norwegerin Gro Harlem Brundtland zur Vorsitzenden. 1987 wurde der als Brundtland-Report bekannte Bericht ‚Report of the World Commission on Environment and Development: Our Common Future‘[339] veröffentlicht. Hier entstand erstmals das Leitbild einer nachhaltigen Entwicklung,

---

338   Ulrich, Peter/ Fluri, Edgar (1995), 90.
339   Vgl. Brundtland-Report: http://www.un-documents.net/wced-ocf.htm (Zugriff am 30.9.2013).

wobei die Kommission darunter verstand, dass diese „den Bedürfnissen der heutigen Generation entspricht, ohne die Möglichkeiten künftiger Generationen zu gefährden, ihre eigenen
Bedürfnisse zu befriedigen und ihren Lebensstil zu wählen." Sie forderte außerdem „eine
neue Ära der umweltgerechten wirtschaftlichen Entwicklung"[340].

Zahlreiche Stiftungen haben in ihren Satzungen Stiftungszwecke verankert, die sich
entweder mit Fragen der Nachhaltigkeit befassen, da sie beispielsweise als Umweltstiftung
gegründet wurden, oder weil sie sich im weiteren Sinn als langfristige Bewahrer von Traditionen, Lebensräumen und -chancen verstehen. Die Zwecke und damit verbundenen Programme sollten entsprechend dem Drei-Säulen-Modell sowohl ökonomische, als auch ökologische und soziale Faktoren in der Kommunikation berücksichtigen.

Deren Relevanz wurde im Rahmen der vorliegenden Arbeit sowohl in den Kapiteln zur
Historie, zu den Phänomenen, als auch in den Abschnitten zum Management von Stiftungen
beschrieben. Gerade der ‚Ewigkeitsgedanke', der den meisten Stiftungsgründungen implizit
ist, stellt gleichsam eine conditio sine qua non für nachhaltiges Agieren und Kommunizieren
im Stiftungsmanagement dar.

Daraus ergibt sich als sechstes Kriterium für gute Stiftungskommunikation als Teil des
Stiftungsmanagements:

**Nachhaltigkeit: Stiftungskommunikation bietet eine Plattform für den normativ-
kritischen Diskurs nachhaltiger Gesellschaftskonzepte.**

Auch der Stiftungsreport des Bundesverbandes Deutscher Stiftungen stand in Folge unter
dem Stichwort ‚Nachhaltigkeit'. 2012/13 wurde er unter dem Titel ‚Auftrag Nachhaltigkeit:
Wie Stiftungen den sozialen Zusammenhalt stärken' veröffentlicht. 2011/12 war der Inhalt
die ökologische Nachhaltigkeit, und 2013/14 ist ein Report zur ‚Ökonomischen Nachhaltigkeit'[341] geplant.

Als Praxisbeispiel dient hier die Stiftung st. franziskus heiligenbronn, die 2012 für ihre
Spendenkampagne „Wir machen Schule. Machen Sie mit." ausgezeichnet wurde. Neben
dem Einwerben von Spendenmitteln, so betonte die Jury, sei es der Stiftung gelungen, das
Thema Mehrfachbehinderung in der Bevölkerung der Region nachhaltig zu verankern.

Mehr Informationen unter: http://www.stiftungen.org/de/verband/ehrungen-preise/ kompass/
kompass-archiv/kompass-2012/preistraeger-2012.html (Zugriff am 20.2.2015)

## 4.2.7 Visionsbegabung

„Visionen sollten eine wesentliche Selektionsleistung bei der Wahl normativer Konzepte und
strategischer Programme erbringen. An dieser Eigenschaft ist der Wert einer Vision letztlich
zu messen."[342] Mit dieser Aussage ordnet Knut Bleicher der Vision die Aufgabe zu, dem
Management zu dienen und verortet sie eindeutig in den normativen und strategischen Prozessen. Interessanter Weise wird in Bleichers Grundsatzwerk zum Integrierten Management

---

340  Vgl. http://www.nachhaltigkeit.info/artikel/brundtland_report_1987_728.htm (Zugriff am 30.9.2013).
341  Vgl. Bundesverband Deutscher Stiftungen (Hg.) (2012): *Auftrag Nachhaltigkeit: Wie Stiftungen den sozialen
Zusammenhalt stärken.* Stiftungsreport. Berlin, 9.
342  Bleicher, Knut (⁷2004), 107.

die Kommunikation der Vision – wie so oft in den frühen Werken aus St. Gallen – in wenigen Sätzen abgehandelt:

> Zunächst muss die Vision kommuniziert werden. Dabei muss der besondere Charakter der Vision, der diese vom routinemässigen Planungs- und Kontrollprozess abhebt, durch die Wahl der geeigneten Kommunikationsträger und -mittel betont werden. Als Kommunikationsträger kommt hier insbesondere die Spitzenleitung in Betracht, um der Vision das nötige Gewicht zu geben. Aussergewöhnliche Orte und Medien der Kommunikation und symbolträchtige Gesten können die Bedeutung der Vision unterstreichen.[343]

Bleicher betont außerdem, dass eine einmalige Kommunikation der Vision nicht genüge und dass auf allen Stufen der Organisation viel Zeit darauf zu verwenden sei, die Auswirkungen der Vision auf den einzelnen zu übersetzen.

In Bezug auf ihre Zukunftsfähigkeit und ihre Visionsbegabung sind gerade Stiftungen gefordert sich strategisch zu positionieren und dabei kommunikativ neue Wege zu gehen. Als Entität mit Ewigkeitscharakter haben sie sich im Gegensatz zu anderen NPO ganz besonderen Aufgaben zu stellen, wie z. B. Plattformen für die Entwicklung von zukunftsweisenden Konzepten zu generieren. Insofern ist es im Rahmen des Managements zunächst erforderlich, zwischen den in der Satzung festgelegten Stiftungszwecken und den gegenwärtigen Belangen der Stiftungsaktivitäten immer auch die sich für die Zukunft abzeichnenden gesellschaftlichen Themen einzubeziehen. Darüber hinaus können Stiftungen in einer möglichen Thinktank-Funktion selbst an gesellschaftlichen Entwicklungen mitwirken und in Kooperationen verschiedene Aspekte bearbeiten. Das Kommunikationsmanagement kann beispielsweise durch Agenda-Setting zukunftsrelevante Themen im gesellschaftlichen Diskurs nach vorne bringen und damit die eigene Stiftung positionieren.

Der Bundesverband Deutscher Stiftungen hat zusammen mit der Vodafone Stiftung Deutschland in einer gemeinsamen Untersuchung deren Rolle als Themenmotoren für gesellschaftlichen Wandel beleuchtet und in einer Umfrage interessante Ergebnisse erzielt. Demnach schätzen Führungskräfte von Stiftungen deren Engagement auf dem Gebiet der Politikberatung und ihre Tätigkeit als Thinktanks als sehr wichtig ein. Auch werden sie als Katalysatoren für gesellschaftliche Entwicklungen wahrgenommen, denen man grundsätzlich positiv gegenübersteht, wenngleich keine klare Einschätzung darüber vorliegt, ob Stiftungen sich in diesem Bereich zunehmend engagieren werden.[344]

In ihrer Brückenfunktion zwischen dem ideell ausgerichteten Stiftungszweck – manchmal weit in der Vergangenheit begründet – und der visionär gestalteten Zukunftsfähigkeit können Stiftungen erfolgreich wirksam sein. Dies intern und extern zu vermitteln, ist eine der zentralen Funktionen der Stiftungskommunikation.

Daraus ergibt sich als siebtes Kriterium für gute Stiftungskommunikation als Teil des Stiftungsmanagements:

**Visionsbegabung: Stiftungskommunikation ist differenzierte Vermittlerin zwischen den Themen des Gestern und Morgen.**

Bedenkt man, dass fast ein Viertel der deutschen Stiftungen im Bereich der Kinder- und Jugendhilfe tätig ist und auch viele andere Stiftungen mit sozialen Förderschwerpunkten Kinder unterstützen, dann fällt auf, dass deren Rolle heute eher objekthaft ist, statt, dass sie

---

343  Bleicher, Knut ([7]2004), 114.

344  Merai, Karolina/ Metzner-Kläring, Juliane/ Schröder, Susanne/ Sütterlin, Sabine (2012): *Denken fördern: Thinktanks als Instrumente wirkungsvoller Stiftungsarbeit.* Bundesverband Deutscher Stiftungen (Hg.), Berlin, 43.

als Subjekt in die Stiftungslandschaft integriert werden (siehe auch Kap. 5.1). Allein die Einführung von Kinderbeiräten, die hierzulande als vereinzelte Projekte existieren, in den USA und Kanada hingegen viel mehr etabliert sind, könnte für den Umgang mit diesen zukunftsweisenden Stakeholdern Vorbildcharakter haben.[345]

Mit einem in die Zukunft gerichteten Thema hat die hessenstiftung – familie hat zukunft 2011 die KOMPASS-Auszeichnung in der Kategorie „Einzelne Kommunikationsmaßnahme" für ihre Plakatausstellung ‚Neue Väter' bekommen. Nachwuchsgrafiker wurden zu einem Wettbewerb aufgerufen, ihre Vorstellungen von der sich wandelnden Vaterrolle umzusetzen.

---

345  Vgl. Störmann, Gabriele/ Fehrmann, Sara (2013): *Vom Begünstigten zum Mitgestalter. Kinderbeiräte in Stiftungen. In*: Stiftung und Sponsoring. Das Magazin für Nonprofit-Management und -Marketing, Nr. 2, 26f.

*Visionsbegabung*

*Kompass 2011*

## *Kategorie „Einzelne Kommunikationsmaßnahme"*
### *hessenstiftung - familie hat zukunft*
*Plakatausstellung „Neue Väter"*

Elterngeld und Vätermonate: Die Vaterrolle in Deutschland soll sich wandeln – Vorstellungen von Vaterschaft und Väterbilder verändern sich jedoch nur langsam. Die 2001 vom Land Hessen gegründete hessenstiftung – familie hat zukunft setzt sich für eine kinder-, familien- und väterfreundliche Gesellschaft ein.

Die Entwicklung hin zu den „neuen Vätern", die sich nicht nur als Ernährer, sondern als gleichberechtigte Bezugsperson mit Erziehungsauftrag verstehen, unterstützt sie durch die Plakatausstellung „Neue Väter". Die Stiftung rief 2009 mit einem Wettbewerb Nachwuchsgrafiker dazu auf, ihre Vorstellungen von Männern, die aktiv ihre Vaterrolle gestalten, grafisch oder fotografisch umzusetzen. Aus dem Wettbewerb sind zehn kreative und frische Interpretationen vom Familienvater hervorgegangen, mal als starker Kerl, mal als Familienmanager. Den väterlichen Rollenwandel verdeutlicht beispielsweise die Einreichung mit dem Titel „Papa – das neue Modell mit vielen Extras": Die Anziehpuppe aus Papier visualisiert einen fliegenden Accessoire-Wechsel von der Aktentasche zum Bügeleisen oder vom Anzug zum Tragetuch. Die entstandenen Motive wurden bisher an über 30 Standorten, darunter auch viele Unternehmen, in einer medial viel beachteten Wanderausstellung gezeigt. Zudem werden die „Väterbilder" für Wand- und Postkarten-Kalender verwendet. Die fantasievollen und witzigen Ideen sensibilisieren für den „Traumjob Vater", findet die Jury. Die flexibel einsetzbare Kommunikationsmaßnahme weise eine enorm gute Hebelwirkung auf.

*Quelle: www.stiftungen.org/kompass*
*Bundesverband Deutscher Stiftungen*

*Visionsbegabung*

*Kompass 2011*

## Kategorie „Einzelne Kommunikationsmaßnahme"

## hessenstiftung - familie hat zukunft
*Plakatausstellung „Neue Väter"*

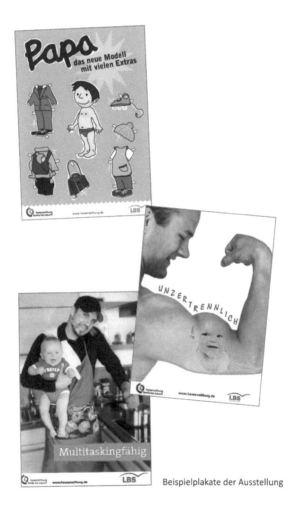

Beispielplakate der Ausstellung

**4.3      Fazit: Kriterien für das Kommunikationsmanagement**

Die hier entwickelten Kriterien für das Kommunikationsmanagement von Stiftungen wurden aus den Besonderheiten des Stiftungswesens sowohl im Hinblick auf dessen historische Wurzeln, als auch aufgrund seiner diversen Erscheinungsformen entwickelt. Darüber hinaus galt es, die besonderen Anforderungen an die ‚Unternehmens'-Kommunikation von gemein-nützigen Stiftungen sowie ihrer Werteorientierung mit Hilfe eines dafür geeigneten Ma-nagement-Modells herauszuarbeiten. Die in diesem Zusammenhang wichtigen Parameter für die Stiftungskommunikation sowie die Bedeutung des Modells der Intergierten Kommunika-tion wurden aus dem Stand der Forschung zur Unternehmenskommunikation im Rahmen des neuen St. Galler Management-Modells ermittelt. In einem dritten Schritt konnten schließlich die relevanten Kriterien für gute Stiftungskommunikation als Teil des Manage-ments abgeleitet werden.

# 5.    Ausblick und Fazit

Ging es früher noch unter dem Begriff der ‚Wohltätigkeit' vorwiegend darum, Mangelsituationen in der Gesellschaft auszugleichen und unter anderem durch die Stiftungsaktivtäten Abhilfe zu schaffen, wo beispielsweise die öffentliche Hand nicht über genügend Mittel verfügte, so entwickelt sich heute Schritt für Schritt eine moderne Philanthropie auf einem ganz anderen Niveau.

Zum einen geht es inzwischen verstärkt auch darum, neben kurzfristigen Maßnahmen oder Einzelhilfen, die Ursachen sozialer Probleme zu detektieren und möglichst geeignete langfristige Lösungen zu generieren.

Zum anderen entwickeln immer mehr Sozialunternehmer (social entrepreneurs) unkonventionelle und zukunftsweisende Modelle, die als sogenannte ‚Hybride' zwischen ‚business und charity' anzusiedeln sind.[346] Wie bereits dargelegt, wird aufgrund ihrer meist unterkomplexen Struktur und Eigenständigkeit Stiftungen die Fähigkeit zugeschrieben, kurzfristig kreative Projekte aufzusetzen, durchzuführen, zu evaluieren und die Ergebnisse zu kommunizieren. Das macht die Organisationsform offenbar für viele Menschen attraktiv, die mit der Gründung der eigenen Stiftung, einer Treuhandstiftung oder auch mit einem Stiftungs-Fonds Teile der Zivilgesellschaft mitgestalten möchten. Gerade die stets wachsende Zahl an kleinen Stiftungen sollte dazu anregen, diese in ihrer Wirksamkeit zu optimieren.

## 5.1    Entwicklungspotenziale des Stiftungswesens

Aus der besonderen Situation der Stiftungen könnte man kühn ableiten, dass es geradezu ihre Aufgabe sei, sich mutig in Felder zu begeben, die bei anderen Organisationen aufgrund der hohen Regulierung und ihres Eingebundenseins in straffe Strukturen nicht möglich sind. Für die amerikanischen Stiftungen beschreiben David Hammack und Helmut Anheier einen ermutigenden Trend, der hierzulande allerdings noch wenig sichtbar ist:

> What does seem different from the past are the acceptance of limitation, the search for leverage, the emphasis on such intangible foundations resources as reputation and the ability to convene, enhanced transparency, openness to new approaches, and the embracing of foundation diversity. We see all this both in the new foundations and in many of those that are larger and established. Could it be [...] that at the beginning of the twenty-first-century, the institution of the philanthropic foundation is finding a new role?[347]

Nun ist ein direkter Vergleich der amerikanischen Stiftungslandschaft mit der deutschen sicher schon allein deshalb problematisch, weil in den USA die Stiftungen über weit mehr

---

346   Vgl. Anheier, Helmut K./ Schröer, Andreas/ Then, Volker (2012): Soziale Investitionen. Interdisziplinäre Perspektiven. Wiesbaden.

347   Hammack, David C./ Anheier, Helmut K. (2010): *American Foundations: Their Roles and Contributions to Society*. In: American Foundations. Roles and Contributions, Washington, D.C., 27.

Vermögen verfügen als die deutschen.[348] Hinzu kommen ein völlig anderer Umgang mit Transparenzfragen, Kooperationsbereitschaft, eine andere Gesetzeslage bis hin zu einer weitaus größeren gesellschaftlichen Bedeutung sozialen Engagements des Einzelnen in der Gesellschaft.

Außerdem herrscht in den USA eine gänzlich andere Haltung Stiftungen gegenüber vor, die sich am Beispiel des Giving Pledge hervorragend darstellen lässt. Die Ideen- und ersten Mittelgeber waren Bill und Melinda Gates sowie Warren Buffet, die von 2010 an weltweit die Millionäre aufgerufen haben, einen Großteil ihres Vermögens der Philanthropie zu widmen. Mehr als 100 Einzelpersonen und Paare sind bislang dem Aufruf gefolgt, darunter Richard Branson, David Rockefeller und Mark Zuckerberg. In Deutschland wurde dieses Projekt sehr kritisch aufgenommen, was Helmut Anheier zu einem vielbeachteten Beitrag in der ‚Welt' motivierte. Dort heißt es:

> Wenn in den USA 40 Milliardäre versprechen, die Hälfte ihres Vermögens für wohltätige Zwecke zu spenden, dann löst dies in Deutschland keine phantasiereiche Diskussion darüber aus, welche Probleme damit angepackt werden könnten. Nein, stattdessen diskutieren wir darüber, ob ein solches Versprechen demokratisch und dem deutschen Sozialstaat angemessen sei. Die Antwort darauf schwingt gleich mit: Natürlich nicht! Der Glaube an den Staat als der einzigen Umverteilungsinstitution ist anscheinend ungebrochen. Aber die Realität sieht heute schon anders aus.[349]

Trotz, oder gerade wegen dieser völlig unterschiedlichen gesellschaftlichen Rahmenbedingungen für Stiftungen, kann es zukünftig das Verdienst internationaler Forschungsarbeit sein, unter anderem auf der Basis der in den USA gewonnenen Erkenntnissen nach stiftungsrelevanten Lern- und Kooperationsfeldern für Deutschland zu forschen.

Für Europa wird ein international vergleichendes Forschungsprojekt mit dem Titel ‚Roles and Visions of Foundations in Europe' von Adloff beschrieben. Unter anderem war es dabei Ziel, herauszuarbeiten, „wie Stiftungen in Staat und Gesellschaft integriert sind, welche Kooperationsformen und Abgrenzungen es zwischen den verschiedenen Sektoren gibt"[350]. Bei der Auseinandersetzung mit dieser empirischen Erhebung wurde bereits Anfang 2000 deutlich, dass sich manche Stiftungen heftig dagegen verwahren, in den staatlichen Handlungsbereich integriert zu werden und wollen statt dessen ihre Handlungsautonomie unangetastet ausleben. Es zeigte sich aber auch, dass der Stiftungssektor in Deutschland diesbezüglich durchaus zwei Gesichter hat – „einen staatsnahen korporatistischen und einen liberal verfassten Subsektor."[351] Ob Stiftungshandeln als Substitution oder Komplementarität erscheine, so Adloff, sei gemäß der Forschungsergebnisse keine objektive, sondern eine sozial umkämpfte Kategorie.[352]

---

348  Man schätzt, dass ca. 75.000 Stiftungen in den USA zusammen über ein Vermögen von rund 580 Milliarden Dollar verfügen. Vgl. Anheier, Helmut K. (2010a): *Lasst sie stiften! Die Kritik an den amerikanischen Milliardenspendern ist naiv. Unsere Reichen könnten dort viel lernen.* In: Zeit online, 19. August 2010, 1. http://www.zeit.de/2010/34/Forum-Stiftungen (Zugriff am 4.9.2013)

349  Anheier, Helmut K. (2010b): *Stiftungen handlungsfähiger als die Politik. Das Stiftungswesen fasst auch hier zu Lande immer mehr Fuß. Dabei ist es in der Lage, Lücken im demokratischen System zu schließen.* Welt online, 19.8.2010,1. http://www.welt.de/debatte/article9069853/Stiftungen-handlungsfaehiger-als-die-Politik.html (Zugriff am 3.9.2013)

350  Adloff, Frank (2010), 378f.

351  Adloff, Frank (2010), 381.

352  Adloff, Frank (2010), 383.

## 5.1.1 Thinktanks

Thinktanks als Instrumente einer wirkungsvollen Stiftungsarbeit geraten in den letzten zehn Jahren zunehmend in den Blick. Auch hier ist in den USA nach Aussage von Anheier, deren Rolle weitaus bedeutender: „Es gibt kaum einen Reformvorschlag in der amerikanischen Politik, an dem Stiftungen und deren Thinktanks nicht beteiligt waren.“[353]
  Die Forschung beginnt sich nun auch in Deutschland für die noch vorsichtige Entwicklung zu interessieren. Der Begriff lädt neben Übersetzungsversuchen, wie ‚Denkfabrik‘ oder ‚Spinnstube‘, zu ausufernden Definitionsansätzen ein. An dieser Stelle soll eine lebensnahe Definition dazu dienen, den Gegenstand der Ausführungen zu bestimmen.

> Gemeinhin bezeichnet er ein praxisorientiertes Forschungsinstitut, öffentlich oder privat finanziert, in dem Wissenschaftler und Experten unterschiedlicher Fachdisziplinen gemeinsam politische oder wirtschaftliche Konzepte und Strategien entwickeln.[354]

Eine politikberatende Stiftung kann charakterisiert werden als die Verbindung aus wissenschaftlichem Informations- und Orientierungsangebot in Verbindung mit Aktivitäten im Bereich der Kommunikation, des Netzwerkens sowie von Marketingstrategien.[355] Wie schon an anderer Stelle aufgezeigt wurde, ist natürlich gerade hier die Frage nach der Legitimation der Stiftungen, ihre Transparenz sowie ihre Visionsbegabung in der Kommunikation von größter Bedeutung. Öffentlich-rechtliche Stiftungen werden weit weniger im Verdacht stehen, einseitig Einfluss nehmen zu wollen, als dies bei den großen Stiftungen bürgerlichen Rechts der Fall ist, die in der Regel unternehmensverbunden sind, wie die Bertelsmann Stiftung, die Robert Bosch Stiftung, die Körber Stiftung oder die Quandt Stiftung.
  Es bleibt abzuwarten, ob Stiftungen in den kommenden Jahren ihre Professionalität soweit vorantreiben werden, dass sie vermehrt als ernstzunehmende Beratungs- und Gestaltungskräfte an den entscheidenden Stellen der gesellschaftlichen Umbauprozesse maßgeblich mitwirken werden. Sollten sie flexibler, kreativer oder innovativer agieren als so manche staatlichen Stellen und realistische Reformvorschläge anbieten, wäre eine stärkere politische Einflussnahme durchaus im Bereich des Möglichen. Allerdings mahnen der Bundesverband und die Vodafone Stiftung in ihrer Thinktank-Studie zum ‚Wettbewerb der Ideen‘ die hinreichend bekannten und noch zu bestimmenden Entwicklungsfelder des Stiftungssektors an, die es vermutlich vorab zu bearbeiten gelte, wie

- Ein Thema finden,
- Mut zum eigenen Standpunkt haben,
- Strategie entwickeln,
- Nachhaltig agieren,
- Kooperieren sowie
- Transparenz und Unabhängigkeit im Interesse der Glaubwürdigkeit zu wahren.[356]

Auch soll an dieser Stelle nicht verschwiegen werden, dass Thinktanks – ob mit oder ohne Stiftungshintergrund – offenbar ähnliche Probleme in ihrem Kommunikationsmanagement

---

353  Anheier, Helmut K. (2010a), 2.
354  Merai, Karolina/ Metzner-Kläring, Juliane/ Schröder, Susanne/ Sütterlin, Sabine (2012), 7.
355  Vgl. Welzel, Carolin (2006): *Politikberatung durch Stiftungen*. In: Falk, Svenja/ Römmele, Andrea/ Rehfeld, Dieter et al. (Hgg.):Handbuch Politikberatung, Wiesbaden, 279.
356  Merai, Karolina/ Metzner-Kläring, Juliane/ Schröder, Susanne/ Sütterlin, Sabine (2012), 44f.

aufweisen. So hat der Sozialwissenschaftler Rudolf Speth unter anderem darauf hingewiesen, dass die Thinktanks im Vorteil seien, die sich um Glaubwürdigkeit bemühen, Marketing betreiben und auf Kundenwünsche, wie passgenaue strategische Beratung, eingehen.[357]

## 5.1.2    Neue Stiftungsformen

Die bereits angesprochene, langsame Veränderung der zuvor über Jahrhunderte bestehenden typischen Altersstruktur von Stifterinnen und Stiftern bringt auch Bewegung in den Ewigkeitsgedanken. Das ist an der in letzter Zeit unter Juristen ambitioniert geführten Debatte über die sogenannte ‚Verbrauchsstiftung‘[358] abzulesen. Bislang ist diese nicht gesetzlich definiert. Sie basiert auf der Idee, dass das Stiftungsvermögen und nicht, wie bisher nur die Erträge, aus dem Vermögen zur Erfüllung des Stiftungszweckes herangezogen werden können. Am Ende wäre das Vermögen aufgebraucht und die Stiftung würde erlöschen. Sich also nicht länger ein Denkmal für die Ewigkeit zu setzen, sondern in einem überschaubaren Zeitraum – derzeit ist die Rede von mindestens zehn Jahren – Mittel zur Verwirklichung eines Anliegens zu stiften, könnte Ausdruck einer sich wandelnden Stifter- und Stifterinnen-Identität werden. Auch Mischformen werden derzeit diskutiert, die beispielsweise vorsehen, dass nur ein Teil der Stiftung sich verzehrt, während ein anderer nach klassischem Modell weiter besteht. Diese Modifikationen ziehen eine Reihe von juristischen Folgen nach sich, wie das Ausstellen von Spendenbescheinigungen nach § 10 des Einkommensteuergesetzes. Ein Gesetzesentwurf mit dem beredten Titel ‚Gesetz zur Entbürokratisierung des Gemeinnützigkeitsrechts‘ wird hier wohl auch weitere Klarheit bringen.

## 5.1.3    Neue Finanzierungsformen

An dieser Stelle soll nicht wiederholt werden, was bereits unter Kapitel 2.3.1 ausgeführt wurde. Es sei lediglich noch einmal auf die bemerkenswerten Ergebnisse der Forschungen am CSI hingewiesen, die eindrücklich beschreiben:

> Laut unseren Daten wird Mission Investing bisher nur von 30 % der Stiftungen (zumindest teilweise) praktiziert. 70 % der befragten Stiftungen geben entsprechend an, dass sie überhaupt kein Kapital nach Berücksichtigung sozialer, ökologischer oder ethischer Kriterien angelegt haben. Auch wenn sich daraus ein Potenzial für die zukünftige Entwicklung ableiten lässt, ist dies alles andere als ein geringer Anteil.[359]

Der zusätzliche Nutzen und die Chancen, die ein ‚Value based‘ Finanzmanagement ermöglicht, indem nicht allein durch die Erträge, sondern bereits durch die ‚ethische‘ Anlageform

---

357  Speth, Rudolf (2006): Advokatorische Think Tanks und die Politisierung des Marktplatzes der Ideen. Friedrich-Ebert-Stiftung e.V. Arbeitskreis Bürgergesellschaft und Aktivierender Staat (Hg.): betrifft: Bürgergesellschaft, 24, Bonn, 6.

358  Vgl. Schiffer, Jan K. (Hg.): StiftungsrechtPLUS, onlineportal Bonn: http://www.stiftungsrecht-plus.de/index.html (Zugriff am 13.9.2013); Meyn, Barbara (2013): Stiftung und Vermögensverzehr. Zivil- und spendenrechtliche Auswirkungen des Ehrenamtsstärkungsgesetzes für Verbrauchsstiftungen & Co. In: Stiftung & Sponsoring, Das Magazin für Nonprofit-Management und - Marketing Nr. 3, 13f.

359  Then, Volker/ Münscher, Robert et al. (2012), 55.

der Vermögen gesellschaftliche Verantwortung gelebt wird, birgt großes Entwicklungspotential.

Daneben können Ansätze – wie die der Venture Philantrophie – weitere Kooperationsmöglichkeiten erwirken. Ein lebendiges Beispiel ist das European Foundation Centre (EFC), das ist nach eigener Beschreibung „an international membership association of foundations and corporate funders. In 23 years our membership has grown steadily from an initial group of 7 founding members to 231".

Der EFC definiert Venture Philantropy „as an approach to build stronger societal purpose organisations by providing them with both financial and non-financial support in order to increase their social impact"[360].

Es geht hier also neben der finanziellen Unterstützung auch darum, weiterführende Modelle der ,soziale Arbeit' zu fördern sowie darüber hinaus langfristig im Hinblick auf den Stiftungsbereich völlig neue Ansätze zu entwickeln.

Ein anderes bemerkenswertes Verfahren ist die selbstbestimmte Steuer, auch ,Percentage Philantropie' genannt. Sie basiert auf einer freiwilligen Abgabe der Bürger, die ein oder zwei Prozent ihrer Lohn- oder Einkommenssteuer direkt an eine selbstgewählte gemeinnützige Organisation weitergeben können. Ihren Ursprung hat die Idee in den ehemaligen Ostblockstaaten genommen, als 1997 zunächst in Ungarn und dann in anderen Ländern, wie Litauen, Polen oder der Slowakei vom Gesetzgeber dieses staatliche Instrument zum Aufbau der Zivilgesellschaft genutzt wurde.[361] Nach Angaben von Stefan Nährlich könnten sich gemäß einer Emnid-Umfrage von 2009 fast 70 Prozent der Deutschen vorstellen, dies zu nutzen, was je nach Prozentsatz eine oder zwei Milliarden Euro für ,den guten Zweck' einbringen würde.

## 5.1.4    Vernetzung und Kooperationen

Gerade innovative Potentiale zu entwickeln, verbunden mit der Bereitschaft Netzwerke zu knüpfen oder Kooperationen einzugehen sowie völlig neue Rollen in der Gesellschaft zu erproben, scheint – besonders bei mittleren und kleinen Stiftungen – in Deutschland noch nicht im Blick zu sein. Der Soziologe und Stiftungsexperte Helmut Anheier konstatiert:

> Zu selten werden sie [die Stiftungen, U. P.] als Kraft gesehen, die das Verhältnis zwischen Staat, Zivilgesellschaft und Wirtschaft innovativ mitgestalten kann. Und zu viele Stiftungen sehen sich in einer eher abwartenden als in einer kreativen Rolle, in einer Position, die auf Alleinstellung basiert und nicht auf geschickter Vernetzung. Das Selbstverständnis der deutschen Stiftungen hinkt ihrem eigentlichen Potenzial hinterher.[362]

Ob diese Möglichkeiten im Rahmen des eignen Managements überhaupt gesehen und dann verworfen werden, oder ob das schlummernden Potenzial erst gar nicht erkannt wird, bedarf noch weiterer empirischer Forschung.

Nach der derzeitigen Datenlage und schwierigen Situation, Cases von Kooperation und Vernetzung aufzuspüren (siehe auch Kap. 1), liegt die Vermutung nahe, dass das häufig ge-

---

360  European Foundation Centre: http://www.efc.be/about/Pages/History-Mission-and-Vision.aspx (Zugriff am 12.10.2013)

361  Vgl. Nährlich, Stefan (2013): *Percentage Philantropy. Selbstbestimmte Steuerzuweisungen an Gemeinnützige.* In: Stiftung & Sponsoring. Das Magazin für Nonprofit-Mangement und -Marketing Nr. 4, 26f.

362  Anheier, Helmut K. (2010a), 2.

lobte und als deutlich wachsend bezeichnete Kooperationsverhalten von Stiftungen immer
noch sehr am Anfang steht. Zum einen mag die bereits beschriebene fehlende Transparenz
eine der Ursachen sein. Andererseits wird mit einer wachsenden Zahl an meist kleinen Stiftungen auch deren hart umkämpfter Spendenmarkt kleiner. Es geht also um ein breiter ange-
legtes Umdenken der Stiftungen, um beispielsweise projektbezogene Zusammenarbeit verstärkt zu erproben. Ein anderer denkbarer Weg wäre, die gegenseitige finanzielle
Unterstützung zur Erreichung erwünschter Ziele mehr zu nutzen, was dank der neuesten
gesetzlichen Lockerung des ‚Endowmentverbotes'[363] nun möglich geworden ist. Dies erfordert für viele eine grundsätzliche Haltungsänderung und den Mut, Neuland zu betreten. Für
die Akzeptanz in der Bevölkerung und die Relevanz der – auch effektiv kommunizierbaren –
Stiftungserfolge, wäre dieser Weg sicher lohnenswert.

Andere innovativen Aufgaben als mögliche gesellschaftliche Handlungsfelder zu erschließen, würde nicht zuletzt vor dem bereits erwähnten geringen ökonomischen Wirkungsgrad der meisten, ganz neue Dimensionen für Stiftungen eröffnen. Sie scheinen für
derartige Aufgaben geradezu prädestiniert, da sie relativ autonom agieren können, sich mit
anderen vernetzen und so effizient Themen von verschiedenen Aspekten her zeitgleich bearbeiten können. Dazu bedarf es eines Herauslösens aus alten Gründungsstrukturen und Ver-
haltensmustern sowie vermutlich auch einer völlig neuen Rollendefinition von Destinatären
und Stiftungen. Wenn der Fokus zukünftig verstärkt das Projektergebnis ist, wenn das Ziel
der gemeinsame Erkenntnisfortschritt und Entwicklung ist und dies auf der Basis gleichbe-
rechtigter, kooperierender Partner realisiert wird, wäre dies ein fruchtbarer Paradigmen-
wechsel im gesamten Stiftungssektor.

Ein Beispiel hierfür ist die sogenannte Public Private Partnership. Sie bezeichnet die
Zusammenarbeit von Akteuren des öffentlichen oder privaten Sektors mit Organisationen
der Zivilgesellschaft. Häufig entstehen sie, wenn jeweils ähnliche Problemlagen erkannt und
gemeinsam bearbeitet werden sollen. Sie sind in der Regel auf Netzwerkbasis und hierar-
chiefreier Zusammenarbeit aufgebaut und bündeln idealerweise komplementäre Ressourcen.
Andere Bezeichnungen für derartige Kooperationen sind ‚Multi-Stakeholder-Initiativen' oder
‚trisektorale Netzwerke'.

Bestrebungen wie diese dulden allerdings nicht länger den Gönner-Habitus derer, die
sich beispielsweise nur Forschungsergebnisse zum eigenen Ruhm erkaufen möchten. Die
Begegnung von Ökonomie und Wissenschaft auf einer nicht vorwiegend ökonomischen
Plattform, könnte völlig neue Türen der Haltung und des Umgangs miteinander öffnen. So
bleibt die Frage nach dem Gewinn für beide Seiten, der mit dem Verlust bekannter und tradi-
tioneller Hierachieebenen einherginge.

---

363   Seit kurze Zeit besteht die Möglichkeit der Vermögensausstattung einer anderen steuerbegünstigten Körper-
      schaft. Aufgrund des Gebots zur zeitnahen Mittelverwendung konnten gemeinnützige Einrichtungen bislang
      ihre durch dieses Gebot gebundenen Mittel nicht einer anderen steuerbegünstigten Körperschaft oder einer ju-
      ristischen Person des öffentlichen Rechts zur Vermögensausstattung zuwenden. Eine gemeinnützige Stiftung
      konnte also de facto nicht selbst als Stifterin tätig werden, obwohl das zivilrechtlich durchaus zulässig ist.
      Dieses sog. Endowment-Verbot wurde nunmehr gelockert.
      Vgl. http://www.bundesfinanzministerium.de/Content/DE/Standardartikel/Themen/Steuern/
      2014-01-08-Was-aendert-sich-im-Steuerrecht-im-Jahr-2014.html?view=renderPrint (Zugriff am 3.8.2014)

## 5.1.5 Fehlerkultur

Ein neues und bemerkenswertes Umdenken zeichnet sich im Stiftungswesen bezüglich der hier gemachten Fehler ab. Die bereits angesprochene Zurückhaltung, beispielsweise in Bezug auf Kooperationen, wird von Praktikern unter anderem damit begründet, dass man sich extern nicht dabei ertappen lassen möchte, wenn im eigenen Hause Fehler passieren. Insofern ist es bemerkenswert, dass die neueste Studie des Bundesverbandes Deutscher Stiftungen sich intensiv mit dem Lernen aus Fehlern befasst. In einer Online-Befragung, die Teil der Erhebung war, haben mehr als 95 Prozent der Stiftungen angeben, aus Fehlern zu lernen.[364]

Aus den dort geführten Experteninterviews ließen sich drei Aspekte ableiten, die die externe Kommunikation für Stiftungen erschweren. Das sind

1. Unklarheit darüber, wie man sich seinen Zielgruppen am besten verständlich macht.
2. Fehlendes Knowhow darüber, wie man kostengünstig Fachwissen über Kommunikation einbeziehen kann.
3. Fehlende Bereitschaft oder Mut, sich mit anderen Stiftungen auszutauschen und Kommunikationslösungen zu adaptieren.[365]

Alle drei Aspekte haben mit Problemen im kommunikativen Bereich zu tun und sind damit ein weiteres beredtes Zeugnis von der Notwendigkeit, die hier beschriebenen Kriterien für das Kommunikationsmanagement von Stiftungen anzuwenden.

## 5.1.6 Stiftungskommunikation

Eine veränderte Sichtweise, Haltung und Realisierung der Kommunikation entsprechend der sieben nun vorliegenden Kriterien erfordern ein weitreichendes Umdenken von Stiftungen. Nimmt man die Sicht von außen ein, so ist das an einem aktuellen Beispiel gut zu demonstrieren. Die klassischen Medien stecken derzeit in einer Akzeptanzkrise. Im Zeitalter der Wikis und Blogs ist die von vermeintlich objektiver Hand recherchierte Nachricht durch Journalisten in ihrem Ansehen deutlich gesunken. Besonders die jüngeren Generationen greifen eher zum Internet statt zur Zeitung und tauschen intensiv Meinungen in den Social Media aus, ohne die journalistische Aufbereitung wirklich zu vermissen.

Die Verantwortung für diese Entwicklung ist jedoch nicht bei den jungen Mediennutzern, sondern bei den Medien selbst zu suchen. Viel zu lange wurde ausschließlich an alten Verbreitungskanälen festgehalten und es sollten Leser sowie Zuschauer als angepasste ‚User' klaglos die vorgesetzten Inhalte und Formate akzeptieren. Bis heute versäumen die öffentlich-rechtlichen Sendeanstalten neben den privaten ein klares Profil ihres Bildungsauftrags im demokratischen Gefüge zu entwickeln und jagen stattdessen blind hinter Einschaltquoten her.[366]

---

364 Bischoff, Antje/ Hagedorn, Sandra/ Lassalle, Andrea/ Rummel, Miriam (2013): *Stiftungsstudie: Aus Fehlern lernen – Potenziale für die Stiftungsarbeit.* Bundesverband Deutscher Stiftungen (Hg.). Berlin, 21.

365 Bischoff, Antje/ Hagedorn, Sandra/ Lassalle, Andrea/ Rummel, Miriam (2013), 37.

366 Neueste Überlegungen von ARD und ZDF, sich gemeinsam den jüngeren Zielgruppen zu nähern, kommen vermutlich mindestens 5 Jahre zu spät, um noch Wirkung zu erzielen.

Hinzu kamen Fehler der Verleger, die dem Niedergang ihrer Auflagen nicht etwa mit strategischem Umdenken und veränderten Inhalten begegneten, sondern beispielsweise mit der Verbreitung von Advertorials[367] und fragwürdigen Kombi-Angeboten von redaktionellen Inhalten und Raum für Werbebotschaften versuchten, ökonomischen Einbrüchen entgegenzuwirken. Mit einer im Grundgesetz § 5 verankerten Presse- und Meinungsfreiheit, die gerade im ehemals geteilten Deutschland ein besonders schützenwertes Gut darstellen sollte, hat das nur noch wenig zu tun. Wertegeleitete Unternehmungen, wie Stiftungen, müssen an diesen Stellen besonders wachsam sein und sensibel agieren.

Die Print-Medien haben natürlich längst auch den Stiftungsbereich als lohnende Einnahmequelle für sich entdeckt. Nicht nur die Sonderausgaben anlässlich des jährlichen Stiftungstages des Bundesverbands Deutscher Stiftungen sind dafür ein Beispiel, sondern auch die monatlichen Sonderseiten ‚Stiftungen' beispielsweise in der Wochenzeitung ‚Die Zeit'. Um als Stiftung hier und an anderer Stelle nicht in Glaubwürdigkeitsfallen zu geraten und sich nicht in Widersprüche zwischen Werbeausgaben und Spendenakquisition zu begeben, bedarf es eines Kommunikationsmanagements mit Wissen um die relevanten Kriterien.

Ein weiteres wichtiges Thema für Stiftungen ist es, zukünftig deutlich mehr Agenda Setting[368] zu betreiben. Zum einen, um das Stiftungswesen, seine Intentionen und sein Handeln bekannter zu machen. Zum anderen aber insbesondere, um seine Themen wie Umwelt, soziale Gerechtigkeit oder gesellschaftlichen Wertewandel gut in der öffentlichen Wahrnehmung zu platzieren.

Gemäß der Studie des CSI in Heidelberg zur Zusammenarbeit von Stiftungen und den von ihnen Geförderten unter dem Titel ‚Learning from Partners', werden „Stiftungen als renommierte Organisationen wahrgenommen, die verlässlich agieren und zudem einen hohen Grad an Anspruch aufweisen"[369]. 80,1 Prozent der Partner attestieren den Stiftungen ein gutes Ansehen in der öffentlichen Meinung. Bei zwei für die Zukunftsfähigkeit von Stiftungen äußerst relevanten Eigenschaften hingegen liegen Mängel vor: Transparenz und Flexibilität. Nur gut die Hälfte der Befragten stimmt hier deutlich oder teilweise zu, was die Wissenschaftler wie folgt kommentieren:

> Hier stellen sich wiederum Legitimitätsfragen für die Stiftungen: Im Zeitalter der zunehmend geforderten Transparenz stehen die Stiftungen mit ihrem Bemühungen noch zurück und werden in der breiten Wahrnehmung nicht unbedingt als transparente Organisationen wahrgenommen. Diese Erkenntnis der Studie sollte ein Anstoß für die weitergehende Diskussion dieses Themas sein.[370]

Besonders die auch an anderer Stelle immer wieder thematisierte Intransparenz von Antragsverfahren sollte nicht unterschätzt werden. Sie reicht von fehlenden Eingangsbestätigungen über die Unklarheit der Auswahlkriterien, über die fehlenden Angaben über die Zusammensetzung von Auswahlgremien bis hin zur nicht begründeten Annahme oder

---

367  Ein Advertorial ist eine „Wortschöpfung aus Advertising und Editorial (redaktioneller Beitrag); Anzeigen werden so gestaltet, dass der flüchtige Leser sie als solche nicht erkennt und ihnen die Glaubwürdigkeit eines redaktionellen Beitrags beimisst. Um diese Wirkung zu erzielen müssen die Anzeigen jedem Werbeträger bez. Stil und Redaktionskonzept angepasst werden. Springer Gabler Verlag (Hg), Gabler Wirtschaftslexikon, Stichwort: Advertorial, online im Internet http://wirtschaftslexikon.gabler.de/Definition/advertorial.html (Zugriff am 27.4.2013)

368  Damit ist das gezielte Platzieren von Themen in den Medien gemeint.

369  Then, Volker/ Bockstette, Valerie/ Hölz, Martin/ Mildenberger, Georg (2012): *Learning from Partners*. Centrum für Soziale Investitionen und Innovationen (CSI) (Hg.). Heidelberg, 49.

370  Then, Volker/ Bockstette, Valerie/ Hölz, Martin/ Mildenberger, Georg (2012), 50.

Ablehnung von Destinatären und trägt so nicht gerade zu einer guten Reputation der Stiftungen bei.[371]

Die zweite entwicklungsfähige Eigenschaft, die gemäß der Studie den Stiftungen am seltensten zugeschrieben wird, ist Flexibilität. Die vollständige und teilweise Zustimmung liegt hier nur jeweils bei knapp 21 Prozent und 34,4 Prozent wollen dazu keine Angaben machen. Begründet wird dies zum Teil vor allem mit bürokratischer Schwerfälligkeit.

Studien wie diese des CSI ermöglichen es, langfristig angelegt, nachhaltige Lernprozesse der Stiftungen untereinander zu befördern und könnten sich unter Umständen insofern auch positiv auf deren Kooperationsverhalten auswirken. Bezüglich der Unternehmenskommunikation sieht Rademacher hier folgende Tendenz, die sicher auch auf Stiftungen bezogen werden kann:

> Im Rahmen übergeordneter Kooperationen zwischen Unternehmen und Medien wird das Kommunikationsmanagement unter Führung von Public Affairs[372] und Relationship-Management[373] zunehmend wichtiger. […] Wird das Kommunikationsmanagement systematisch betrieben, so erlangt es als Bestandteil des strategischen Managements einen Eigenwert als Führungs- und Führungsunterstützungsfunktion, die sich als erfolgskritisch erweisen kann.[374]

### 5.1.7 Jugend, Themen und Zukunft

Eine lange Tradition und gediegener Wohlstand zählen zu den Attributen, die nicht primär geeignet sind, jüngere Menschen anzusprechen. Zwar wird der klassische Stifter, auch durch wachsenden Wohlstand junger Erben, immer jünger, aber der Stiftungssektor versäumt insgesamt die Ansprache junger Menschen als unterschiedliche Stakeholder. Sie werden noch immer vornehmlich als Destinatäre oder Stipendiaten, nicht jedoch ausreichend als Ideengeber, wichtiger Nachwuchs oder zukünftige Mitarbeitende wahrgenommen.

Eng damit verknüpft ist ein weiteres Problem der Stiftungslandschaft. Angesiedelt in der Mittel- und Oberschicht der Gesellschaft sowie dem Bildungsbürgertum, werden hier hauptsächlich die immer gleichen Fragestellungen, Stiftungszwecke und Ziele bearbeitet. Selbst soziale Themen werden in diesem Zusammenhang bislang auf der konzeptionellen Ebene kaum mit direkt Betroffenen zusammen erörtert.

Eine der Ursachen scheint hier eine Haltungsfrage zu sein, die vergleichbar mit der Geschichte der sozialen Arbeit in Deutschland ist. Wusste man früher hier genau, was für die Hilfebedürftigen richtig und wichtig war und schuf als die ‚Besser-Wissenden' Angebote quasi von oben herab, so zeigt sich heute eine klare Angebotsstruktur für Klienten. Übertra-

---

371  Juristen vermuten hinter dieser schwer verständlichen Haltung, dass Stiftungen Klageverfahren von abgewiesenen Destinatären verhindern möchten. Dies wäre eine Erklärung, keineswegs aber eine Rechtfertigung für fehlende Transparenz und fragwürdigen Umgang mit meist jungen Menschen.

372  Die Deutsche Public Relations Gesellschaft (DPRG) definiert Public Affairs als „das interessengeleitete, strategische Management von Entscheidungs- und Kommunikationsprozessen im politischen und gesellschaftlichen Umfeld." http://www.dprg.de/Profile/Public-Affairs/4 (Zugriff am 27.4.2013)

373  Häufig auch als Customer Relationship-Management (CRM) bezeichnet, ist es zu verstehen als ein „strategischer Ansatz, der zur vollständigen Planung, Steuerung und Durchführung aller interaktiven Prozesse mit den Kunden genutzt wird. CRM umfasst das gesamte Unternehmen und den gesamten Kundenlebenszyklus ...". Springer Gabler Verlag (Hg), Gabler Wirtschaftslexikon, Stichwort: Customer Relationship-Management, online im Internet http://wirtschaftslexikon.gabler.de/Definition/customer-relationship-management-crm.html

374  Rademacher, Lars (2011), 21.

gen auf Stiftungen könnte dies zu völlig neuen Perspektiven bei der Betrachtung der Gesellschaft und ihren drängenden Fragestellungen führen, zu einer breiteren und zielführenderen Ausweitung der Stiftungszwecke sowie zu einem grenzüberschreitenden Dialog der Bürgerinnen und Bürger in der Gesellschaft.

## 5.2    Fazit

Die weitere Entwicklung und Professionalisierung des Stiftungssektors erfordert ein Höchstmaß an Bewusstheit für Programme und Personen, für gesellschaftliche Entwicklungen und zukunftsorientierte Fragestellungen.

Die gegenwärtigen Herausforderungen der alltäglichen Stiftungspraxis, wie sie im Vorangegangenen dargestellt wurden, haben außerdem den Bedarf einer systematischen Handlungslogik sehr deutlich gemacht und die erfolgskritischen Aspekte einer geplanten Stiftungskommunikation aufgezeigt.

Stiftungen sind ein sich stets wandelndes Phänomen mit unterschiedlichen Erscheinungs- und Organisationsformen. Sie sind stark geprägt von den jeweiligen politischen Ereignissen und Interessen. Darüber hinaus weisen sie eine unmittelbare Dependenz von der Gesetzeslage und Prosperität in der Gesellschaft auf. Das Stiftungswesen wird bislang vornehmlich unter Teilaspekten in einzelnen Fakultäten betrachtet, wobei sich gerade hier interdisziplinäre Ansätze anbieten.

Nachdem das deutsche Stiftungswesen durch die politische Situation und die beiden Weltkriege stark geschwächt wurde, erlebt Deutschland derzeit einen großen Stiftungsboom. Dieser ist hauptsächlich auf große private Vermögensvolumina sowie auf eine stiftungsfreundliche Gesetzgebung zurückzuführen.

Mit der steigenden Zahl an Stiftungen wächst zunehmend auch der Professionalisierungsgrad des Managements. In diesem Zusammenhang gewinnt die Stiftungskommunikation zunehmend an Bedeutung, wobei sie selten als zentraler Bestandteil der Gesamtstrategie wahrgenommen und demzufolge auch nicht im Management verankert wird.

In der vorliegenden Arbeit wurde die Rolle der Stiftungskommunikation auf Basis der Erforschung von Unternehmenskommunikation im Rahmen des neuen St. Galler Management-Modells betrachtet. Dieses Modell qualifiziert sich in besonderer Weise für die Betrachtung wertegeleiteter Unternehmungen wie gemeinnützige Stiftungen, da normative Aspekte des Managements zentraler Bestandteil sind. Hinzu kommt der Ansatz der ‚Integrierten Kommunikation' im Sinne eines Verständnisses des, die gesamte Unternehmung umfassenden Kommunikationsmanagements. Ganzheitliche Ansätze, wie jener von Marco Casanova, das werteorientierte Kommunikationsmanagement von Markus Will sowie die Rolle neuer Kommunikationsfunktionen nach Miriam Meckel und Boris Lyczek bilden die Basis der hier auf das Stiftungswesen bezogenen weitergeführten Forschung.

Es galt, auf der Basis eines Management-Modells, erstmals grundlegende Kriterien für die Kommunikation von Stiftungen zu entwickeln. Diese sind: Professionalität, Effektivität, Effizienz, Anspruchsgruppen-Orientierung, Wertebasiertheit, Nachhaltigkeit und Visionsbegabung. Anhand von einzelnen Stiftungen, die bereits vom Bundesverband Deutscher Stiftungen für ihre Kommunikationsmaßnahmen nominiert oder ausgezeichnet wurden, werden auf Basis dieser Kriterien und ihrer Relevanz für die Stiftungspraxis ex post erfolgreiche Beispiele anschaulich gemacht.

Auf diese Weise können in Zukunft die sieben Kriterien der Stiftungskommunikation zum einen unmittelbar der praktischen Umsetzung im Kommunikationsmanagement dienen. Zum anderen aber wurde damit ein zentraler Baustein für weitere Forschungsarbeiten im Bereich des Stiftungswesens beigetragen. Forschung ist einerseits dringend erforderlich, weil es dem Stiftungswesen noch an vielen Stellen der Implementierung wissenschaftlicher und theoretischer Komponenten fehlt. Andererseits, wie im Ausblick bereits deutlich wurde, handelt es sich um einen lebendigen Bereich der Zivilgesellschaft, der über erhebliches Gestaltungspotenzial verfügt. Um hier offen, flexibel und zukunftsorientiert agieren zu können, werden weitere wissenschaftliche Untersuchungen sowie interdisziplinäre Anstrengungen ein großer Gewinn für die Entwicklung und weitere Professionalisierung des Stiftungswesens sein.

# Literaturverzeichnis

Abgaben Ordnung (AO): Online unter: http://dejure.org/gesetze/AO (Zugriff am 23.5.2013)

Achilles, Wilhelm-Albrecht (1988): *Zur Aufsicht über kirchliche Stiftungen.* In: Zeitschrift für evangelisches Kirchenrecht. 33, Heft Nr. 2, 1988, 184–214.

Adam, Thomas/ Lässig, Simone/ Lingelbach, Gabriele (Hgg.) (2009): *Stifter, Spender und Mäzene. USA und Deutschland im historischen Vergleich.* Bd. 38. Transatlantische Historische Studien. Stuttgart.

Adloff, Frank (2004): *Wozu sind Stiftungen gut?* In: Leviathan. Zeitschrift für Sozialwissenschaft. 32, Nr. 2, 2004, 269–285.

Adloff, Frank (2010): *Philanthropisches Handeln:* Eine historische Soziologie des Stiftens in Deutschland und den USA. Frankfurt – New York.

Adloff, Frank/ Schwertman, Philipp/ Sprengel, Rainer/ Strachwitz, Rupert Graf (2007): *Germany.* In: Anheier, Helmut K./ Daly, Siobhan (Hgg.): The Politics of Foundations: A Comparative Analysis. London – New York, 172–185.

Adloff, Frank/ Strachwitz, Rupert Graf (2011): *Eine Privilegierung von Stiftungen – wozu?* Forschungsjournal. Soziale Bewegungen. Analysen zu Demokratie und Zivilgesellschaft. Geld Stinkt nicht? Zivilgesellschaft zwischen Abhängigkeit und Autonomie, Heft Nr. 1 (März), 55–65.

Adloff, Frank/ Velez, Andrea (2001): *Operative Stiftungen.* Eine sozialwissen-schaftliche Untersuchung zu ihrer Praxis und ihrem Selbstverständnis. Mae-cenata Institut Für Dritter-Sektor-Forschung (Hg.): Opusculum Nr. 8, Berlin.

Allianz-Stiftungen: https://umweltstiftung.allianz.de ; https://kulturstiftung.allianz.de (Zugriff am 23.8.2013).

Andreasen, Alan/ Kotler Philip R.(⁶2003): *Strategic marketing for nonprofit organizations.* New York.

Anheier, Helmut K. (2003): *Das Stiftungswesen in Deutschland: Eine Bestandsaufnahme in Zahlen.* In: Bertelsmann Stiftung (Hg.), Handbuch Stiftungen: Ziele – Projekte – Management – Rechtliche Gestaltung, 2. Aufl., Wiesbaden, 43–85.

Anheier, Helmut (2010a): *Lasst sie stiften!* Die Kritik an den amerikanischen Milliardenspendern ist naiv. Unsere Reichen könnten dort viel lernen. In: Zeit online, 19. August 2010, 2. http://www.zeit.de/2010/34/Forum-Stiftungen (Zugriff am 4.9.2013)

Anheier, Helmut K. (2010b): *Stiftungen handlungsfähiger als die Politik.* Das Stiftungswesen fasst auch hier zu Lande immer mehr Fuß. Dabei ist es in der Lage, Lücken im demokratischen System zu schließen. Welt online, 19.8.2010, http://www.welt.de/debatte/article9069853/Stiftungen-handlungsfaehiger-als-die-Politik.html (Zugriff am 3.9.2013)

Anheier, Helmut K./ Daly, Siobhan (2007): *Philantropic foundations in modern society.* In: Anheier, Helmut K. / Hammack, David C. (Hgg.), The Politics of Foundations: A Comparative analysis. New York, 3–26.

Anheier, Helmut K./ Hammack, David C. (Hgg.) (2010): *American foundations : roles and contributions.* Washington.

Anheier, Helmut K./ Schröer, Andreas/ Then, Volker (2012): *Soziale Investitionen. Interdisziplinäre Perspektiven.* Wiesbaden.

Antoch, Robert F. (1993): *Von der Kommunikation zur Kooperation.* Frankfurt a.M.

Arbeitsvertragsrichtlinien der Diakonie (AVR): http://www.diakonie.de/arbeitsvertragsrichtlinien-diakonie-deutschland-9449.html (Zugriff am 26.8.2013)

Argenti, Paul/ Forman, Janis (2002): *The Power of Corporate Communication: Crafting the Voice and Image of Your Business.* New York – Chicago – San Francisco – Lisbon.

Ariès, Philippe (1982): *Geschichte des Todes.* München.

Von Arnim, Hans Herbert (1994): *Die grenzenlosen Fünf.* In: Der Spiegel 52, 1994, 26–28.

Der Augsburger Religionsfriede: Landesarchiv Baden Württemberg – Archivale des Monats Januar 2005. http://www.landesarchiv-bw.de/web/45905 (Zugriff am 10.1. 2013).

Axelrod, Robert (⁷2009): *Die Evolution der Kooperation.* Aus dem Amerikanischen mit einem Nachwort von Werner Raub und Thomas Voss. München.

Balling, Richard ([2]1998): *Kooperation. Strategische Allianzen, Netzwerke, Joint Ventures und andere Organisationsformen zwischenbetrieblicher Zusammenarbeit in Theorie und Praxis.* Frankfurt a. M. – Berlin – Bern – New York – Paris – Wien.

Balmer, John M. T. (2003): *Revealing the Corporation: Perspectives on Identity, Image, Reputation and Corporate Branding.* London – New York.

Balmer, John M. T./ Greyser, S. A. (2003): *Identity: the quintessence of an organization.* In: Balmer, John M. T./Greyser. S. A. (Hgg.): The Corporation. Perspectives on identity, image, reputation, corporate branding, and corporate-level marketing. London, 31–52.

Balzer, Edeltraud (2006*): Adel – Kirche – Stiftung: Studien zur Geschichte des Bistums Münster im 11. Jahrhundert.* Münster.

Bangert, Kurt (Hg.) (2011): *Handbuch Spendenwesen: bessere Organisation, Transparenz, Kontrolle, Wirtschaftlichkeit und Wirksamkeit von Spendenwerken.* Wiesbaden.

Barr, Nicholas (2004): *Economics of the Welfare State.* Oxford.

Bayer, Hans-Wolfgang/ Mischlewski, Adalbert (1998): *Führer durch das Antoniter-Museum.* Stadt Memmingen (Hg.). Memmingen.

Bayerisches Staatsministerium: *Merkblatt für die Errichtung von Stiftungen*: http://www.stmi.bayern.de/imperia/md/content/stmi/buergerundstaat/stiftungen/stiftungen_merkblatt.pdf (Zugriff am 20.9.2011).

Becker, Hans-Jürgen (2001): *Stiftungen, Kirchliche*, II bis Neuzeit. In: Theologische Realenzyklopädie, Band XXXII, Berlin – New York, 170–174.

Beise, Marc (2003): *Politische Stiftungen.* In: Bertelsmann Stiftung (Hg.): Handbuch Stiftungen: Ziele – Projekte – Management – Rechtliche Gestaltung. Wiesbaden, 205–225.

Benad, Matthias (1998): *Eine Stadt für die Barmherzigkeit.* In: Ursula Röper/ Carola Jüllig (Hgg.) Die Macht der Nächstenliebe. Einhundertfünfzig Jahre Innere Mission und Diakonie 1848–1998. Berlin, 122–129.

Benad, Matthias/ Schmuhl, Hans-Walter (Hgg.) (2006): *Aufbruch in die Moderne. Der evangelische Kirchenkreis Bielefeld von 1816 bis 2006,* Schriften der Historischen Museen der Stadt Bielefeld Nr. 22. Bielefeld.

Bentele, Günter (1999): *Public Relations Research and Public Relations Science in Germany.* An Overview. In: Brosius, H.-B./ Holtz-Bacha, C. (Hgg): Communication Studies in Germany, Cresskill, 181–210.

Bentele, Günter/ Piwinger, Manfred/ Schönborn, Gregor (Hgg.) (2013): *Kommunikationsmanagement. Strategien, Wissen, Lösungen.* Loseblattsammlung, Neuwied.

Berndt, Ralph/ Hermanns, Arnold (1993): *Handbuch Marketing-Kommunikation*: Strategien – Instrumente – Perspektiven. Werbung – Sales Promotions – Public Relations – Corporate Identity. Wiesbaden.

Bertelsmann, Gute-Geschäfte: http://www.gute-geschaefte-gt.de/254.0.html?&L=izzmepenncost (Zugriff am 11.3.2013)

Betz, Dieter ([4]2004): *Religion in Geschichte und Gegenwart (RGG),* Tübingen.

Bevir, Mark (2012): *Governance. A Very Short Introduction.* Oxford.

Bewegungsstiftung: www.bewegungsstiftung.de (Zugriff am 15.8.2013).

Beyer, Cordula/ Pätsch, Anke (2012): *Leuchttürme der Stiftungskommunikation. Der Kompass würdigt hervorragende Öffentlichkeitsarbeit von Stiftungen.* In: Stiftung & Sponsoring. Das Magazin für Nonprofit-Management und -Marketing, Nr. 6, 18.

Bienek, Hubert J./ Schneider, Jürg/ Thaler, Gregor O./ Voggensperger, Ruth C. (2004): *Gutes besser tun. Corporate Governance in Nonprofit-Organisationen.* Bern.

Birkenbihl, Vera F. (2011): *Kommunikationstraining: zwischenmenschliche Beziehungen erfolgreich gestalten.* München.

Bischoff, Antje/ Hagedorn, Sandra/ Lassalle, Andrea/ Rummel, Miriam (2013): *Stiftungsstudie: Aus Fehlern lernen – Potenziale für die Stiftungsarbeit.* Bundesverband Deutscher Stiftungen (Hg.). Berlin.

Bleicher, Knut ([7]2004): *Das Konzept integriertes Management. Visionen, Missionen, Programme.* Frankfurt – New York.

Borgolte, Michael (1993): *,Totale Geschichte' des Mittelalters? Das Beispiel der Stiftungen,* Antrittsvorlesung, 2. Juni 1992. Marlis Dürkop (Hg.): Humboldt-Universität zu Berlin, Fachbereich Philosophie und Geschichtswissenschaften, Institut für Geschichtswissenschaft, Berlin.

Borgolte, Michael (2001): *Stiftungen, Kirchliche,* I. Alte Kirche und Mittelalter. In: Theologische Realenzyklopädie, Band XXXII, Berlin – New York, 167–170.

Borgolte, Michael (Hg.) (2005): *Stiftungen in Christentum, Judentum und Islam vor der Moderne. Auf der Suche nach ihren Gemeinsamkeiten und Unterschieden in religiösen Grundlagen, praktischen Zwecken und historischen Transformationen.* Berlin.

Borgolte, Michael (Hg). (2012): *Stiftung und Memoria.* München.

Bowen, Howard Rothmann (1953): *Social Responsibilities of the Businessman.* New York.

Brandt, Heinz (1976): *Das Kloster Haina. Die Zisterzienserabtei im hessischen Kellerwald.* Frankenberg-Eder.

Brink, Alexander/ Tiberius, Victor A. (Hgg.) (2005): Ethisches Management. Grundlagen eines wert(e)orientierten Führungskräfte-Kodex. Bern – Stuttgart – Wien.

Bromann, Peter/ Piwinger, Manfred (2002): *Gestaltung der Unternehmenskultur. Strategie und Kommunikation.* Stuttgart.

Brömmling, Ulrich (Hg.) (2007): *Nonprofit-PR.* Konstanz.

Bruhn, Manfred ($^3$2003): *Integrierte Unternehmens- und Markenkommunikation.* Stuttgart.

Bruhn, Manfred (2005): *Unternehmens- und Marketingkommunikation. Handbuch für ein integriertes Kommunikationsmanagement.* Vahlen.

Bruhn, Manfred (2005): *Marketing für Nonprofit-Organisationen. Grundlagen, Konzepte, Instrumente.* Stuttgart.

Brundtland-Report: http://www.un-documents.net/wced-ocf.htm (Zugriff am 30.9.2013).

Bundesministerium für Arbeit und Soziales (Hgg.) (2013): Lebenslagen in Deutschland. Armuts- und Reichtumsberichterstattung der Bundesregierung. Der vierte Armuts- und Reichtumsbericht der Bundesregierung. Bonn.

Bundesministerium der Finanzen (Hg): Was ändert sich im Steuerrecht im Jahr 2014? Online: http://www.bundesfinanzministerium.de/Content/DE/Standardartikel/Themen/Steuern/2014-01-08-Was-aendert-sich-im-Steuerrecht-im-Jahr-2014.html?view=renderPrint (Zugriff am 3.8.2014).

Bundesverband der dt. Volksbanken und Raiffeisenbanken (BVR): Genossenschaftsbanken stärken Stiftungsengagement, online: http://www.presseportal.de/pm/40550/2315501/genossenschaftsbanken-staerken-stiftungsengagement (Zugriff am 9.5.2013).

Bundesverband Deutscher Stiftungen unter www.stiftungen.org (Zugriff am 26.5.2013).

Bundesverband Deutscher Stiftungen (Hg.) (2012): *Stiftungskommunikation? Ausgezeichnet!* Kompass 2012. Berlin.

Bundesverband Deutscher Stiftungen: Grundsätzen guter Stiftungspraxis: http://www.stiftungen.org/fileadmin/bvds/de/News_und_Wissen/Grundsaetze_Guter_Stiftungspraxis.html (Zugriff am 30.8.2013).

Bundesverband Deutscher Stiftungen: Grundsätze guter kirchlicher Stiftungspraxis: http://www.stiftungen.org/fileadmin/bvds/de/Publikationen/Downloads/Grundsaetze_guter_kirchlicher__Stiftungspraxis.pdf (Zugriff am 30.8.2013).

Bundesverband Deutscher Stiftungen (Hg.) (2012): *Auftrag Nachhaltigkeit: Wie Stiftungen den sozialen Zusammenhalt stärken.* Stiftungsreport. Berlin.

Bürgerliches Gesetzbuch (BgB): Online unter: http://www.gesetze-im-internet.de/bgb (Zugriff am 8.8.2013).

Burkart, Roland ($^4$2002): *Kommunikationswissenschaft. Grundlagen und Problemfelder. Umrisse einer interdisziplinären Sozialwissenschaft.* Wien – Köln – Weimar – Stuttgart.

Bürgerstiftungen: http://www.die-deutschen-buergerstiftungen.de/de/informieren/die-10-merkmale.html (Zugriff am 9.5.2013).

Büscher, Martin (2008): *Marktwirtschaft als politische Gestaltungsaufgabe: Ethische Dimensionen einzel- und gesamtwirtschaftlicher Ökonomie.* Marburg.

Von Campenhausen, Axel Freiherr (1967): *Aktuelle Fragen des kirchlichen Stiftungswesens.* In: Zeitschrift für evangelisches Kirchenrecht, Nr.13, 1967, 115–138.

Von Campenhausen, Axel Freiherr (1998): *Geschichte des Stiftungswesens.* In: Bertelsmann Stiftung (Hg.): Handbuch Stiftungen. Ziele – Projekte – Management – Rechtliche Gestaltung. Wiesbaden, 23–45.

Von Campenhausen, Axel Freiherr ($^2$2003): *Geschichte des Stiftungswesens.* In: Bertelsmann Stiftung (Hg.): Handbuch Stiftungen. Ziele – Projekte – Management – Rechtliche Gestaltung. Wiesbaden, 19–42.

Von Campenhausen, Axel Freiherr (Hg.) (2000): *Deutsches Stiftungswesen 1988–1998: Wissenschaft und Praxis.* Tübingen.

Von Campenhausen, Axel Freiherr/ Coing, Helmut/ Hof, Hagen (Hgg.) (2007): *Handbuch des Stiftungsrechts.* München.

Carroll, Archie B. (1979): *A Three-Dimensional Conceptual Model of Corporate Performance.* In: The Academy of Management Review Oktober 1979, University of Georgia, 497–505.

Carroll, Archie B. (1991): *The pyramid of corporate social responsibility: toward the moral management of organizational stakeholders.* In: Business horizons, Bd. 34, Juli/August, 39–48.

Casanova, Marco (2005): *Public Relations als strategisches Führungsinstrument. Vom St. Galler Modell des ganzheitlichen Managements zum Modell des ganzheitlichen Kommunikationsmanagements.* In: Rademacher, Lars (Hg.): Distinktion und Deutungsmacht: Studien zu Theorie und Pragmatik der Public Relations. Wiesbaden, 95–108.

Cassin, Elena/ Bottéro, Jean/ Vercoutter, Jean (Hgg.) (1998): *Die altorientalischen Reiche I, Vom Paläolithikum bis zur Mitte des 2. Jahrtausends,* Bd. 2, Augsburg.

Coing, Helmut (1999): *Geschichte und Reform.* In: Seifart, Werner/ von Campenhausen, Axel Freiherr (Hgg.): Handbuch des Stiftungsrechts. München, 73–83.

Crijns, Rogier/ Thalheim Janine (2008): *Kooperation und Effizienz in der Unternehmenskommunikation.* 2. Aufl. Wiesbaden.

CSR: Springer Gabler Verlag (Hg), Gabler Wirtschaftslexikon, Stichwort: Corporate Social Responsibility, online im Internet: http://wirtschaftslexikon.gabler.de/Archiv/5128/corporate-social-responsibility-v10.html (Zugriff am 20.2.2013).

CSR-Bertelsmann:   1)   http://www.csr-weltweit.de/de/datensammlung/liste-fallstudien/index.html   (Zugriff   am 20.2.2013) 2) http://www.csr-weltweit.de/de/im-fokus/dossiers/responsible-lobbying/index.html (Zugriff am 20.2.2013)

Deix, Gerald (2005): *Ethische Grundlagen von Unternehmenskommunikation und Stakeholder-Dialog*. In: Brink, Alexander/ Tiberius, Victor A. (Hgg.): Ethisches Management. Grundlagen eines wert(e)orientierten Führungskräfte-Kodex. Bern – Stuttgart – Wien, 333–377.

Deutsche Bundesbank (Hgg.) (2013): Vermögen und Finanzen privater Haushalte in Deutschland. Ergebnisse der Bundesbankstudie. Frankfurt am Main.

Deutsche Public Relations Gesellschaft (DPRG): http://www.dprg.de (Zugriff am 27.4.2013).

Deutscher Bundestag (2008): *Antwort der Bundesregierung auf die Kleine Anfrage der Abgeordneten Mechthild Dyckmans, Sibylle Laurischk, Dr. Karl Addicks, weiterer Abgeordneter und der Fraktion der FDP*. Drucksache 16/8325.2, 29. Februar.

Deutscher Caritas Verband e.V./ Diakonisches Werk der Evangelischen Kirche in Deutschland e.V. (Hgg.) (2010): *Transparenzstandards für Caritas und Diakonie*, Freiburg i. Br. – Stuttgart.

Deutsches Informationszentrum Kulturförderung: http://www.kulturfoerderung.org/dizk/ (Zugriff am 9.5.2013).

DZI: http://www.dzi.de (Zugriff am 29.8.2013).

Deutz, Wolfgang (2010): *Interkulturelles Kooperationsmanagement: Struktur, konzeptionelle Gestaltung und empirische Untersuchung grenzüberschreitender Kooperationen im Gesundheitswesen*. Frankfurt a.M. – Berlin – Bern.

Diakonische Stiftung Wittekindshof (Hg.) (2009): *Handlungsleitendes Bild der Mitarbeitenden der Diakonischen Stiftung Wittekindshof*. Wittekindshof-Bad Oeynhausen.

Diakonisches Werk der Evangelischen Kirche in Deutschland (Hg.) (2005): *Diakonischer Corporate Governance Kodex (DKG)*. Rummelsberg.

Dieter-Schwarz-Stiftung: http://www.dieter-schwarz-stiftung.de/ (Zugriff am 26.5.2013).

Diözesan-Caritasverband Rottenburg-Stuttgart (2008): *Corporate Governance Kodex – Stellenwert und Bedeutung*, Stuttgart: http://www.caritas.de/cms/contents/caritasde/medien/dokumente/dcv-zentrale/vorstand/finanzvorstand/ 2008-04-05-corporate/080405_roth_corporate%20governance%20codex.pdf (Zugriff am 19.2.2013).

Dittmer, Judith/ Kopf, Hartmut (2011): *Effektiv arbeiten und transparent kommunizieren. Die zwei Kernaufgaben der Nonprofit Governance. Ein Vorschlag für ein Gesamtmodell*. In: Bangert, Kurt (Hg.): Handbuch Spendenwesen. Bessere Organisation, Transparenz, Kontrolle, Wirtschaftlichkeit und Wirksamkeit von Spendenwerken. Wiesbaden, 45–56.

Hauptstaatsarchiv Dresden, 4.1.5. Gesundheit und Soziales, Sammelstiftungen des Bezirkes Dresden: http://www.archiv.sachsen.de/archive/dresden/4694_3131343435.html (Zugriff am 15.1.2013)

Drucker, Peter F. (1990): *Managing the Nonprofit Organization. Principles and practices*. New York – London – Toronto – Sydney.

Dubs, Rolf/ Euler, Dieter/ Rüegg-Stürm, Johannes (2004): *Einführung in die Managementlehre*. Bd.1, Bern – Stuttgart – Wien.

Dubs, Rolf (2009). *Anforderungen an die unternehmerische Tätigkeit und an die Führung von Unternehmen*. In: Dubs, Rolf/ Euler, Dieter/ Rüegg-Stürm, Johannes/ Wyss, Christina E., Einführung in die Managementlehre. Bd. 1, Bern – Stuttgart – Wien, 31–41.

Dubs, Rolf (2010): *Normatives Management: ein Beitrag zu einer nachhaltigen Unternehmensführung und -aufsicht*. Bern – Stuttgart – Wien.

Ebel, Wilhelm (1969): *Memorabilia Gottingensia: Elf Studien zur Sozialgeschichte der Universität*. Göttingen.

Eigenstetter, Monika/ Hammerl von Asanger, Marianne (2005): *Wirtschafts- und Unternehmensethik – ein Widerspruch in sich?* Wiesbaden.

Eilinghoff, Dirk/ Meyn, Christian (2003): *Gemeinsam mehr erreichen – Stiftungen als Partner in Kooperationen*. In: Bertelsmann Stiftung (Hg.): Handbuch Stiftungen: Ziele – Projekte – Management – Rechtliche Gestaltung. Wiesbaden, 725–738.

Einwiller, Sabine/ Will, Markus (2008): *Towards an Integrated Approach to Corporate Branding in Findings from an Empirical Study*. In: Kommunikationsmanagement im Wandel. Beiträge aus 10 Jahren =mcm institute, Wiesbaden, 231–348.

Eisenegger, Mark (2005): *Reputation in der Mediengesellschaft. Konstitution – Issues Monitoring – Issues Management*. Wiesbaden.

EKD, Beratung für Stiftungswillige: http://www.ekd.de/download/leitfaden_stiftungsrecht.pdf (Zugriff am 2.5.2013)

epd Landesdienst Südwest (2208/15.11.2011): http://www.epd.de/landesdienst/landesdienst-südwest/stiftung-liebenau-und-diözese-rottenburg-stuttgart-regeln-zusammenarbeit (Zugriff am 12.10.2013)

Esch, Franz-Rudolf (2006): *Wirkung integrierter Kommunikation: Ein verhaltenswissenschaftlicher Ansatz für die Werbung.* Wiesbaden.

Mitteilung der Kommission an das Europäische Parlament, den Rat, den Europäischen Wirtschafts- und Sozialausschuss und den Ausschuss der Regionen, Eine neue EU-Strategie (2011–14) für die soziale Verantwortung der Unternehmen (CSR), KOM(2011)681 endg., Brüssel, 25.10.2011, 5.

Falk, Hermann/ Kramer, Andreas/ Zeidler, Susanne (2010): *StiftungsStudie. Führung, Steuerung und Kontrolle in der Stiftungspraxis.* Bundesverband Deutscher Stiftungen (Hg.). Berlin.

Familienstiftungen: http://www.stiftungswissenschaften.de/category/stiftung/stiftungsmodelle/familienstiftung (Zugriff am 25.5.2013).

Fiedler, Albrecht (2009): *Kirchliche Stiftungen zwischen Säkularisierung und Rekonfessionalisierung.* In: Hense, Ansgar/ Schulte, Martin (Hgg.): Kirchliches Stiftungswesen und Stiftungsrecht im Wandel. Staatskirchenrechtliche Abhandlungen, Nr. 47, Berlin. 39–57.

Freemann, Edward R. (2004): *The Stakeholder Approach Revisited.* In: Zfwu – Zeitschrift für Wirtschafts- und Unternehmensethik. Themenschwerpunkt Stakeholdermanagement und Ethik, Nr. 5/3, 228–241.

Freeman, Edward R. (2010): *Strategic Management. A Stakeholder Approach.* Cambridge.

Friedrich, Arnd: *Kloster Haina.* Die Blauen Bücher. Bergisch Gladbach 1987.

Fritsch, Nina (2007): *Erfolgsfaktoren im Stiftungsmanagement: Erfolgsfaktorenforschung im Nonprofit-Sektor.* Wiesbaden.

fundraising & socialmarketing: http://www.online-fundraising.org (Zugriff am 11.3.2013).

Fundraising-Akademie (Hg.) (2001): *Fundraising. Handbuch für Grundlagen, Strategien und Methoden.* Wiesbaden.

Fundraisingverband; Ethik-Kodex: http://www.fundraisingverband.de/assets/verband/Berichte/FA%20Ethik/Ethische%20Grundregeln_Endversion%20180408.pdf (Zugriff am 17.1.2013)

Godemann, Jasmin/ Michelsen, Gerd (Hgg.) (2011): *Sustainability Communication: Interdisciplinary Perspectives and Theoretical Foundation.* Heidelberg – London – New York.

Görtz, Franz Josef (2008): *Wundenlecken nach dem Unicef-Schock (2008).* In: Frankfurter Allgemeine Sonntagszeitung, 20. April 2008, 66.

Goetz, Hans-Werner ([7]1986): *Leben im Mittelalter vom 7. bis zum 13. Jahrhundert.* München.

Greenpeace/ Nestlé-Kontroverse:
   1) Der Film ist auf youtube unter folgendem Link zu sehen:
   http://www.youtube.com/watch?v=1BCA8dQfGi0 (Zugriff am 29.8.2013)
   2) Hintergrundinformationen: http://www.zeit.de/gesellschaft/zeitgeschehen/2010-03/nestle-regenwald ; http://www.youtube.com/watch?v=efPQPMIjr3U (Zugriff am 29.8.2013)

Das Grimo-Testament. Die älteste Urkunde des Rheinlandes, Online: http://www.landeshauptarchiv.de/index.php?id=362 (Zugriff am 27.1.2013).

Grimm, Jacob/ Grimm, Wilhelm (1999): *Deutsches Wörterbuch*, Bd. 10. München. Nachdruck Ausgabe Leipzig 1941.

Haas, Hanns-Stephan/ Verstl, Jörg (Hgg.) (2013): *Stiftungen bewegen. Ein Perspektivenwechsel zur Gestaltung des Sozialen.* Stuttgart.

Hammack, David C./ Anheier, Helmut K. (2010): *American Foundations: Their Roles and Contributions to Society.* In: Anheier, Helmut K./ Hammack, David C. (Hgg.). American Foundations. Roles and Contributions. Washington, D.C., 3–27.

Hanns-Lilje-Stiftung: www.hanns-lilje-stiftung.de

Heidrich, Ingrid (1990): *Die kirchlichen Stiftungen der frühen Karolinger in der ausgehenden Karolingerzeit und unter Otto I.* perspectivia.net, Beihefte der Francia Bd. 22. Bonn. Auch unter: http://daten.digitale-sammlungen.de/0002/bsb00026794/images/index.html?fip=193.174.98.30&id=00026794&seite=131 (Zugriff am 25.9.2013).

Hennerkes, Brun-Hagen (2004): *Die Familie und ihr Unternehmen. Strategie – Liquidität – Kontrolle.* Frankfurt a. M.

Hense, Ansgar (2007): *Katholische Stiftungen: Überblick, Grundlegung, Geschichte.* In: Walz, Rainer (Hg.). Religiöse Stiftungen in Deutschland: Beiträge und Diskussionen des Workshops in der Bucerius Law School am 9. Juni 2006. München, 1–40.

Hense, Ansgar/ Schulte, Martin (Hgg.) (2009): *Kirchliches Stiftungswesen und Stiftungsrecht im Wandel.* Berlin.

Herger, Nikodemus (2006): *Vertrauen und Organisationskommunikation: Identität – Marke – Image – Reputation.* Wiesbaden.

Hesse, Andreas (2003): *Die Stiftungen der evangelischen Kirchen,* In: Bertelsmann Stiftung (Hg.) Handbuch Stiftungen: Ziele – Projekte – Management – Rechtliche Gestaltung. Wiesbaden, 143–164.

Hessenstiftung – familie hat zukunft, Plakatausstellung „Neue Väter": www.hessenstiftung.de/projekte/plakatausstellung-neue-vaeter-.htm

Holzem, Andreas (2008): *Konfession und Sozialstiftung in Württemberg (1870–1970).* Berlin.

Honneth, Axel/Joas, Hans (Hgg.) (1986): *Kommunikatives Handeln. Beiträge zu Jürgen Habermas' ,Theorie des kommunikativen Handelns'.* Frankfurt am Main.

Höß, Konrad/ Schnieders, Udo (Hg.) (2006): *Fundraising in der Praxis: 23 Erfolgsgeschichten aus Kirche, Caritas und Orden.* Haus Altenberg.

Hurrelmann, Klaus (2011): *,Good Governance' im Wohlfahrtsbereich. Der Beitrag der emprischen Sozialforschung.* In: Bangert, Kurt (Hg.): Handbuch Spendenwesen. Bessere Organisation, Transparenz, Kontrolle, Wirtschaftlichkeit und Wirksamkeit von Spendenwerken. Wiesbaden, 211–218.

Ihli, Stefan (2008): *Stiftungen im Kirchen- und Zivilrecht des 19. Jahrhunderts.* In: Puza, Richard/ Ihil, Stefan/ Kustermann, Abraham (Hgg.): Kirchliche Stiftung zwischen kirchlichem und staatlichem Recht: Zur zeitgemäßen Profilierung eines alten Finanzierungs- und Rechtsinstituts. Tübinger Kirchenrechtliche Studien. Bd. 5, Berlin, 41–64.

Jäger, Alfred (2005): *Führung als Lenkung und Gestaltung im diakonischen Unternehmen.* In: Ruddat, Günter/ Schäfer, Gerhard K. (Hgg.): Diakonisches Kompendium. Bd. XIII. Göttingen, 271–286.

Jonker, Jan/ Pennink, Bartjan (2010): *The Essence of Research Methodology: A Concise Guide for Master and PhD Students in Management Science.* Berlin-Heidelberg.

Junk, Sibylle (2007): *Unternehmensnahe Stiftungen.* Kurzstudie des Bundesverbands Deutscher Stiftungen in Kooperation mit der Vodafone Stiftung. Berlin.

Kaehlbrandt, Roland (1998): *Public Relations für Stiftungen.* In: Bertelsmann Stiftung (Hg.), Handbuch Stiftungen: Ziele – Projekte – Management – Rechtliche Gestaltung, Wiesbaden, 475–496.

Kant, Immanuel (1990): *Die Metaphysik der Sitten.* Stuttgart.

Kapischke, Markus (2000): *Kirchliche Stiftungen in der ehemaligen DDR. Offene Vermögensfragen und Grenzen einer Restitution nach dem Vermögensgesetz.* Zeitschrift für evangelisches Kirchenrecht, Band 45, 473–504.

Karmasin, Matthias (2005): *Stakeholder-orientierte Organisationskommunikation als Möglichkeit ethischer Unternehmensführung.* In: Brink, Alexander/ Tiberius, Victor A. (Hgg.): Ethisches Management. Grundlagen eines wert(e)orientierten Führungskräfte-Kodex. Bern – Stuttgart – Wien, 197–215.

Käthler, Martin: *Kirchliche Stiftungen in Deutschland. Bewegte Vergangenheit. Dynamische Gegenwart. Große Zukunft?* In: Stiftung & Sponsoring 6/2012. Rote Seiten.

Kirchner, Karin (2001): *Integrierte Unternehmenskommunikation. Theoretische und empirische Bestandsaufnahme und eine Analyse amerikanischer Großunternehmen.* Wiesbaden.

Kluge, Friedrich ([21]1975): *Etymologisches Wörterbuch der deutschen Sprache.* Berlin – New York.

Konferenz der Präsidentinnen und Präsidenten grosser Hilfswerke, (Hg.) (2006): *Swiss NPO-Code. Corporate Governance-Richtlinien für Nonprofit-Organisationen in der Schweiz,* 31. März.

König, Matthias (2005): *Nachhaltigkeit in Unternehmen.* In: Brink, Alexander/Tiberius, Victor A. (Hgg.) Ethisches Management. Grundlagen eines wert(e)orientierten Führungskräfte-Kodex. Bern – Stuttgart – Wien, 481–498.

Krimm, Herbert (Hg.) (1960): *Das Diakonische Amt der Kirche im ökumenischen Bereich.* Stuttgart.

Krolzik, Udo (2005): *Beitrag zum sozialen Frieden – Bollwerk gegen die Not. Zu den anwaltschaftlichen und unternehmerischen Wurzeln der Diakonie im 19. Jahrhundert.* In: Hering, Rainer/ Otte, Hans/ Steiger, Johann Anselm (Hgg.): Gottes Wort ins Leben verwandeln: Perspektiven der (nord-) deutschen Kirchengeschichte; Festschrift für Inge Mager zum 65. Geburtstag, Jahrbuch der Gesellschaft für niedersächsische Kirchengeschichte. Landeskirchliches Archiv. Hannover, 273–293.

Kruenitz, Johann Georg (1773-1858): *Oekonomische Encyklopädie.* Online-Ressource der Universität Trier: http://www.kruenitz1.uni-trier.de/ (Zugriff am 8.8.2013).

Kunczik, Michael ([5]2010): *Public Relations: Konzepte und Theorien.* Stuttgart.

Kunkat, Cornelie (2008*): Praxisratgeber Bürgerstiftungen: Fundraising, Marketing, Gremienarbeit, Kooperationen.* Bundesverband Deutscher Stiftungen (Hg.). Berlin.

Lang, Niklas/ Schnieper, Peppi (2008): *Professionelles Management von Stiftungen: Ein Leitfaden für Stiftungspraktiker.* Basel.

Langen, Claudia/ Albrecht, Werner (Hgg.) (2001): *Zielgruppe: Gesellschaft. Kommunikationsstrategien für Nonprofit-Organisationen.* Gütersloh.

Laum, Bernhard (1964): *Stiftungen in der griechischen und römischen Antike.* Aalen.

Leet, Rebecca K. (2007): *Message matters : succeeding at the crossroads of mission and market.* Saint Paul, Minnesota.

Liermann, Hans (1963): *Handbuch des Stiftungsrechts. Geschichte des Stiftungsrechts.* Bd. 1. Tübingen.

Lingelbach, Gerhard (2008): *Stiftungen und Stiftungsrecht – ein historischer Überblick.* In: Werner, Olaf/ Saenger, Ingo (Hgg.) Die Stiftung: Recht, Steuern, Wirtschaft. Stiftungsrecht. Berlin, 23–40.

Luther, Martin (1933): *Von der babylonischen Gefangenschaft der Kirche.* Aus dem Lateinischen übersetzt von Thomas Murner. Bearbeitung der Altenburger Lutherausgabe von 1662. München.

Lyczek, Boris/ Meckel, Miriam (2008): *Corporate Communications als integraler Wertschöpfungsprozess. Die neuen Kommunikationsfunktionen.* In: Universität St. Gallen (Hg.). Thexis – Marketingfachzeitschrift für Theorie und Praxis Nr. 1., Marketing Review St. Gallen, 9–13.

Mast, Claudia (⁴2010): *Unternehmenskommunikation: Ein Leitfaden.* Stuttgart.

Mast, Claudia (2005): *Werte schaffen durch Kommunikation: Was von Kommunikationsmanagern erwartet wird.* In: Pfannenberg, Jörg/ Zerfaß, Ansgar (Hgg.) Wertschöpfung durch Kommunikation: wie Unternehmen den Erfolg ihrer Kommunkation steuern und bilanzieren. Frankfurt a. M. 27–35.

Mattessich, Paul W./ Murray-Close, Marta/ Monsey, Barbara R. et al. (Hgg.) (2001): *Collaboration--what makes it work.* Saint Paul, Minnesota.

Meckel, Miriam (2007): *Was gibt es Schöneres als Kommunikation?.* Interview in: Flash extra 2007, 35. http://www.miriammeckel.de/presse/ (Zugriff am 29.9.2003)

Meckel, Miriam (2008): *Kommunikation im Dreiklang von Wirtschaft, Technologie und Gesellschaft. Zur Entwicklung von Profil und Strategie des =mcm institute (2007).* In: Meckel, Miriam/ Schmid, Beat F. (Hgg.) (2008): Kommunikationsmanagement im Wandel. Wiesbaden, 477–488.

Meckel, Miriam/ Schmid, Beat F. (Hgg.) (2006): *Unternehmenskommunikation: Kommunikationsmanagement aus Sicht der Unternehmensführung.* Wiesbaden.

Meckel, Miriam/ Schmid, Beat F. (Hgg.) (²2008): *Unternehmenskommunikation: Kommunikationsmanagement aus Sicht der Unternehmensführung.* Wiesbaden.

Mecking, Christoph (2006): *StiftG Rheinland-Pfalz. Das Stiftungswesen in Rheinland-Pfalz,* § 3 Abs. 3 LStiftG Rheinland-Pfalz; Wiesbaden, 61.

Meffert, Heribert/ Burmann, Christoph/ Koers, Martin (Hgg.) (2002): *Markenmanagement: Grundfragen der identitätsorientierten Markenführung; Mit Best-Practice-Fallstudien.* Wiesbaden.

Meffert, Heribert/ Dettmers, Sebastian (2008): *Markenführung von Stiftungen.* In: Meffert, Heribert/ Bruhn, Manfred (Hg.): Dienstleistungsmarketing, Wiesbaden, 447–468.

Menges, Evelyne (1995): *Die kirchliche Stiftung in der Bundesrepublik Deutschland: eine Untersuchung zur rechtlichen Identität der kirchlichen Stiftung staatlichen Rechts mit der kanonischen Stiftung.* Münchner theologische Studien, Bd. 48. 3. Kanonische Abteilung. München.

Merai, Karolina/ Metzner-Kläring, Juliane/ Schröder, Susanne/ Sütterlin, Susanne (2012): *Denken fördern: Thinktanks als Instrumente wirkungsvoller Stiftungsarbeit.* Bundesverband Deutscher Stiftungen (Hg.). Berlin.

Merten, Klaus (2012): *Image und Reputation.* In: Bentele, Günter/ Piwinger, Manfred/ Schönborn, Gregor (Hgg.): Kommunikationsmanagement. Strategien, Wissen, Lösungen. Köln, 8.49. (Loseblattwerk).

Meyn, Barbara (2013): *Stiftung und Vermögensverzehr. Zivil- und spendenrechtliche Auswirkungen des Ehrenamtsstärkungsgesetzes für Verbrauchsstiftungen & Co.* In: Stiftung & Sponsoring, Das Magazin für Nonprofit-Management und -Marketing Nr. 3, 13f.

Meyer, Kristin (2012): *Die Abgrenzung der kirchlichen Stiftung von der weltlichen Stiftung im staatlichen Recht: Insbesondere im Hinblick auf ihre Bedeutung für Altstiftungen.* Staatskirchenrechtliche Abhandlungen, Bd. 49, Berlin.

Miehe, Martin (2011): *Freigelassene in der frühen Kaiserzeit am Beispiel der Briefe Plinius des Jüngeren.* (Grin-Verlag) München. Auch unter: http://ferrugo.de/dokumente/freigelassene.pdf (Zugriff: 29.1.2013).

Mitteilung der Kommission an das Europäische Parlament, den Rat, den Europäischen Wirt-schafts- und Sozialausschuss und den Ausschuss der Regionen, Eine neue EU-Strategie (2011–14) für die soziale Verantwortung der Unternehmen (CSR), KOM(2011) 681 endg., Brüssel, 25.10.2011.

Moritz, Werner (1983): *Das Hospital im späten Mittelalter. Ausstellung des Hessischen Staatsarchivs Marburg.* Marburg.

Nährlich, Stefan (2013): *Percentage Philanthropy. Selbstbestimmte Steuerzuweisungen an Gemeinnützige.* In: Stiftung & Sponsoring. Das Magazin für Nonprofit- Management und -Marketing. 4/2013, 26–27.

Osterhaus, Christian (2011): *Transparenz in Marketing und Kommunikation.* In: Bangert, Kurt (Hg.): Handbuch Spendenwesen. bessere Organisation, Transparenz, Kontrolle, Wirtschaftlichkeit und Wirksamkeit von Spendenwerken. Wiesbaden, 104–113.

Osterloh, Margit/ Weibel, Antoinette (2006): *Investition Vertrauen: Prozesse der Vertrauensentwicklung in Organisationen.* Wiesbaden.

Pankoke, Eckart (²2003): *Stiftung und Ehrenamt.* In: Bertelsmann Stiftung (Hg.): Handbuch Stiftungen: Ziele – Projekte – Management – Rechtliche Gestaltung. Wiesbaden, 593–626.

Partenheimer, Lutz (2005): *Die Johanniterkomturei Werben in der Altmark zwischen 1160 und 1542.* Ein Beitrag zur 1000-Jahr-Feier Werbens 2005 und zum 850. Geburtstag der Mark Brandenburg am 11. Juni 2007. Berlin.

Pelc, Ortwin (1990): *Gründliche Nachricht des St. Annen Armen- und Werck-Hauses in Lübeck von 1735.* Bd. Heft 7. Kleine Hefte zur Stadtgeschichte. Herausgegeben vom Archiv der Hansestadt Lübeck. Lübeck.

Pfeiffer, Christiane (2004): *Integrierte Kommunikation von Sustainability-Netzwerken: Grundlagen und Gestaltung der Kommunikation nachhaltigkeitsorientierter intersektoraler Kooperationen.* Frankfurt.

Pickert, Susanne (2005): *Die römische Stiftung der augusteischen Zeit.* In: Borgolte, Michael (Hg.): Stiftungen in Christentum, Judentum und Islam vor der Moderne. Auf der Suche nach ihren Gemeinsamkeiten und Unterschieden in religiösen Grundlagen, praktischen Zwecken und historischen Transformationen. Berlin, 23–45.

Piwinger, Manfred (2007): *Handbuch Unternehmenskommunikation.* Wiesbaden.

Posch, Ulrike (2004): *Glaubwürdigkeit in der Medienarbeit.* In: Gemeinschaftswerk der Evangelischen Publizistik (Hg.): Öffentlichkeitsarbeit für Non-Profit-Organisationen, Wiesbaden, 817–826.

Posch, Ulrike (2006a): *Dornröschen Wachküssen. Strategische Kommunikation positioniert Stiftungen.* In: Stiftung & Sponsoring. Das Magazin für Nonprofit-Management und -Marketing, Nr. 4, 2006, 16–17.

Posch, Ulrike (2006b): *Gemeinsam stark. Fundraising und Öffentlichkeitsarbeit.* In: Höß, Konrad/ Schnieders, Udo (Hg.): Fundraising in der Praxis. 23 Erfolgsgeschichten aus Kirche, Caritas und Orden. Altenberg, 167–172.

Posch, Ulrike (2010): *Die Stiftung in der Öffentlichkeit: Strategische Kommunikation erfolgreich planen und umsetzen.* In: Küstermann, Jörg/ Martin, Jörg/ Weitz, Barbara (Hgg.): StiftungsManager, Hamburg. (Loseblattsammlung).

Prewitt, Kenneth ([2]2003): *Auftrag und Zielsetzung einer Stiftung: Stifterwille, Stiftungspraxis und gesellschaftlicher Wandel.* In: Bertelsmann Stiftung (Hg.): Handbuch Stiftungen: Ziele – Projekte – Management – Rechtliche Gestaltung, Wiesbaden, 315–349.

Private Banken, Ideelles Engagement mit Langzeitwirkung: http://www.die-bank.de/news/ideelles-engagement-mit-langzeitwirkung-4854/ (Zugriff am 22.2.2013).

Puza, Richard (2008): *Von der „Kirchenstiftung" zur modernen Form der Kirchenfinanzierung,* In: ders./ Ihil, Stefan/ Kustermann, Abraham P. (Hgg.), Kirchliche Stiftung zwischen kirchlichem und staatlichem Recht. Tübinger Kirchenrechtliche Studien, Bd. 5, Berlin, 17-40.

Puza, Richard/ Ihil, Stefan/ Kustermann, Abraham (Hg.) (2008*): Kirchliche Stiftung zwischen kirchlichem und staatlichem Recht. Zur zeitgemäßen Profilierung eines alten Finanzierungs- und Rechtsinstituts.* Bd. 5. Tübinger Kirchenrechtliche Studien. Berlin.

Rademacher, Lars (2005*): Distinktion und Deutungsmacht: Studien zu Theorie und Pragmatik der Public Relations.* Wiesbaden.

Rademacher, Lars (2011): *Kommunikationsmanagement im General Management.* In: Bentele, Günter/ Piwinger, Manfred/ Schönborn, Gregor (Hgg.) Kommunikationsmanagement. Strategien, Wissen, Lösungen. Köln, 1.46. (Loseblattsammlung).

Raupp, Juliana/ Klewes, Joachim/ Baerns, Barbara (2004): *Quo vadis public relations? Auf dem Weg zum Kommunikationsmanagement: Bestandsaufnahme und Entwicklungen.* Wiesbaden.

Rebmann, Kay (2006*): Die Bedeutung der Unternehmenskultur bei Merger & Acquisition.* Hamburg.

Renz, Patrick (2006). *Project Governance – What Nonprofit Organizations can learn from Corporate Governance and Business Ethics.* Dissertation of the University of St. Gallen. Bamberg.

Röper, Ursula/ Jüllig, Carola (Hgg.) (2007): *Die Macht der Nächstenliebe: Einhundertfünfzig Jahre Innere Mission und Diakonie 1848–1998.* Stuttgart.

Röttger, Ulrike (2004): *Theorien der Public Relations: Grundlagen und Perspektiven der PR-Forschung.* Wiesbaden.

Röttger, Ulrike/ Zielmann, Sarah (Hg.) (2009): *PR-Beratung: Theoretische Konzepte und empirische Befunde.* Wiesbaden.

Rüegg-Stürm, Johannes ([2]2003): *Das neue St. Galler Management-Modell.* Grundkategorien einer integrierten Managementlehre: Der HSG-Ansatz. Bern – Stuttgart – Wien.

Rüegg-Stürm, Johannes (2005): *Das neue St. Galler Management-Modell.* Bern.

Rüegg-Stürm, Johannes (2009): *Das neue St. Galler Management-Modell.* In: Dubs, Rolf/ Euler, Dieter/ Rüegg-Stürm, Johannes/ Wyss, Christina E. (Hg.), Einführung in die Managementlehre 1. Bern – Stuttgart – Wien, 65–141.

St. Dominikus Stiftung Speyer: unter www.st-dominikus-stiftung.de

Sandberg, Berit (2005): *Markenpolitik für Stiftungen.* In: Graf Strachwitz, Rupert/ Mercker, Florian (Hg.) Stiftungen in Theorie, Recht und Praxis : Handbuch für ein modernes Stiftungswesen. Berlin, 704–718.

Sandberg, Berit (2007): *Stand und Perspektiven des Stiftungsmanagements in Deutschland: Eine empirische Studie zur betriebswirtschaftlichen Orientierung von Stiftungen.* Berlin.

Sandberg, Berit (2013): *Ehre und Lohn machen keine getreuen Stiftungsmanager – Zum Gap zwischen Motivationslagen und Anreizstrukturen.* Zeitschrift für Stiftungs- und Vereinswesen. Jahrgang 11, Nr. 3. 2013, 97–101.

Saxe, Annegret (2009): *Erfolgsfaktoren für Stiftungskooperationen. Eine theoretische und empirische Analyse.* Münstersche Schriften zur Kooperation, Bd. 87. Aachen.

Schauer, Reinbert/ Helmig, Bernd/ Purtschert, Robert/ Witt, Dieter (Hgg.) (2008): *8. Colloquium der NPO-Forscher im Deutschsprachigen Raum. Steuerung und Kontrolle in Nonprofit-Organisationen: Eine Dokumentation.* Linz.

Scheer, Ursula( 20012): *Suche Krisenmanager für Shitstorm.* In: FAZ vom 4.10.2012; http://www.faz.net/aktuell/beruf-chance/soziale-netzwerke-suche-krisenmanager-fuer-shitstorm-11906530.html (Zugriff am 29.8.2013)

Schein, Edgar H. (⁴2010): *Organizational Culture and Leadership,* San Francisco.

Scheller, Benjamin (2005): *Stiftungen und Staatlichkeit im mittelalterlichen Okzident. Kommunaler Pfründefeudalismus in den Städten des spätmittelalterlichen Reiches.* In: Borgolte, Michael (Hg.): Stiftungen in Christentum, Judentum und Islam vor der Moderne: Auf der Suche nach ihren Gemeinsamkeiten und Unterschieden in religiösen Grundlagen, Zwecken und historischen Transformationen. Stiftungsgeschichten. Berlin, 205–222.

Scheller, Benjamin (2009): *Memoria, Caritas und das Problem der Dauer. Wahlverwandtschaften zwischen den Stiftungen und der Kirche im Mittelalter.* In: Hense, Ansgar/ Schulte Martin (Hg.): Kirchliches Stiftungswesen und Stiftungsrecht im Wandel. Staatskirchenrechtliche Abhandlungen 47, Berlin, 19–37.

Schick, Stefan (2001): *Praxis-Handbuch Stiftungen: Chancen, Risiken, Verpflichtungen aus rechtlicher, steuerlicher und bilanzieller Sicht; Praxisbeispiele Stiftungsgestaltungen.* Regensburg.

Schiffer, Jan K. (Hg.): *StiftungsrechtPLUS,* onlineportal Bonn: http://www.stiftungsrecht-plus.de/index.html (Zugriff am 13.9.2013)

Schindler, Ambros (2003): *Transparenz und Rechenschaftslegung von Stiftungen.* In: Bertelsmann Stiftung (Hg.): Handbuch Stiftungen: Ziele – Projekte – Management – Rechtliche Gestaltung. Wiesbaden, 273–291.

Schmid, Beat F. (2008): *Medien- und Kommunikationsmanagement.* In: Meckel, Miriam/ Schmid, Beat F. (Hgg.) Kommunikationsmanagement im Wandel. Beiträge aus 10 Jahren =mcm institute. Wiesbaden, 21–52.

Schmid, Beat F./ Lyczek, Boris (2006): *Die Rolle der Kommunikation in der Wertschöpfung der Unternehmung.* In: Schmid, Beat F./ Lyczek, Boris (Hgg.) (2006): Unternehmenskommunikation: Kommunikationsmanagement aus Sicht der Unternehmensführung. Wiesbaden, 5–146.

Schmid, Beat F./ Lyczek Boris (2008): Die Rolle der Kommunikation in der Wertschöpfung der Unternehmung. In: Meckel, Miriam/ Schmid, Beat F. (Hgg) (²2008): Unternehmenskommunikation. Unternehmenskommunikation aus Sicht der Unternehmensführung. Wiesbaden, 5–150.

Schmidt, Patrick (2009): *Wandelbare Traditionen – tradierter Wandel: Zünftische Erinnerungskulturen in der Frühen Neuzeit.* Köln-Weimar.

Schmied, Alexandra (2003): *Gemeinschaftsstiftungen.* In: Bertelsmann Stiftung (Hg.): Handbuch Stiftungen: Ziele – Projekte – Management – Rechtliche Gestaltung, Wiesbaden, 227–245.

Von Schnurbein, Georg/ Studer, Sibylle (2011): *Zwischen Mission und Management: Stiftungen müssen der Gesellschaft Impulse verleihen.* In: IO Management. 2011, Zürich, 14–18.

Schuhen, Axel (2002): *Nonprofit Governance in der Freien Wohlfahrtspflege.* Berlin.

Schuman, Sandy (Hg.) (2006): *Creating a Cultur of Collaboration.* San Francisco.

Schwalbach, Gerald (2012): *„Der Kirche den Blick weiten!" Karl Pawlowski (1898–1964) Diakonischer Unternehmer an den Grenzen von Kirche und Innerer Mission.* Bielefeld.

Seifart, Werner/ Campenhausen von, Axel Freiherr (2009): Stiftungsrechts-Handbuch. München.

Seils, Uwe (2012): *Die kirchliche Stiftung. Die protestantische Seite.* In: Küstermann, Burkhard/ Martin, Jörg/ Weitz, Barbara (Hg.), *StiftungsManager,* 1–12. 5/5.1. 22. Aktualisierung, Stand August 2012. Hamburg.

Smets, Irene (2001): *The Memling Museum – St John's Hospital Bruges.* Ghent-Amsterdam.

Sparkassenstiftungen: http://www.sparkassenstiftungen.de (Zugriff am 9.5.2013).

Speth, Rudolf (2006): *Advokatorische Think Tanks und die Politisierung des Marktplatzes der Ideen.* Friedrich-Ebert-Stiftung e.V. Arbeitskreis Bürgergesellschaft und Aktivierender Staat (Hg.): betrifft: Bürgergesellschaft, 24, Bonn.

Springer Gabler Verlag (Hg), Gabler Wirtschaftslexikon, Stichwort: Corporate Social Responsibility, online im Internet: http://wirtschaftslexikon.gabler.de

Stiftung als Co. KG gründet: http://de.wikipedia.org/wiki/Stiftung_%26_Co._KG (Zugriff am 25.2.2013).

Stiftung Deutsche Sporthilfe: www.sporthilfe.de

Stiftung Liebenau: www.stiftung-liebenau.de

Stiftung st. franziskus heiligenbronn, Spendenkampagne „Wir machen Schule. Machen Sie mit.": www.wir-machen-schule-machen-sie-mit.de

Stiftung ZEIT FÜR MENSCHEN: www.zeit-fuer-menschen.de

Stiftungsgesetze der Bundesländer: Online unter: http://stiftungsgesetze.de/

Stiftungsvereine: http://www.stiftungen.org/de/news-wissen/stiftungsgruendung/rechtsformen/stiftungsverein.html (Zugriff am 26.5.2013).

Störmann, Gabriele/ Fehrmann, Sara (2013): *Vom Begünstigten zum Mitgestalter. Kinderbeiräte in Stiftungen.* In: Stiftung und Sponsoring. Das Magazin für Nonprofit-Management und -Marketing, Nr. 2, 2013, 26–27.

Stroeher, Matthias (2008): *Memminger Stiftungen. Entstehung und Bedeutung in der Geschichte von Reichsstadt und Stadt.* Bd. 1 und 2. Materialien zur Memminger Stadtgeschichte, Reihe B: Forschungen. Memmingen.

Szyszka, Peter (2005): *‚Öffentlichkeitsarbeit' oder ‚Kommunikationsmanagement'. Eine Kritik an gängiger Denkhaltung und eingeübter Begrifflichkeit.* In: Lars Rademacher (Hg.): Distinktion und Deutungsmacht: Studien zu Theorie und Pragmatik der Public Relations. Wiesbaden, 81–94.

Telekom-Stiftung: www.telekom-stiftung.de/ (Zugriff am 23.8.2013)

Then, Volker/ Timmer, Karsten (2003): Innovative Stiftungsformen – Investitionen in das Gemeinwohl. In: Bertelsmann Stiftung (Hg.): *Handbuch Stiftungen: Ziele – Projekte – Management – Rechtliche Gestaltung.* Wiesbaden, 247–272.

Then, Volker/ Münscher, Robert/ Stahlschmidt, Stephan/ Eggersglüss, Carsten/ Knust, Rüdiger (2012): *Anlageverhalten der kapitalstärksten deutschen Stiftungen.* Studie des Centre für Social Investment. Heidelberg.

Then, Volker/ Bockstette, Valerie/ Hölz, Martin/ Mildenberger, Georg (2012): *Learning from Partners.* Centrum für Soziale Investitionen und Innovationen (CSI) (Hg.). Heidelberg.

Then, Volker im Interview zu CSR : http://www.pwc.de/de/corporate-responsibility/die-erwartungen-angemeinnuetzige-organisationen-steigen.jhtml (Zugriff am 30.8.2013)

Theuvsen, Ludwig/ Schauer, Reinbert/ Gmür, Markus (Hgg.) (2010): *Stakeholder-Management in Nonprofit-Organisationen. Theoretische Grundlagen, empirische Ergebnisse und praktische Ausgestaltungen.* 9. Internationales NPO-Forschungskolloquium (18./19. März), Göttingen.

Thieme, Matthias (2011): *Der Fall Unicef. Oder: Was Hilfsorganisationen im Umgang mit kritischer Berichterstattung vermeiden sollten.* In: Bangert, Kurt (Hg.): Handbuch Spendenwesen. Bessere Organisation, Transparenz, Kontrolle, Wirtschaftlichkeit und Wirksamkeit von Spendenwerken. Wiesbaden, 195–210.

Timmer, Karsten (2005): *Stiften in Deutschland. Die Ergebnisse der Stifterstudie.* Gütersloh.

Transparency Deutschland, Unterzeichner der Initiative Transparente Zivilgesellschaft, Online: http://www.transparency.de/Die-Unterzeichner.2050.0.html (Zugriff am 30.8.2013).

Tscheulin, Dieter K. (2001): *Branchenspezifisches Marketing: Grundlagen – Besonderheiten – Gemeinsamkeiten.* Wiesbaden.

Ulrich, Hans/ Probst, Gilbert (1984): *Management.* Schriftenreihe Unternehmung und Unternehmungsführung, Bd. 13, Bern-Stuttgart.

Ulrich, Peter (1995): *Wirtschaftsethik als Wirtschaftswissenschaft. Standortbestimmung im Verhältnis von Ethik und Ökonomie.* Antrittsvorlesung vom 2. Mai 1988, Hochschule St. Gallen.

Ulrich, Peter (2004): Die normativen Grundlagen der unternehmerischen Tätigkeit. In: Dubs, Rolf/ Euler, Dieter/ Rüegg-Stürm, Johannes (Hgg.): Einführung in die Managementlehre. Bern – Stuttgart – Wien, 143–165.

Ulrich, Peter/ Fluri, Edgar ([7]1995): *Management. Eine konzentrierte Einführung.* Stuttgart.

Unternehmensstiftungen (2010): Zehn Empfehlungen für Unternehmenstiftungen, Online: http://www.stiftungen.org/ index.php?id=233 (Zugriff am 20.8.2013).

Unterrichtsmaterialien zum Fach Wirtschaft des Bankenverbandes, online unter: http://schulbank.bankenverband.de/ unterrichtsmaterial/ (Zugriff am 22.2.2013).

Vaterstädtischen Stiftung, Geschichte der. Mitglied im Paritätischen Wohlfahrtsverband Hamburg e.V. Online: http://www.vaterstaedtische-stiftung.de/geschichte-01.html (Zugriff am 22.1.2013).

Veltmann, Claus/ Jochen Birkenmeier (2009): *Kinder, Krätze, Karitas: Waisenhäuser in der Frühen Neuzeit.* Halle.

Vodafone-Stiftung: www.vodafone-stiftung.de (Zugriff am 26.2.2013).

Vögele, Wolfgang/ Tyra, Ralf (Hg.) (2002): *Kirchliche Stiftungen sind im Kommen.* Evangelische Akad. Loccum.

Wagner, Hans/ Schönhagen, Philomen/ Nawratil, Ute/ Starkulla, Heinz (2008): *Qualitative Methoden in der Kommunikationswissenschaft.* München.

Walz, W. Rainer (2004): *Rechnungslegung und Transparenz im Dritten Sektor.* Köln.

Walz, Rainer (Hg.) (2007): *Religiöse Stiftungen in Deutschland: Beiträge und Diskussionen des Workshops in der Bucerius Law School am 9. Juni 2006.* Köln.

Weber, Melinda (2012): *Mission Investing im deutschen Stiftungssektor: Impulse für wirkungsvolles Stiftungsvermögen.* Bundesverband Deutscher Stiftungen (Hg.), Berlin.

Weizel, Carolin (2006): *Politikberatung durch Stiftungen.* In: Falk, Svenja/ Römmele, Andrea/ Rehfeld, Dieter et al. (Hgg.): Handbuch Politikberatung. Wiesbaden, 275–289.

Werner, Olaf/ Saenger, Ingo (Hgg.) (2008): *Die Stiftung: Recht, Steuern, Wirtschaft. Stiftungsrecht.* Berlin.

Westfälischer Friede: http://www.uni-muenster.de/FNZ-Online/politstrukturen/dreikrieg/unterpunkte/wf.htm (Zugriff am 10.1.2013).

Wieland, Josef (2007): *Die Ethik der Governance.* Marburg.

Wigand, Klaus/ Heuel, Markus/ Stolte, Stefan/ Haase-Theobald, Cordula (2011): *Stiftungen in der Praxis – Recht, Steuern, Beratung.* Wiesbaden.

Wiener Congreß-Acte im französischen Original und einer Übersetzung. Online: http://www.staatsvertraege.de/ Frieden1814-15/wka1815-i.htm (Zugriff am 21.1.2013).

Will, Markus (2007a): *Wertorientiertes Kommunikationsmanagement*. Stuttgart.

Will, Markus (2007b): *Endlich wertvoll!* Universität St. Gallen. Institut für Medien- und Kommunikationsmanagement. Jahresbericht, 39-40.

Will, Markus (2007c): Ein normierter Kommunikationsstandard für die Rechnungslegung. Börsenzeitung, Nr. 114 (19. Juni): 19.

Will, Markus/ Bening, Catharina/ Meissner, Felix et.al. (2006*): Corporate Governance als Herausforderung für die Corporate Communications*. In: Will, Markus/ Bening, Catharina/ Meissner, Felix et al. (Hgg.): Innovative Wirtschaftskommunikation: interdisziplinäre Problemlösungen für die Wirtschaft. Wiesbaden, 7–21.

Winer, Michael Barry/ Ray, Karen Louise (Hg.) (1994): *Collaboration handbook : creating, sustaining, and enjoying the journey*. Saint Paul, Minnesota.

Wunderlich, Werner (2004): *Kultur als Ordnungsmoment*. In: Dubs, Rolf/ Euler, Dieter/ Rüegg-Stürm, Johannes (Hgg.), Einführung in die Managementlehre. Bd. 1, Bern – Stuttgart – Wien, 453–487.

Carl-Zeiss-Stiftung: Zur Geschichte der. Online: www.carl-zeiss-stiftung.de/51-0-Geschichte.html (Zugriff am 26.2.2013).

Zerfaß, Ansgar (2004): *Unternehmensführung und Öffentlichkeitsarbeit: Grundlegung einer Theorie der Unternehmenskommunikation und Public Relations*. Wiesbaden.

Printed in Poland
by Amazon Fulfillment
Poland Sp. z o.o., Wrocław

35755515R00094